GTB
Gütersloher Taschenbücher
924

Wolfgang Huber

Geboren 1942 in Straßburg; Studium der Theologie in Heidelberg, Göttingen und Tübingen; Dr. theol. 1966 Tübingen; dann Vikar und Pfarrer in Württemberg; 1968–1980 Mitarbeiter und stellvertretender Leiter der Forschungsstätte der Evangelischen Studiengemeinschaft in Heidelberg; 1980 Professor für Sozialethik in Marburg; 1984 Professor für Systematische Theologie (Schwerpunkt: Ethik) in Heidelberg; 1983–1985 Präsident des Deutschen Evangelischen Kirchentages; 1989 Lilly Visiting Professor an der Emory University in Atlanta/USA; seit 1994 Bischof der Evangelischen Kirche in Berlin-Brandenburg, daneben Honorarprofessor in Berlin und Heidelberg; seit 1997 Mitglied des Rates der Evangelischen Kirche in Deutschland.

Wolfgang Huber

Kirche in der Zeitenwende

Gesellschaftlicher Wandel
und Erneuerung der Kirche

Gütersloher Verlagshaus

Die Originalausgabe erschien im Verlag Bertelsmann Stiftung, Gütersloh.
Die Publikation ist ein Teil des Projektes »Geistige Orientierung«,
in dem Lösungen für Krisen der modernen Gesellschaft erarbeitet und Konzepte
für den Zusammenhalt der Gesellschaft entwickelt werden.
© 1998 Verlag Bertelsmann Stiftung, Gütersloh

Die Deutsche Bibliothek – CIP-Einheitsaufnahme

Huber, Wolfgang:
Kirche in der Zeitenwende : gesellschaftlicher Wandel und
Erneuerung der Kirche / Wolfgang Huber. –
1. Aufl. der Taschenbuchausg. –
Gütersloh : Gütersloher Verl.-Haus, 1999
(Gütersloher Taschenbücher ; 924)
Lizenz des Verl. Bertelsmann-Stiftung, Gütersloh
ISBN 3-579-00924-9

ISBN 3-579-00924-9
1. Auflage der Taschenbuchausgabe 1999
Lizenzausgabe mit freundlicher Genehmigung des
Verlags Bertelsmann Stiftung Gütersloh

Das Werk einschließlich aller seiner Teile ist urheberrechtlich
geschützt. Jede Verwertung außerhalb der engen Grenzen des
Urheberrechtsgesetzes ist ohne Zustimmung des Verlages unzulässig
und strafbar. Das gilt insbesondere für Vervielfältigungen, Übersetzungen,
Mikroverfilmungen und die Einspeicherung und Verarbeitung in
elektronischen Systemen.

Umschlaggestaltung: INIT, Bielefeld unter Verwendung der Fotografie
»Namibia, Windhoek« von Thomas Dressler,
© Bildagentur Mauritius, Mittenwald
Gesamtherstellung: Clausen & Bosse, Leck
Gedruckt auf chlorfrei gebleichtem Werkdruckpapier
Printed in Germany

Inhalt

Resümee

I. Der Wandel der Gesellschaft und die Aufgabe geistiger Orientierung

1. Jedes Nachdenken über Möglichkeiten geistiger Orientierung in einer ausdifferenzierten Gesellschaft zielt auf die Frage, wie menschliche Freiheit in einer Zeit hoher gesellschaftlicher Komplexität verstanden, verantwortet und gelebt werden kann. Dieses Buch soll zeigen, daß das christliche Konzept der Freiheit aus Glauben dazu einen wichtigen Beitrag leistet. Zwar verfügen die Kirchen in einer pluralistischen Gesellschaft nicht mehr über ein Sinnstiftungsmonopol; aber ihr Beitrag zur geistigen Orientierung bleibt unverzichtbar. Dieser Beitrag kann nur wirksam werden, wenn die Kirchen den gesellschaftlichen Wandel wahrnehmen und die Kraft zur Erneuerung aufbringen.

2. Gesellschaftliche Orientierungsprobleme resultieren nicht zuletzt aus der starken Ausdifferenzierung der Handlungssphären des Menschen. Orientierung kann sich nicht auf die ethische Beurteilung gegenwärtiger Entwicklungen beschränken. Es kommt darauf an, den alle Moral überschrei-

tenden Gehalt des christlichen Glaubens in seiner Bedeutung für die Orientierungsprobleme der Gegenwart zu verdeutlichen. Während Ethik und Moral sich mit der Frage menschlichen Handelns beschäftigen, macht Religion deutlich, daß der Mensch sein Handeln nur dann verantworten kann, wenn er sich seiner Grenzen bewußt ist. Die Grenzen ergeben sich aus einer den einzelnen Akteur transzendierenden Wirklichkeit.

3. In einer mit anderen Weltgegenden unvergleichbaren Weise gehen West- und Mitteleuropa durch eine Phase der Entkirchlichung und Entchristlichung. Bisweilen ist von einem »Katastrophengebiet für die Kirchen« die Rede. Die Säkularisierung hat hier nicht nur zu einer von religiösen Bezügen weitgehend freien Verfassungsordnung, sondern auch zu einer Vorstellung vom Funktionieren der Gesellschaft geführt, die auf religiöse Sinngebung weithin verzichtet. Religiöse Themen haben sich in Stichworte alltagsweltlicher Verständigung verwandelt. Ein erheblicher Teil der deutschen Bevölkerung – im Osten ein weit größerer als im Westen – meint, das eigene Leben ohne die Frage nach einem über dieses Leben hinausweisenden Sinn meistern zu können.

4. Entsprechend massiv ist die Krise der Kirchen. Sie trifft die evangelische Kirche noch tiefer als die katholische. Im Protestantismus – der ›Religion der Freiheit‹ – ist die Bindungskraft der Kirche als Institution traditionellerweise schwächer entwickelt als in anderen christlichen Konfessionen. Darüber hinaus hat die evangelische Kirche auf den Prozeß gesellschaftlicher Differenzierung mit einer entsprechenden Differenzierung der kirchlichen Tätigkeiten geantwortet; dadurch hat sie die gesellschaftliche Säkularisierung in gewissem Umfang als Selbstsäkularisierung in sich aufgenommen. Schließlich sind auch die Kirchen von der Institutio-

nendistanz betroffen, die zu den allgemeinen Kennzeichen des gesellschaftlichen Individualisierungsprozesses gehört.

5. Gegenbewegungen sind unverkennbar. Die Zahl der Menschen wächst, die davon überzeugt sind, daß sich aus einer nur auf das menschliche Selbst zentrierten Individualisierung keine lebensfähige Gestalt gemeinsamen Lebens ergibt. Immer offenkundiger zeigt sich, daß die Kohäsionskräfte der Gesellschaft bewahrt und erneuert werden müssen. Pluralisierung und Wertewandel in der Gesellschaft machen eine Verständigung über die Werte erforderlich, die, unbeschadet unterschiedlicher Überzeugungen und Lebensformen, gemeinsam anerkannt werden können und müssen. Zwar wandern religiöse Bedürfnisse zum Teil aus den Kirchen aus; und nichtchristliche Religionen erheben neben dem christlichen Glauben Anspruch auf Anerkennung im öffentlichen Raum. Aber auch auf die Kirchen als ›alte Institutionen‹ richten sich neue Erwartungen.

II. Drei Aufgaben der Kirche

6. Die Kirchen sind herausgefordert, den Menschen persönliche Gewißheit zu vermitteln und sich an der Suche nach einem neuen gesellschaftlichen Leitbild zu beteiligen. Sie können sich dabei jedoch nicht auf die Frage nach moralischen Maßstäben beschränken, sondern müssen ihre spezifische religiöse Kompetenz zur Geltung bringen. Dabei können sie dem Tatbestand nicht ausweichen, daß der christliche Glaube seine Selbstverständlichkeit verloren hat. Daraus ergibt sich die Notwendigkeit, das, was nicht mehr selbstverständlich ist, neu verständlich zu machen. Darin liegt zugleich eine große Chance. Denn die vermeintliche Selbstverständlichkeit des Glaubens hat dessen Wahrheit nicht nur

erschlossen, sondern auch verdeckt. Es ist die erste Aufgabe der Kirche, das Glaubensthema wieder ins Zentrum zu rükken. Sie hat den Menschen die Botschaft von der unverdienten Gnade Gottes auf neue Weise verständlich zu machen, um ihnen so den Zugang zu Gott zu erschließen. Wenn sie dem Heiligen Raum gibt, rückt sie auch die Welterfahrung in einen neuen Horizont. Für die evangelische Kirche ergibt sich aus einer Konzentration auf das Glaubensthema vor allem eine Korrektur der Selbstsäkularisierung, in der dieses Thema oft hinter moralischen Appellen verschwand.

7. Individualisierung und Pluralisierung prägen die Gesellschaft. Den Gliedern dieser Gesellschaft wird abverlangt, der ihnen anvertrauten Freiheit eine überzeugende Gestalt zu geben. Eine zweite Aufgabe der Kirche verbindet sich deshalb mit dem Thema verantworteter Freiheit. Im christlichen Glauben ist ein Verständnis menschlicher Freiheit enthalten, das Individualität und Sozialität, Selbstbestimmung und Verantwortung für den Nächsten miteinander verbindet. Dieses Bild einer kommunikativen und kooperativen Freiheit entfaltet in der Wissens- und Informationsgesellschaft neue Aktualität. Diejenigen, die Zugang zu den gesellschaftlichen Gestaltungsmöglichkeiten haben, sind zu einem verantwortlichen Gebrauch ihrer Freiheit zu ermutigen. Diejenigen aber, denen ein solcher Zugang fehlt, brauchen Anwälte und Fürsprecher, die sich mit Prozessen der Ausgrenzung und Marginalisierung nicht abfinden.

8. Wenn der christliche Glaube für Menschen, die zu ihm bisher keinen Zugang haben, in seiner Lebendigkeit und Lebensdienlichkeit verständlich werden soll, muß er soziale Plausibilität gewinnen. Deshalb besteht eine dritte Aufgabe darin, die Sozialformen des christlichen Glaubens zu erneuern. Der Gottesdienst ist die grundlegende Sozialform des

christlichen Lebens. Das gemeinsame Hören, das gemeinsame Loben und Klagen, die gemeinsame Teilhabe am Heiligen und die Sendung in die Welt bilden den Kern der Kirche als Gemeinschaft. Die Kultur des Helfens ist die wichtigste Verdeutlichung dieses Gottesdienstes im Alltag. Die Tatsache, daß mit der Sehnsucht der Menschen nach Gemeinschaft gerade in Deutschland Schindluder getrieben wurde, darf nicht daran hindern, neue Gemeinschaftsgestalten des Glaubens zu entwickeln, die an der christlichen Freiheit ihren entscheidenden Maßstab haben.

III. Wege aus der Krise der Kirche

9. Die gegenwärtige Krise der Kirche ist im Kern eine Orientierungskrise. ›Orientierung‹ meint im Wortsinn: Ausrichtung nach Osten, nach Jerusalem, zum Ort der Kreuzigung und Auferweckung Jesu, also zum Ursprung des Glaubens. Der Ansatzpunkt für die Erneuerung der Kirche liegt darin, daß sie ihre eigene Botschaft ernst nimmt. Das geschieht, wenn sie die Wahrheit Gottes feiert, wenn sie hilft, den Menschen als das Ebenbild Gottes zu entdecken, und wenn sie zu mündigem Glauben ermutigt.

10. Die Krise der Kirche zeigt sich vor allem als Mitgliederkrise. Kirchliches Handeln muß vorrangig darauf ausgerichtet sein, Menschen für den Glauben zu gewinnen, ihnen den Zugang zur Taufe zu öffnen und sie zur Mitgliedschaft in der Kirche zu ermutigen. Die Zugehörigkeit zur Kirche auf dem Weg zur Taufe bedarf ebenso der Anerkennung wie der Förderstatus für bestimmte kirchliche Aktivitäten. Mitgliederpflege, Begrüßung von Neuzugezogenen, planmäßige und professionelle Öffentlichkeitsarbeit auf allen Ebenen sowie das Wahrnehmen neuer publizistischer Her-

ausforderungen sind vorrangige Aufgabenfelder. Die Einrichtung von Kircheneintrittsstellen in City-Kirchen bildet ebenso einen praktischen Ansatzpunkt wie die gemeinsame Arbeit am Leitbild einer offenen und öffentlichen Kirche, die sich ihrer missionarischen Aufgabe stellt.

11. Die Krise der Kirche wirkt sich vor allem als Finanzkrise aus. Die Kirchensteuereinnahmen gehen – unter anderem auch infolge der Gewichtsverlagerung von den direkten auf die indirekten Steuern in der staatlichen Steuerpolitik – zurück; aber die Kirchensteuer bleibt eine wichtige kirchliche Einnahmequelle. Eine ausschließliche Beitragsfinanzierung amerikanischen Zuschnitts verkennt die Besonderheiten der deutschen Entwicklung; mit einer staatlichen Kultursteuer nach italienischem Beispiel aber würde ein Element des Staatskirchentums eingeführt, das mit der in Deutschland geltenden wechselseitigen Unabhängigkeit von Kirche und Staat unvereinbar wäre. Der richtige Weg besteht darin, das Kirchensteuersystem beizubehalten und zu pflegen, aber den Anteil zusätzlicher Finanzierungsformen zu verstärken. Zu ihnen gehören neben den Kollekten und den Vermögenserträgen das flächendeckend einzuführende Kirchgeld, also der Gemeindebeitrag derjenigen Gemeindeglieder, die nicht zur Kirchensteuer herangezogen werden, sowie die Errichtung besonderer Stiftungen und Fördervereine vorzugsweise für Bildungseinrichtungen, für diakonische Einrichtungen und für den Bereich der kirchlichen Denkmalpflege.

12. Das Ausmaß beruflicher Arbeit in der Kirche verringert sich. Angesichts zurückgehender Personalmittel zeigt sich eine bemerkenswerte Bereitschaft, Gehaltsverzichte zu leisten, die über die aus der Situation gebotenen Gehaltsreduzierungen hinausgehen; neue Modelle des Teilens der Arbeit

und der Reduzierung der eigenen Lebensarbeitszeit – beispielsweise durch Sabbatregelungen oder durch vorgezogenen Ruhestand – werden erprobt. Dringender Reformbedarf besteht vor allem in der inhaltlichen Ausrichtung beruflicher Arbeit in der Kirche. Im Blick auf alle kirchlichen Berufsgruppen sind die Bejahung des Glaubensthemas, die Bereitschaft zur Mitverantwortung für die Kirche als Institution, die Weiterentwicklung und der Einsatz der eigenen beruflichen Kompetenz sowie die Ermutigung und Befähigung zu ehrenamtlicher Mitarbeit als Schlüsselaufgaben geltend zu machen. Dafür sind Instrumente der Personalführung, der Personalbeurteilung und der Personalbegleitung zu entwickeln. Stärken müssen gefördert, Schwächen frühzeitig ausgeglichen werden. In allen kirchlichen Arbeitsfeldern und deshalb auch für alle kirchlichen Berufsgruppen bildet die Fähigkeit zu Kommunikation und Kooperation eine Kernkompetenz. Regelmäßige Mitarbeitergespräche sollten das Setzen von klaren Prioritäten unter der wachsenden Fülle möglicher Aufgaben zum Ziel haben; doch Prioritätensetzen hat nur Sinn, wenn nachgefragt wird, ob es auch eingehalten werden kann.

13. Auftragsorientierung, Transparenz, Verständlichkeit sowie Finanzierbarkeit sind wichtige Kriterien für eine Erneuerung der kirchlichen Organisationsstrukturen. Deren Schlüssel liegt in der Regionalstruktur. Je nach Mitglieder- und Besiedelungsdichte sind für die pastorale Betreuung größere Pfarrsprengel notwendig. Vor allem aber ist die regionale Kooperation über die Grenzen von Gemeinden und Pfarrsprengeln hinweg zu verstärken. Die kirchlichen Handlungsfelder – Gottesdienst, Seelsorge und Beratung, Bildung, Diakonie, Mission, Gemeinschaft in Gruppen, Öffentlichkeitsarbeit – können nicht auf der Ebene jeder Einzelgemeinde gleichmäßig vertreten sein; vielmehr ist

dafür die Kooperation im regionalen Verbund notwendig. Dasselbe gilt für die Verwaltung. Wenn die Organisation der Verwaltung in größeren Einheiten jedoch gelingen soll, müssen das Ausmaß innerkirchlicher Verrechtlichung abgebaut, der Verwaltungsaufwand verringert und der Verwaltungsablauf verbessert werden. Der Umbau der kirchlichen Regionalstruktur sollte sich im übrigen nicht nur innerhalb der einzelnen Landeskirchen vollziehen. Auch eine Verringerung der Zahl der Landeskirchen, die Einfügung der konfessionellen Zusammenschlüsse in die Evangelische Kirche in Deutschland und eine klarere Organisation der ökumenischen Zusammenarbeit sind anzustreben. Im Zuge dieser Veränderungen sollte sich die Schwerpunktaufgabe der kirchlichen Administration von der reaktiven Verwaltung auf die vorausschauende Planung verlagern.

IV. Die Kirche als intermediäre Institution in der Zivilgesellschaft

14. In der Wende des Jahres 1989 und im Prozeß der Vereinigung Deutschlands ist den Kirchen – und in besonderer Weise der evangelischen Kirche – eine wichtige gesellschaftliche Aufgabe zugewachsen. Jetzt geht es darum, diese Aufgabe nicht nur im deutschen, sondern im europäischen Zusammenhang zu sehen und weiterzuentwickeln. Dafür ist es notwendig, daß die Kirche ihre öffentliche Aufgabe nicht nur im Gegenüber zum Staat, sondern als intermediäre Institution in der Zivilgesellschaft versteht und wahrnimmt. Dabei lassen sich drei Schwerpunkte erkennen: Die Kirche hat eine genuine Bildungsaufgabe, die sich nicht auf die Bildungsprozesse in den Gemeinden und in kirchlichen Bildungseinrichtungen beschränkt, sondern

das öffentliche Bildungswesen einbezieht. Sie hat eine politische Verantwortung, die sich in ihrem Eintreten für Gerechtigkeit und Menschenrechte, für Frieden und die Bewahrung der Natur konkretisiert. Sie trägt schließlich eine unaufgebbare Verantwortung dafür, daß in der Gesellschaft eine Kultur des Helfens Raum behält und weiterentwickelt wird.

Vorwort

Fragen der geistigen Orientierung bilden eine zentrale Herausforderung der modernen Gesellschaft. Sie zielen darauf zu erkunden, wie Menschen ihre mentale Landkarte zeichnen, die ihnen den Weg in ihrem Leben weist. Die Maßstäbe dafür müssen wir unter modernen Bedingungen zunehmend selbst formulieren oder aus einer Vielzahl von Angeboten auswählen. Die Sozialwissenschaft beschreibt diese Lebensbedingungen mit den Begriffen Individualismus und Pluralismus. Damit ist in aller Knappheit eine Situation benannt, in der Menschen für ihre Wertvorstellungen und Lebensentwürfe um Anerkennung ringen müssen. Sie können nicht davon ausgehen, daß ein bestimmter Entwurf traditionell gesellschaftlich anerkannt ist, daß solche eigenen Maßstäbe sich lebenslang bewähren und hilfreiche Anleitung gegenüber den Herausforderungen des Daseins bilden.

Die Projekte »Geistige Orientierung« der Bertelsmann Stiftung erarbeiten die Entstehung von Orientierungen in unterschiedlichen gesellschaftlichen Zusammenhängen und identifizieren Wege, wie Menschen eine eigene Identität bilden, als verantwortliche Bürger in der Gesellschaft mitwirken und friedfertig und tolerant mit anderen zusammen leben:

Wie vereinbaren Menschen die Anforderung, den Sinn ihres

eigenen Lebens zu finden, mit den Anforderungen des Gemeinschaftslebens?

Wie bilden Menschen in modernen Gesellschaften ihre Wertvorstellungen? Wie geben sie diese an nachfolgende Generationen weiter? Wie werden jene dabei modifiziert?

Welche Mechanismen stehen bereit, um dabei entstehende Wertekonflikte abzuarbeiten und zumindest akzeptierende Koexistenz unterschiedlicher Wertvorstellungen zu ermöglichen? Wie wirken diese Mechanismen sowohl innerhalb demokratisch und marktwirtschaftlich verfaßter Gesellschaften als auch im Umgang mit anderen Ländern und Kulturen?

Wie kann Werteerziehung aussehen, die für die Menschen bei der Beantwortung aller dieser Fragen Grundlagen bereitstellt und einen Beitrag zu Solidarität und Gemeinschaftsfähigkeit leistet? Wie kann Gemeinschaftsfähigkeit vermittelt werden?

Orientierte Menschen bewähren sich als »Virtuosen des Pluralismus« (Peter L. Berger) und bilden ihre eigene stabile Identität aus, deren Maßstäbe Handeln ermöglichen und leiten. Die unterschiedlichen Teilvorhaben des Arbeitsgebietes der Bertelsmann Stiftung »Geistige Orientierung« zeigen immer deutlicher, daß der Begriff der Selbständigkeit für das Verständnis der Lebensbedingungen zentral ist. Ausgehend von Umwälzungen in der Arbeitswelt werden auf der einen Seite Kreativität und Flexibilität – die so nur moderne Formen des Individualismus freisetzen können – immer wichtiger, auf der anderen Seite zeigt sich bei immer komplexeren Formen der Arbeitsteilung aber auch, daß es sich um eine Art »kooperativen Individualismus« (Durkheim) handeln muß. Denn in immer mehr Situationen ist das Handeln einzelner nur sinnvoll, wenn es mit dem Handeln anderer koordiniert wird, wenn der Strom der Kommunikation nicht abreißt und Verständnis möglich ist.

Dies gilt für das Arbeitsleben, die Familie, die Schule, die Gemeinde ebenso wie für die Systeme sozialer Sicherung und politischer Steuerung. Diese einzelnen Bereiche wirken nicht unabhängig voneinander, und es ist zu vermuten, daß der Kirche und dem Leben in der Kirchengemeinde eine wichtige Rolle bei dieser Vermittlung von Individualismus und Gemeinschaft zukommt. Die moralischen Grundlagen persönlicher und gesellschaftlicher Verantwortung werden angesichts des Pluralismus wieder ein wichtiges Thema. Die Kirchen in einer pluralistischen Gesellschaft verfügen nicht mehr über ein Sinnstiftungsmonopol; ihr Beitrag zur geistigen Orientierung aber bleibt unverzichtbar, wenn die Kirchen den gesellschaftlichen Wandel wahrnehmen und die Kraft zur Erneuerung aufbringen. Die vorliegende Studie von Bischof Wolfgang Huber »Kirche in der Zeitenwende« zeigt, daß das christliche Konzept von Freiheit aus Glauben dazu einen wichtigen Beitrag leistet.

Huber beschränkt sich bei seiner Frage nach der Zukunft der Kirche nicht auf Überlegungen zum Wandel kirchlicher Strukturen oder zur Verbesserung ihrer Organisationsformen. Sein besonderes Verdienst liegt in der Verbindung organisatorischer Überlegungen mit der Suche nach Inhalten, mit denen sich die Kirchen an der Suche nach geistiger Orientierung unter den Bedingungen der Gegenwart beteiligen.

Die Studie schärft das Bewußtsein für die Konzentration der Kirchen auf moralische Forderungen, die zu einer Verengung gerade der Wahrheit geführt hat, die nur die Religionen in die Suche nach Sinn einbringen können: die Wahrheit nämlich, daß menschliches Leben sich einem größeren Zusammenhang verdankt, den der Mensch durch eigene Leistung nicht hervorbringen kann. In diesem religiösen Sinne kann der Mensch sein Handeln nur dann verantworten, wenn er sich seiner Grenzen bewußt ist.

In reformerischer Perspektive untersucht Huber die gesellschaftlichen Faktoren Säkularisierung, Wertewandel und Pluralisierung für das Leitbild einer Kirche der Zukunft. Durch seinen Begriff der »offenen und öffentlichen Kirche« wird ihre Aufgabe deutlich, zur Gestaltung des gesellschaftlichen Zusammenlebens beizutragen und dabei erkennbar zu sein. Der Freiheitsbegriff als Grundbegriff christlichen Glaubens führt Huber zu seinem institutionellen Reformkonzept: die eigene Botschaft ernst zu nehmen und mit der Mitgliederorientierung des protestantischen Auftrages ernst zu machen. Die Untersuchung lädt dazu ein, die Chance zu erkennen, die die gegenwärtige Zeitenwende in sich birgt: die Chance zu einer Neubestimmung des eigenen Selbstverständnisses und zu einer neuen Zukunftsorientierung der Kirche.

Der vorliegende Band setzt eine Publikationsreihe fort, die mit einer Bestandsaufnahme unter dem Titel »Orientierungsverlust – Zur Bindungskrise der modernen Gesellschaft« begann. Peter L. Berger und Thomas Luckmann haben den Zusammenhang von »Modernität, Pluralismus und Sinnkrise« erkundet. Warnfried Dettling analysierte »Politik und Lebenswelt«, den sozialen Nahbereich, in dem Menschen die Gelegenheit zu bürgerschaftlichem Engagement erhalten. Gerhard Schmidtchen untersuchte in einer qualitativen Befragung deutscher Manager den Zusammenhang zwischen Erfahrungen im Arbeitsleben und allgemeinen gesellschaftlichen Orientierungen. Dabei stieß er insbesondere auf die Klage über den relativen Modernisierungsrückstand des politischen Systems, fand aber auch Grundlagen für den Optimismus, daß die notwendigen Reformen eingeleitet und die Probleme bewältigt würden. Martin Greiffenhagen spürte in einer groß angelegten Studie zur »Politischen Legitimität in Deutschland« der Frage nach, welches öffentliche – und nicht nur politische – Handeln auf Akzeptanz zählen und daher Legitimität genießen kann. Er legte damit eine Bestandsaufnahme der zentrifugalen Kräfte, aber auch der Integrationsmechanismen der deutschen Gesellschaft und Politik vor, wie sie bisher nicht versucht worden war. Hans Bertram machte uns in seiner Studie »Familien leben – Neue Wege zur flexiblen Gestaltung von Lebenszeit, Arbeitszeit und Familienzeit« mit den weitreichenden Veränderungen des sich wandelnden Verhältnisses von Familienleben und Erwerbsarbeit vertraut. Seine Befunde markieren einen unübersehbaren Reformbedarf, über den Institutionen in Arbeitswelt und Gesellschaft beraten müssen, vor allem aber die Politik zu befinden hat. Dabei ist es sein besonderes Verdienst, unseren Blick für die »Normalität« des Familienalltags neu zu schärfen, um nicht nur Krisenphänomene zu diskutieren, sondern auch die positiven Entwicklungsmöglichkeiten der Solidarität, der Wertegemeinschaft und Unterstützung in den Familien zu erkennen und zu nutzen.

Ein zentrales Ergebnis der Projektarbeit zur »Geistigen Orientierung« in der jüngsten Vergangenheit war der von Peter L. Berger unter dem Titel »Die Grenzen der Gemeinschaft« herausgegebene Bericht der Bertelsmann Stiftung an den Club of Rome. Das Autorenteam des Berichtes untersuchte Wertekonflikte und den Umgang mit ihnen in elf Ländern aller großen Kulturräume und Weltreligionen und kam zu der dringenden Empfehlung, daß die kulturellen und sozialen Ressourcen des Zusammenlebens in modernen Gesellschaften ebenso wie schon seit längerem die natürlichen Lebensgrundlagen größere Aufmerksamkeit verdienen. Es gehört zu den wichtigsten Aufgaben, die vor uns liegen, zu erkennen, daß Gesellschaften in ihrer Integrationsfähigkeit auf Voraussetzungen angewiesen sind und es sich lohnt, nach Wegen zu suchen, die Zusammenhalt stärken und pluralistische Vielfalt mit friedlichem Zusammenleben versöhnen können.

Die Arbeit an dem Themengebiet »Geistige Orientierung« wird in weiteren Schritten fortgesetzt. Im wichtigsten Projekt untersucht ein Autorenteam unter der Leitung von Robert D. Putnam, Harvard, international vergleichend das Sozialkapital, also die schon seit Tocqueville als wichtig erkannten Grundlagen der demokratischen politischen Kultur und der Partizipation der Bürger an öffentlichen Angelegenheiten. Erste Befunde belegen die Gefahr, daß durch das Fehlen entsprechender Chancen und Kompetenzen Teile der Bevölkerung von jeder Teilhabe am gesellschaftlichen und öffentlichen Leben ausgeschlossen sind; sie lassen jedoch auch klar erkennen, daß gerade Bildung und Teilhabe am Erwerbsleben als Zugangswege zur Mitgestaltung unserer Zukunft in Arbeitsleben, Gesellschaft und Politik gleichermaßen unentbehrlich sind. Dies ist ein weiterer entscheidender Grund dafür, in nächster Zeit eine Studie von Eckart Liebau zur Werteerziehung und zur Rolle der Bildung zur Ermöglichung gesellschaftlicher Teilhabe in dieser Reihe zu publizieren.

Wolfgang Huber macht uns im vorliegenden Band eindringlich deutlich, daß die Kirche die existentiellen Herausforderungen innerkirchlicher und gesellschaftlicher Entwicklungen annehmen muß, will sie eine Zukunft als sinnvermittelnde Institution mit Breitenwirkung haben. Darin kann eine große Chance für eine neue gesellschaftliche Vitalität und Solidarität liegen. Die anstehende »Zeitenwende« könnte eine Gründerzeit zur Reform von Kirche und Gesellschaft werden.

Hubers Kernthesen wurden bereits in einer Reihe von Veranstaltungen des Projektes und im Rahmen der Kooperation der Bertelsmann Stiftung mit den Evangelischen Akademien in Deutschland lebhaft diskutiert. Der erarbeitete Reformansatz bietet interessanten Stoff für weitreichende Debatten in Kirche, Wissenschaft und Gesellschaft.

Prof. Dr. Dr. h.c. Werner Weidenfeld
Mitglied des Vorstandes der Bertelsmann Stiftung

I. Einleitung

> *Der Despotismus kommt ohne Glauben aus,*
> *die Freiheit nicht.*
> (Alexis de Tocqueville)

1.

Der Übergang vom 20. zum 21. Jahrhundert stellt nicht nur im chronologischen Sinn eine Zeitenwende dar. Vielmehr verbindet sich dieser Übergang mit neuen Herausforderungen der geistigen Orientierung. Für Europa und damit auch für Deutschland gilt das in besonderem Maß. Wir leben in einer Zeit der Veränderung. Wir spüren den Wandel. Doch wir sind unsicher, wohin er führt.

Die letzten Jahrzehnte des 20. Jahrhunderts waren durch das Gefühl gekennzeichnet, daß etwas zu Ende geht. Die Furcht vor globaler Zerstörung durch Nuklearwaffen und Umweltbelastungen beschäftigte viele Menschen. Von den einen wurde die Zwiespältigkeit der Moderne empfunden, von den anderen wurde der Abschied von der Moderne gefeiert; ›Postmoderne‹ wurde zum Stichwort einer geistigen Orientierung, die sich allzu oft nicht mehr von Beliebigkeit unterscheiden ließ.

Was als ängstigend empfunden wurde, wird heute wieder stärker als Aufgabe gesehen. Apokalyptische Weltbilder weichen zurück. Viele sind fasziniert von den ungeahnten Möglichkeiten des Informationszeitalters, so deutlich sich auch dessen Gefahren kennzeichnen lassen. Die Arbeitslosigkeit derer, für die der jetzige Rationalisierungsschub keine Chancen läßt, und die Passivität derer, die sich einfach der Medienüberflutung hingeben, stehen unter diesen Gefahren obenan. Die ›Postmoderne‹ wird sich als eine Zeit des Übergangs erweisen. Wohin sie führt, erscheint als ungewiß.

Hinter uns liegt die Erfahrung, daß wissenschaftlich-technische Fortschritte, wirtschaftliche Entwicklungen und veränderte Lebensauffassungen die Möglichkeiten persönlicher Lebensgestaltung erweitert haben. Das hat die Freiheitsgrade für die einzelnen in bemerkenswerter Weise erhöht. Auch die Formen, die wir dem gemeinsamen Leben geben können, haben sich vervielfacht. Individualisierung und Pluralisierung sind somit besondere Kennzeichen der hinter uns liegenden Jahrzehnte.

An keinem Thema zeigen sich diese Kennzeichen deutlicher als an den Formen, in denen das Zusammenleben der Geschlechter und Generationen gestaltet wird. Neben dem Leben in der ›Normalfamilie‹ findet inzwischen eine Vielfalt von Lebensformen Anerkennung – sei es in freien Partnerschaften, als Alleinlebende oder Alleinerziehende, als Geschiedene oder Wiederverheiratete. In Deutschland geschieht das in so hohem Maß, daß die sogenannten ›Normalfamilien‹ statistisch gesehen bereits in eine Minderheitenposition geraten sind. Andere Beispiele könnten hinzugefügt werden, um die Vervielfachung der Lebensformen und Lebensoptionen zu veranschaulichen.

Doch zugleich läßt sich nicht bezweifeln: Pluralisierung und Individualisierung haben neben allen positiven Wirkungen auch negative Begleiterscheinungen. Die Werte, die für alle gelten, werden aufgezehrt. Die Normen, die der Selbstentfaltung und Selbstbehauptung Grenzen setzen, verlieren ihre Selbstverständlichkeit. Empathie und Solidarität – oder, um das große Wort nicht zu scheuen: Nächstenliebe – gelten vielen als überholt. Und in steigendem Maß wird Gewalt zu einer alltäglichen Erfahrung.

Nicht nur, so behaupten manche, die Sensibilität für Gewalttaten steigt; nein, das Ausmaß der täglichen Gewalt selbst – in den Familien und auf den Schulhöfen, in S-Bahnen und auf Straßen – nimmt zu. Diese wachsende Gewaltneigung, wie auch immer man ihre Ursachen und Erscheinungsformen im einzelnen beschreiben mag, ist nur ein besonders augenfälliges Symptom für eine Sinn- und Orientierungskrise, die weite Bereiche der Gesellschaft erfaßt hat.

2.

Doch keineswegs von allen Menschen wird die Auflösung tradierter Sinnbestände und überlieferter Bindungen als Sinnkrise erlebt. Keineswegs alle Theoretiker sehen im Schwinden von geistiger Orientierung und institutioneller Bindung eine Gefahr für den Zusammenhalt einer Gesellschaft. Manche sind überzeugt, daß die Suche nach neuen Werten und das Bemühen um neue geistige Orientierung verfehlt oder sogar gefährlich sei.

Von drei Seiten vor allem wird ein solches Bemühen in Frage gestellt.[1]

Von den einen wird bestritten, daß in einer – ›postmodernen‹ – Zeit absoluter Ungewißheit die Suche nach verbindlichen Orientierungsmustern überhaupt Aussicht auf Erfolg haben kann. Doch auch wer sich mit anderen über die absolute Ungewißheit der gegenwärtigen Situation verständigen will, arbeitet mit Annahmen über die Bedingungen zwischenmenschlicher Kommunikation, die wertenden Charakter haben. Auch wer die Möglichkeit einer Verständigung über Werte bestreitet,

---

1 Die drei Argumente werden – in anderer Reihenfolge und Akzentuierung – erörtert bei Joas, Hans, Die Entstehung der Werte, Frankfurt a. M. 1997, S. 16ff.

lebt von der Hoffnung, daß Menschen, die zusammenleben, sich an einen Mindestbestand gemeinsamer Werte halten.[2]

Von einer zweiten Gruppe wird der Einwand vorgebracht, jeder Diskurs über Fragen der geistigen Orientierung münde in den Versuch, ein bestimmtes Wertesystem zu oktroyieren; im Widerstand dagegen laufe das auf eine Abschottung der verschiedenen Wertemilieus und gesellschaftlichen Subkulturen gegeneinander hinaus. Doch auch wer der Meinung ist, daß der Pluralismus der Werte nur hinzunehmen, aber nicht weiter zu diskutieren sei, muß sich fragen, auf welchen – dann offenbar nicht mehr zur Disposition gestellten – Werten die Toleranz beruhen soll, die alle unterschiedlichen Werthaltungen in gleichem Maße gelten lassen will.

Manche Theoretiker vertreten schließlich die Auffassung, daß die globalen Strukturen der Gesellschaft selbst – insbesondere ihre Steuerung durch Geld und ihre Vernetzung durch Medien – die Anpassungsfähigkeit dieser Gesellschaft in ausreichendem Maß sicherstellen und ihren Zusammenhalt gewährleisten. Für eine solche Betrachtungsweise ist die Frage nach einer tragfähigen Sinnorientierung der einzelnen und die Verständigung über Sinnfragen zwischen ihnen zweitrangig, nebensächlich, vielleicht sogar irrelevant. Doch indem die funktionale Differenzierung der Gesellschaft zum alleinigen Prinzip erklärt wird, erhält eben sie den Charakter eines obersten Wertes. Denn eine solche extreme Form des Funktionalismus trifft nicht einfach empirische Feststellungen; vielmehr stellt gerade sie eine normative Setzung mit weitreichenden Folgen dar. Die wichtigste Folge ist, daß ein gehaltvoller Begriff menschlicher Freiheit ortlos wird.

Jedes Nachdenken über Möglichkeiten geistiger Orientierung in einer hochdifferenzierten Gesellschaft zielt aber im letzten auf die Frage, wie menschliche Freiheit in einer Zeit

2 Vgl. Bauman, Zygmunt, Postmoderne Ethik, Hamburg 1996.

hoher gesellschaftlicher Komplexität verstanden, verantwortet und gelebt werden kann. Dieses Buch soll zeigen, daß das christliche Konzept der Freiheit aus Glauben dazu einen wichtigen Beitrag leistet. Zwar verfügen die Kirchen in einer pluralistischen Gesellschaft nicht mehr über ein Sinnstiftungsmonopol; aber ihr Beitrag zur geistigen Orientierung bleibt unverzichtbar. Doch dieser Beitrag kann nur wirksam werden, wenn die Kirchen den gesellschaftlichen Wandel wahrnehmen und die Kraft zur Erneuerung aufbringen.

Wer nach der Zukunft der Kirche fragt, kann sich im Licht dieser Überlegung nicht damit begnügen, über den Wandel kirchlicher Strukturen nachzudenken und eine Verbesserung ihrer Organisationsformen vorzuschlagen. Er muß vor allen organisatorischen Überlegungen auf die Frage antworten, mit welchen Inhalten sich die Kirchen an der Suche nach geistiger Orientierung unter den Bedingungen der Gegenwart beteiligen.

3.

Wer die Sinn- und Orientierungskrise der Gegenwart für beunruhigend hält, negiert damit nicht den Freiheitsgewinn, der mit der Individualisierung und Pluralisierung der letzten Jahrzehnte verbunden ist. Es geht ihm vielmehr darum, daß Freiheit möglich bleibt. Gesellschaftlicher Zusammenhalt aber gehört zu den Voraussetzungen individueller Freiheit. Eine Gesellschaft ohne ein Mindestmaß an Kohäsionskräften und damit auch ohne gemeinsame Sinnbestände und Wertorientierungen erscheint als ›Gesellschaft‹ kaum vorstellbar. Deshalb ist es kein Zufall und auch kein Überbleibsel aus zurückliegenden Zeiten, wenn innerhalb der pluralistischen Gesellschaft selbst die Frage nach verbindenden Werten und ihrer sinnbezogenen Deutung in neuer Weise aufbricht.

Am einfachsten läßt sich dies an der Situation jüngerer Menschen illustrieren. Jugendliche wachsen in eine Gesellschaft hinein, die den Status der einzelnen noch immer weithin durch Leistung, berufliche Position und Wohlstand definiert sieht. Sie erfahren zugleich die vielfältigen Krisen und Enttäuschungen bereits in der Jugendzeit und dann in besonderem Maß in den Übergängen von der Schule zur Ausbildung und zum Beruf. Das Muster, nach welchem ein Bewußtsein der eigenen Würde vor allem über gesicherte Ausbildungswege und über Berufschancen aufgebaut wird, erweist sich als brüchig. Ein anderes Muster aber steht oft nicht zur Verfügung. Diese idealtypisch skizzierte Ausgangslage ist eine der Konstellationen, in denen anomisches Verhalten entstehen kann. Wo immer solches Verhalten ausbricht und sich in kollektiver Gewalt oder in der Diskriminierung von Minderheiten Ausdruck verschafft, erhebt sich sofort die Frage nach den Wertorientierungen, die auch in einer pluralistischen Gesellschaft nicht zur Disposition gestellt werden dürfen.

In Teilen der jüngeren Generation läßt sich derzeit eine neue Diskussion über die Verbindlichkeit von Lebensformen beobachten. In ihnen wird keineswegs nur die Position vertreten, daß neben den überlieferten Formen von Ehe und Familie beliebig viele andere Lebensformen eine gleiche Berechtigung beanspruchen können. Sondern es wird geltend gemacht, daß auch in nichtehelichen Lebensformen bestimmte moralische Verbindlichkeiten – wechselseitige Anerkennung und Verläßlichkeit, gleichberechtigte Partnerschaft oder Aufrichtigkeit im Austrag von Konflikten – verpflichtend sein müssen; auch der besondere Wert der tradierten und institutionell abgestützten Lebensformen wird unter diesem Gesichtspunkt neu wahrgenommen. Diese Diskussion verdient deshalb Aufmerksamkeit, weil hier die Pluralisierung der Lebensformen selbst die Frage nach überindividuellen Verbindlichkeiten auf eine neue Weise wachruft.

Vergleichbares läßt sich auch im Blick auf das Nebeneinander religiöser Gemeinschaften beobachten. Die Koexistenz unterschiedlicher Überzeugungsgemeinschaften in ein und derselben Gesellschaft ruft unweigerlich die Frage hervor, worin der moralische Minimalkonsens besteht, der diese Gemeinschaften miteinander verbindet. Die Diskussion über den Grundkonsens im demokratischen Verfassungsstaat ist eine spezifische Ausprägung dieser Debatte, die Diskussion über das ›Weltethos‹[3] oder ein planetarisches Ethos[4] ist eine andere. Die Pluralisierung ruft, so scheint es, unausweichlich die Frage hervor, was dieser Pluralisierung entzogen bleibt oder entzogen werden muß.

4.

Worin besteht der Beitrag der Kirchen zu der neuen Suche nach Sinn? In Westeuropa haben die Großkirchen auf den Säkularisierungsprozeß weithin mit einer Ethisierung der Religion geantwortet. Sie haben den Säkularisierungsprozeß in einem Prozeß der Selbstsäkularisierung aufgenommen. Die moralischen Forderungen der Religion wurden zum dominierenden Thema; die transmoralischen Gehalte der Religion, die Begegnung mit dem Heiligen, die Erfahrung von Transzendenz traten in den Hintergrund.

In ganz besonderem Maß gilt das für den Bereich der evangelischen Kirchen in Deutschland. In vielen Gottesdiensten und Predigten bildet beispielsweise nicht so sehr die Menschwerdung Gottes in dem Menschen Jesus von Nazareth, sondern der ständig überfordernde Appell an die Nachfolgebereit-

3 Zusammenfassend: Küng, Hans (Hrsg.), Ja zum Weltethos, München 1995.
4 Vgl. Huber, Wolfgang, Die tägliche Gewalt. Gegen den Ausverkauf der Menschenwürde, ²Freiburg i. Br. 1994, S. 150ff.

schaft der Menschen das Schlüsselthema. Die selbstkritische Einsicht, zu der die Kirchen – unter ihnen in besonderer Weise die evangelischen Kirchen in Deutschland – sich durchringen müssen, besteht darin, daß diese Konzentration auf moralische Forderungen zu einer Verengung derjenigen Wahrheit geführt hat, die nur die Religionen in die Suche nach Sinn einbringen können: die Wahrheit nämlich, daß menschliches Leben sich einem größeren Zusammenhang verdankt, den der Mensch durch eigene Leistung gerade nicht hervorbringen kann.

Eine solche selbstkritische Überlegung kann den Kirchen dabei helfen, den Beitrag neu zu bestimmen, den sie zur geistigen Orientierung in der unübersichtlichen Situation der Gegenwart zu leisten vermögen. Auch wenn sie sich dabei in neuer Weise auf ihre spezifische Kompetenz besinnen müssen, können sie doch nicht einfach auf überkommene Antwortmuster zurückgreifen. Denn die Kirchen sind in vergleichbarem Ausmaß vom gesellschaftlichen Wandel betroffen wie andere gesellschaftliche Institutionen auch. Die Annahme wäre verfehlt, daß sie den Schlüssel zur geistigen Orientierung schon zur Hand hätten und nur noch ins Schloß stecken müßten, damit sich die Tür zu einem für alle verbindlichen Sinn öffnet.

Die evangelische Kirche jedenfalls, auf die sich die Überlegungen dieses Buches konzentrieren, ist weithin damit beschäftigt, Umstellungskrisen zu bewältigen, die über sie kommen. Das nimmt sie so stark in Anspruch, daß die Kräfte zu einer bewußten Neuorientierung nur schwer zu mobilisieren sind. Doch was für die gesamte Gesellschaft gilt, trifft ebenso auch für die Kirche zu: Die Zeitenwende, in der wir uns nicht nur in einem äußerlichen chronologischen Sinn befinden, birgt die Chance zu einer Neubestimmung des eigenen Selbstverständnisses und zu einer neuen Zukunftsorientierung in sich.

Genauso wie eine verbreitete gesellschaftliche Lähmung die Chancen für die Erneuerung des gesellschaftlichen Leitbildes verspielt, versperrt sich die Kirche die Chance der Neuorientierung, wenn sie nicht neu nach ihrer spezifischen Kompetenz fragt und Handlungsformen dafür entwickelt. Diese Kompetenz aber liegt in nichts anderem als darin, Menschen eine bestimmte Lebensorientierung zu vermitteln. Diese Lebensorientierung richtet sich nicht auf einen abgegrenzten Bereich, ›Religion‹ genannt. Sondern sie umfaßt das Verhältnis des Menschen zu sich selbst, zu seinen Mitmenschen sowie zu seiner natürlichen und kulturellen Umwelt ebenso wie das Verhältnis zu Gott. Und diese Lebensorientierung ist – jedenfalls aus der Sicht des christlichen Glaubens – nicht von einer einzigen kulturellen Ausdrucksform abhängig. Vielmehr ist der christliche Glaube von Anfang an auf kulturell vielfältige Weisen zur Darstellung gekommen. Diese grundsätzliche kulturelle Offenheit hängt unmittelbar mit seiner Ausrichtung auf die Zukunft zusammen. Da er durch Hoffnung geprägt ist, kann er nicht exklusiv an eine bestimmte – gar vergangene oder vergehende – kulturelle Gestalt gebunden sein.

In Westeuropa durchlaufen die Kirchen als Institutionen des christlichen Lebens eine Krise ihrer traditionellen Strukturen. Man hat im Blick auf das westliche Europa sogar von einem »Katastrophengebiet für die Kirchen« gesprochen.[5] Die Bindungskraft der Kirchen ist zurückgegangen. Das gilt insbesondere für die evangelische Kirche. Sie ist schon von Hause aus eine – im Vergleich zu anderen Kirchen – relativ schwache Institution; denn sie behauptet, daß der Glaube – und nicht etwa die Institution – Heilsgewißheit verbürgt.

Wie sich der Zugang zum Glauben und die Bejahung der Kirche als Institution miteinander verbinden können, muß gerade im Blick auf die evangelische Kirche heute neu gefragt werden. Dazu nötigt auch der Umstand, daß sich das Bündnis der Kirchen mit überlieferten kulturellen Gestaltungsformen

---

5 Berger, Peter L., An die Stelle von Gewißheiten sind Meinungen getreten, in: Frankfurter Allgemeine Zeitung, 7.5.1998, S.14.

auflöst. Für die deutsche Entwicklung im 20. Jahrhundert ist insbesondere das Ende der Verbindung mit dem Staat charakteristisch. Die Kirche ist aus ihrer staatsanalogen Stellung herausgetreten und hat sich – neben dem Staat – zu einem eigenständigen Teil der gesellschaftlichen Wirklichkeit entwickelt.

Darin liegt nicht nur ein Verlust; vielmehr entstehen auch neue Möglichkeiten. Die Kirche kann für die einzelnen auf neue Weise zwischen der geglaubten und der erfahrenen Wirklichkeit vermitteln. Sie bietet einen Deutungshorizont an, der die verschiedenen Felder persönlichen und gesellschaftlichen Lebens in einem inneren Zusammenhang erkennen läßt. Als Interpretationsgemeinschaft ermöglicht sie es den einzelnen, selbst die Deutung der gesellschaftlichen Wirklichkeit mitzuprägen und an der Weiterentwicklung gesellschaftlicher Sinnmuster mitzuarbeiten. So schafft sie Verbindungen zwischen den einzelnen und vermittelt zwischen ihnen und dem Leben in der Gesellschaft, ja im Kosmos. In diesem – durchaus anspruchsvollen – Sinn kann die Kirche sich als ›intermediäre Institution‹ erweisen.[6]

Zu den Besonderheiten der Kirchen als sinnvermittelnder Institutionen gehört es, daß sie ›alte Institutionen‹ sind. Sie sind dadurch gekennzeichnet, daß sie »versuchen, ihre etablierten Wirklichkeitsdeutungen so gut es eben geht weiter zu pflegen und sie im Wettbewerb der pluralistischen Situation anzubieten.«[7] Die Vermittlung zwischen der in überlieferten Deutungen aufbewahrten Wahrheit und den neuen Fragestellungen der jeweiligen Gegenwart ist die besondere Aufgabe und besondere

6 Vgl. Berger, Peter L./Luckmann, Thomas, Modernität, Pluralismus und Sinnkrise. Die Orientierung des modernen Menschen, Gütersloh 1995, S. 59. Ich setze hier den Begriff der »intermediären Institution« in dem von Berger und Luckmann geprägten Sinn voraus; zur Prüfung seiner soziologischen Voraussetzungen und seiner theologischen Anwendbarkeit bereitet Jörg Fingerle eine Studie vor, auf die schon jetzt zur Ergänzung hingewiesen sei.
7 Berger/Luckmann, Modernität, Pluralismus und Sinnkrise, S. 57.

Chance ›alter Institutionen‹. ›Neue Institutionen‹ können mit einer weitaus größeren Unbekümmertheit auf die Sinnangebote der unterschiedlichsten Kulturen und Epochen zurückgreifen. Doch diese Unbekümmertheit ist damit erkauft, daß sie sich entweder monothematisch verengen oder Nichtzusammengehöriges synkretistisch miteinander vermischen. Die Aufgabe der Kirchen besteht demgegenüber darin, die ihnen anvertraute Glaubenswahrheit in der Vielgestaltigkeit ihrer geschichtlichen Ausformungen so auszulegen, daß sie unter den Bedingungen der Gegenwart zur Lebensorientierung wird.

Für die evangelischen Kirchen ist charakteristisch, daß sie in besonderer Weise in den neuzeitlichen Modernisierungsprozeß verflochten sind. Die Neuentdeckung der ›Freiheit eines Christenmenschen‹ hat maßgeblich dazu beigetragen, daß die Geschichte der Neuzeit durch das Bewußtsein der Freiheit geprägt ist. Mitwirkung und Mitverantwortung der Laien in der Kirche haben die Entstehung demokratischer Verfassungsformen gefördert. Das neue Bewußtsein für die Weltlichkeit der Welt hat die Bereitschaft bestärkt, diese Welt wissenschaftlich zu begreifen und technisch zu gestalten. Die Überzeugung, daß der Christ seinen Glauben im Alltag seines Lebens zu bewähren habe, hat zu ›innerweltlicher Askese‹ angespornt und so der neuzeitlichen kapitalistischen Wirtschaftsweise kräftigen Auftrieb gegeben. Auch in die Ambivalenzen und Abgründe der neuzeitlichen Entwicklung ist der Protestantismus verflochten: Er hat die Idee der Menschenrechte nicht nur befördert, sondern ihr auch Widerstand entgegengesetzt. Er hat die gleiche Freiheit aller Menschen nicht nur propagiert, sondern zugleich geleugnet – in der Diskriminierung aus Gründen der Rasse oder des Geschlechts und vor allem in der Form, in der antijüdisches Denken dem Rassenantisemitismus Vorschub geleistet hat. Er kann sich nicht nur der Errungenschaften der Neuzeit rühmen; er muß zugleich bekennen, in ihre Schuldgeschichte verflochten zu sein.

Weil der Protestantismus so eng mit der Moderne verbunden ist, hat er es schwer, sich an die ›Postmoderne‹ zu gewöhnen; noch ungewohnter ist im protestantischen Milieu die Frage nach den Konturen einer geistigen Orientierung, die auf die Übergangszeit der ›Postmoderne‹ folgen wird. Zwar breitet sich der evangelikale Protestantismus in den verschiedenen Erdteilen zum Teil rasant aus, doch die auf das Bündnis von Glaube und Vernunft verpflichtete Gestalt des Protestantismus geht durch eine kritische Phase. Seine Lebensfähigkeit und Lebensdienlichkeit wird dieser Protestantismus dann erweisen, wenn er aufs neue zur ›Religion der Freiheit‹ wird. Dazu muß er dem transmoralischen Gehalt des christlichen Glaubens neuen Ausdruck geben; er muß zur Verantwortung der Freiheit in der Gestalt des je eigenen Lebens ermutigen – und er muß die Sozialformen erneuern, in denen der Glaube gelebt wird und die Kirche Gestalt gewinnt.

So wird er auch seinen unverwechselbaren Beitrag zur Ökumene leisten. Denn der Beitrag der Kirchen zur geistigen Orientierung in dem vor uns liegenden Jahrhundert wird ökumenisch sein. Dabei bedeutet Ökumene allerdings nicht eine Verständigung auf den kleinsten gemeinsamen Nenner. Sie wächst dann, wenn die verschiedenen christlichen Kirchen den Reichtum ihrer Traditionen in das gemeinsame Zeugnis einbringen. Sie wächst dann, wenn die Kirchen die Fähigkeit zum Dialog auch mit anderen Religionen und Überzeugungsgemeinschaften entwickeln. Denn die missionarische Ausstrahlung, die heute nötig ist, entsteht nur aus dem Dialog. Die Überzeugungskraft, die auf neue Weise von den Kirchen ausgehen muß, ist dialogischer Natur.

5.

Diese Studie wendet sich der Frage zu, welchen Beitrag die Kirchen als intermediäre Institutionen zur geistigen Orientierung zu leisten vermögen. Daraus leitet sie Vorschläge für die Erneuerung der Kirchen und für die Neubestimmung ihres Ortes in der Zivilgesellschaft ab. Dabei gilt die Aufmerksamkeit vorrangig der Situation in Deutschland und der Lage der evangelischen Kirchen.

Im zweiten Kapitel wird eine Standortbestimmung der Kirche im Rahmen des derzeitigen gesellschaftlichen Wandels vorgenommen. Alle Versuche, diesen Wandel unter einem einzigen Leitbegriff – sozusagen in einem einzigen Großparadigma – darzustellen, laufen angesichts der Komplexität dieses Prozesses ins Leere. Um seine Mehrdimensionalität zu erfassen, wird er unter drei Leitbegriffen dargestellt. Die Paradigmen der Säkularisierung, des Wertewandels und der Individualisierung sollen helfen, ein konturiertes Bild gesellschaftlicher Bedingungen und ihrer Auswirkungen auf die Kirche zu zeichnen.

Das dritte Kapitel dient der Vergewisserung über das Leitbild, das hier für die Zukunft der Kirche entworfen werden soll. Das Leitbild der ›Volkskirche‹ hat seine Selbstverständlichkeit verloren; aus der vor allem im Osten Deutschlands gegebenen Situation einer ›Minderheitskirche‹ ist eine Zukunftsvision nicht abzuleiten. Mit dem Begriff der ›offenen und öffentlichen Kirche‹ werden die Konturen einer Kirche gezeichnet, die sich den Herausforderungen der Gegenwart stellt und die ihr anvertrauten Überzeugungen öffentlich zur Geltung bringt. Damit steht sie einerseits vor der Frage, wie die von ihr bezeugte Wahrheit in ihren eigenen Handlungsvollzügen und in ihrer eigenen Existenzform zur Geltung kommt. Sie steht andererseits vor der Aufgabe, zur Gestaltung des gesellschaftlichen Zusammenlebens beizutragen. Denn die Gemeinschaft der Glaubenden muß nicht nur nach innen, sondern auch nach außen erkennbar sein.

Das vierte Kapitel wendet sich der Frage zu, welchen inhaltlichen Beitrag die Kirche zur geistigen Orientierung zu leisten vermag. Das wird exemplarisch am Begriff der Freiheit erörtert. Es handelt sich dabei um einen Grundbegriff des christlichen Glaubens, dem für die reformatorische Tradition eine Schlüsselbedeutung zukommt. An ihn heftet sich aber zugleich das säkulare Selbstverständnis des neuzeitlichen Menschen; und in ihm bündeln sich die Orientierungsprobleme unserer eigenen Gegenwart. Gerade diese Vielschichtigkeit und die Vieldeutigkeit des Freiheitsbegriffs sind der Grund dafür, ihn zum Leitbegriff zu wählen. Dabei soll dieser Begriff in einer Weise gedeutet werden, in der die Erfahrung menschlicher Freiheit in die Geschichte Gottes mit den Menschen eingebettet wird. Die Gewißheit der Freiheit aus Glauben und die Gestaltung der Freiheit in der Gesellschaft werden dabei in ihrem inneren Zusammenhang gesehen. Die spezifische Bedeutung des christlichen Wirklichkeitsverständnisses zeigt sich in dieser Überlegung darin, daß Freiheit gemeinschaftsorientiert verstanden wird. Freiheit ereignet sich vor allem in Zusammenhängen der Kommunikation und Kooperation. In einer Zeit, in der Freiheit zu einer elementaren Gestaltungsaufgabe wird, kommt diesem Konzept einer kommunikativen und kooperativen Freiheit besondere Bedeutung zu. Diese Bedeutung wird im Blick auf das Verhältnis jedes Menschen zur Gesellschaft und zur Natur konkretisiert.

Im fünften Kapitel geht es um die Frage nach der Zukunft der Kirche und den dafür notwendigen Reformen. Wie können die Kirchen die Krise ihrer institutionellen Gestalt überwinden? Eine nüchterne Krisendiagnose ist ebenso notwendig wie das Aufzeigen von Wegen aus der Krise. In sieben Aspekten wird die Krise beschrieben: als Mitgliederkrise, Finanzkrise, Mitarbeiterkrise, Vereinigungskrise, Organisationskrise, Krise des kirchlichen Krisenmanagements und Orientierungskrise. Der Ansatz für das in diesem Kapitel entwickelte Reformkonzept liegt in der These, es sei für die Kirche vorrangig, ihre eigene Botschaft ernst zu nehmen. Strukturelle Reformen müssen sich nämlich aus einer erneuerten Auftragsgewißheit ergeben; verselbständigte Strukturdebatten dagegen laufen ins Leere. Im Blick auf die strukturellen Reformen aber erweist sich für eine Kirche, die das ›Priestertum aller Glaubenden‹ vertritt, die Mitgliederorientierung als entscheidender Schlüssel. Neue Wege zur Kirchenmitgliedschaft bilden den wichtigsten Aspekt der vorgetragenen Reformvorschläge. Neue Wege kirchlicher Finanzierung, neue Aufgaben der beruflichen Mitarbeit in der Kirche, Vorschläge zur Wahrnehmung des deutschen und europäischen Kontextes sowie Reformkonzeptionen zu Organisation und Leitung der Kirche schließen sich an.

Den Überlegungen zur Kirchenreform folgt im sechsten Kapitel eine Neubestimmung des Ortes der Kirche in der Öffentlichkeit. Dieser Ort kann nicht länger im Gegenüber zum Staat bestimmt werden; die Kirche hat sich vielmehr als Teil der Zivilgesellschaft zu begreifen. Zwar verbindet sich mit ihrer spezifischen Kompetenz – der Vergegenwärtigung der Wirklichkeit Gottes in der Wirklichkeit der Welt – auch ein spezifischer Ort. Es ist deshalb kein Zufall, daß die besondere Aura von Kirchengebäuden und Kirchenräumen in jüngster Zeit – auch im evangelischen Bereich – verstärkte Aufmerksamkeit finden. Doch zugleich gehört es zu ihrem Signum als intermediäre Institution, daß sie in den verschiedenen Bereichen der Gesellschaft präsent ist und ihren Beitrag einbringt. In der Bildungsverantwortung, im Eintreten für Gerechtigkeit und in der Kultur des Helfens nimmt dieser Beitrag konkrete Gestalt an.

6.

Diese Studie ist im Rahmen des Projektes ›Geistige Orientierung‹ der Bertelsmann Wissenschaftsstiftung entstanden. Die Konsultationen zur Konzeption des Projektes im ganzen wie zum methodischen und inhaltlichen Ansatz dieser Studie waren anregend und motivierend. Allen Teilnehmerinnen und Teilnehmern an diesen Zusammenkünften bin ich zu großem Dank verpflichtet.

Jörg Fingerle hat entscheidende Vorarbeiten für diese Studie geleistet. Seine geplante Untersuchung zur Reichweite des Konzeptes der ›intermediären Institution‹ ergänzt diese Arbeit. Kara Huber, Wolfram Bürger, Jörg Fingerle und Hans-Richard Reuter haben das Manuskript kritisch durchgesehen und hilfreiche Anregungen beigesteuert. Andreas Schröer und Volker Then haben das Vorhaben von seiten der Bertelsmann Wissenschaftsstiftung begleitet. Liz Mohn, Reinhard Mohn und Werner Weidenfeld haben mir das Interesse der Bertelsmann Stiftung an der Thematik in eindrucksvoller Weise vor Augen gestellt. Allen Beteiligten danke ich herzlich.

Vorstudien sind im Laufe der letzten Jahre an verschiedenen Orten zur Diskussion gestellt und veröffentlicht worden; sie sind in den Nachweisen genannt. Die durch sie ausgelösten Diskussionen sind, so hoffe ich, dem Ergebnis zugute gekommen.

II. Gesellschaftlicher Wandel und Kirche

Auf dramatische Weise hat sich die gesellschaftliche Situation in Europa und in Deutschland verändert. Die Jahre um 1989 haben Umwälzungen mit sich gebracht, wie sie der europäische Kontinent seit dem Ende des Zweiten Weltkriegs nicht erlebt hat.

Noch immer jedoch fehlt es an Kategorien, um diese Entwicklungen zureichend zu erfassen. Ein revolutionärer Umbruch fand statt, dem gleichwohl der Titel der Revolution nicht von allen zuerkannt wird. Die Teilung des europäischen Kontinents fand ein Ende, ohne daß doch über das gemeinsame Selbstverständnis und die politische Struktur des Kontinents Klarheit bestünde. In der schwankenden Diskussion über die Identität der Deutschen spiegelt sich diese Unsicherheit; in diesem Fall wird sie freilich durch die Schatten der Geschichte Deutschlands im 20. Jahrhundert noch verstärkt.

Zwiespältigkeit herrscht auch im Blick auf die Frage, welche Bedeutung dem christlichen Glauben für das Selbstverständnis Europas zukommt. Europa brauche eine Seele, erklärte Jacques Delors, der ehemalige Präsident der europäischen Kommission; und er verband damit die Hoffnung, daß die christlichen Wurzeln Europas eine neue Lebenskraft entfalten könnten. Eine Neuevangelisierung Europas proklamierte Papst Johannes Paul II.; die Frage, ob er dabei das Ausmaß der Säkularisierung ausreichend berücksichtige, die in Europa stattgefunden hat, wurde gegen dieses Programm immer wieder kritisch vorgebracht. Daß die christlichen Kirchen sich auch in Deutschland in einer missionarischen Situation befinden, wird inzwischen auch in den evangelischen Kirchen betont; daß daraus andere Folgerungen gezogen werden müssen als in der ›Inneren Mission‹ des 19. Jahrhunderts, ist unstrittig – doch welche Gestalt christliche Mission im 21. Jahrhundert haben wird, ist einstweilen noch undeutlich.

Größere Klarheit läßt sich in all diesen Fragen nur gewinnen, wenn die gesellschaftlichen Verschiebungen möglichst prägnant erfaßt werden, von denen Religion und Kirche unmittelbar betroffen sind. Diese Verschiebungen vollziehen sich auf mehreren Ebenen, die allerdings auf vielfältige Weise miteinander verflochten sind. Analytisch sind vor allem drei Aspekte hervorzuheben: Säkularisierung, Wertewandel und Individualisierung.

Die Gesellschaftsgeschichte der europäischen Neuzeit ist dadurch geprägt, daß sich verschiedene gesellschaftliche Bereiche ausdifferenziert haben; sie sind zwar nicht voneinander isoliert, unterliegen jedoch keiner einheitlichen Steuerung mehr. Die Verselbständigung der Bereiche von Wirtschaft, Politik, Wissenschaft und Kunst vollzog sich durch die Ausbildung jeweils spezifischer Rationalitäten. Damit veränderte sich zugleich die gesamtgesellschaftliche Struktur. Die Gesellschaft ist nun nicht mehr als eine hierarchische, zentral gelenkte Ordnung mit unselbständigen Sektoren zu verstehen; sondern sie bildet ein Gefüge von differenzierten Bereichen.

Das hat Auswirkungen auf die Wertordnung der Gesellschaft. In der hierarchischen Struktur früherer Gesellschaftsformationen kam einer bestimmten Wertordnung ein Vorrang zu, in der religiöse Bindungen dominierten. Mit der gesellschaftlichen Differenzierung büßt diese traditionelle Wertordnung ihre Vorrangstellung ein; die impliziten Wertordnungen der gesellschaftlichen Teilbereiche treten in Konkurrenz zueinander. Die Gesinnung der einzelnen gewinnt gegenüber der für die ganze Gesellschaft geltenden normativen Ordnung an Gewicht; in diesem Sinn tritt eine ›Gewissensethik‹ an die Stelle der ›Gesetzesethik‹. Damit verändert sich auch die Rolle der Religion. Sie bildet nicht mehr das allgemein anerkannte Fundament der gesellschaftlichen und individuellen Orientierung. Das Ausmaß, in dem ihre Orientierungskraft anerkannt wird, differiert vielmehr von Person zu Person. Und die von den religiösen Institutionen vertretenen Werte sind ihrerseits selbst dem Wandel ausgesetzt. Kurzum: Die Gesellschaft wird *säkular*.

Die Auflösung traditioneller Wertordnungen hat – vor allem in der zweiten Hälfte des 20. Jahrhunderts – dazu geführt, daß die Geltung einer mehrheitlich geteilten Wertordnung ihre Selbstverständlichkeit verloren hat. An die Stelle einer solchen allgemein akzeptierten Wertordnung sind unterschiedliche Werthaltungen und Wertpräferenzen getreten. Diese Haltungen und Präferenzen differenzieren sich nicht nur innerhalb der Gesellschaft, sondern sie verändern sich auch innerhalb der individuellen Biographie. Pluralisierung und biographische Veränderung zugleich prägen den Prozeß, der sich zusammenfassend als *Wertewandel* charakterisieren läßt.

Im Zusammenhang mit diesen gesellschaftlichen Veränderungen haben schließlich auch die traditionellen Vergesellschaftungsformen an Bedeutung verloren. Herkunft, Klasse und Stand geben immer seltener den Ausschlag für die jeweilige gesellschaftliche Position. Die Frage, wer mit wem zu welchem Zeitpunkt in Verbindung steht, wird in immer geringerem Umfang von der Position in der gesellschaftlichen Hierarchie abhängig. In immer stärkerem Maß inszenieren die einzelnen ihre eigene Biographie. Sie strukturieren ihre Sozialbeziehungen nach ihren eigenen Entscheidungen. Sie komponieren ihre

Identität durch die Zusammenfügung scheinbar heterogener Elemente; dadurch gewinnt diese den Charakter einer ›Patchwork-Identität‹. Die Biographie der einzelnen wie die sozialen Kontakte sind durch *Individualisierung* geprägt.

Die unter diesen drei Aspekten der Säkularisierung, des Wertewandels und der Individualisierung zu beschreibende Entwicklung steht in einer engen Wechselwirkung mit der Situation der traditionellen religiösen Institutionen, im europäischen Kontext also insbesondere der Kirchen. Sie sind nicht nur selbst von diesen Veränderungen betroffen, sondern sie tragen auch ihrerseits zu ihnen bei. Der spezifische, von Europa und Nordamerika ausgehende ›Geist des Kapitalismus‹ beispielsweise hat, weit über die Organisation des Wirtschaftslebens hinaus, diese gesellschaftlichen Entwicklungen nachhaltig geprägt; er wirkt sich auch dort noch aus, wo die religiösen Wurzeln dieser Lebenshaltung gar nicht mehr im Bewußtsein sind. Religion und Kirche sind nicht nur von den gesellschaftlichen Veränderungen betroffen, sie wirken auch ihrerseits an ihnen mit. Diese Wechselwirkung soll im Blick auf die drei skizzierten Aspekte – Säkularisierung, Wertewandel und Individualisierung – genauer erläutert werden.

1. Säkularisierung

Was wir heute als ›Säkularisierung‹ bezeichnen, reicht in seinen Anfängen weit zurück. Insbesondere ist an die Auseinandersetzungen zwischen Kirche und politischer Herrschaft zu erinnern, die als ›Investiturstreit‹ in die Geschichte eingegangen sind. Bei diesem Streit des 11./12. Jahrhunderts ging es im Kern um die Frage, ob Geistliche durch weltliche Herrscher in ihr Amt eingesetzt werden dürften. Der Konflikt erschütterte die

Grundfesten einer Ordnung, der die Scheidung zwischen ›geistlicher‹ und ›weltlicher‹ Zuständigkeit weithin fremd war. Diese Ordnung war, wie Ernst-Wolfgang Böckenförde einmal gesagt hat, »nicht nur ›christlich‹ bestimmt in der Weise, daß das Christentum anerkannte Grundlage der politischen Ordnung war, sie war in sich selbst, in ihrer Substanz, sakral und religiös geformt, eine heilige Ordnung, die alle Lebensbereiche umfaßte, noch ganz ungeschieden nach ›geistlich‹ und ›weltlich‹, ›Kirche‹ und ›Staat‹.«[1] Die Mitwirkung der staatlichen Herrschaft bei der Verleihung kirchlicher Ämter war ein Ausdruck dieser ungeschiedenen Einheit. Mit der Beseitigung dieser Art von Investitur fand die frühmittelalterliche Einheit der *res publica christiana* ihr unwiderrufliches Ende.

Die Voraussetzungen für das, was wir heute als Säkularisierung bezeichnen, reichen also bis in das Mittelalter zurück. Die so oft beschworene konstantinische Verbindung von Staat und Kirche wich schon in dieser Zeit einer Unterscheidung der beiden Gewalten. Anders als die caesaropapistische Tradition des byzantinischen Ostens und als die islamische Einheit von religiöser und rechtlicher Ordnung ist das westliche Christentum seit früher Zeit – unbeschadet aller fortdauernden faktischen Verflechtungen – durch die grundsätzliche Unterscheidung zwischen geistlicher und weltlicher Gewalt gekennzeichnet.

Doch erst sehr viel später wurden solche Veränderungen als ›Säkularisation‹ bezeichnet. Der Begriff ›saecularisatio‹ meinte bis in das 17. Jahrhundert hinein den Übergang eines Mönchs aus dem *status regularis* in den *status saecularis*, also aus der Unterwerfung unter die Mönchsregel in den Stand des Weltpriesters. Dieser ursprünglich kirchenrechtliche Begriff ge-

---

1 Böckenförde, Ernst-Wolfgang, Recht, Staat, Freiheit. Studien zur Rechtsphilosophie, Staatstheorie und Verfassungsgeschichte, [2]Frankfurt a. M. 1992, S. 94.

wann im Zeitalter der Konfessionskriege eine staatskirchenrechtliche Bedeutung. Der älteste Beleg ist eine Äußerung des
Herzogs von Longueville, der Frankreich bei den Friedensver-
handlungen in Münster vertrat, die dem dreißigjährigen Krieg
ein Ende machen sollten. Er sagte am 8. Mai 1646, die katholischen Mächte könnten hinsichtlich geistlicher Güter, die der
katholischen Kirche entzogen – »saecularisiret« – würden, keinen »ewigen« Vergleich ohne ausdrückliche Zustimmung des
Papstes abschließen.[2]

Damit war die Grundbedeutung dessen festgelegt, was in den
folgenden Jahrhunderten unter ›Säkularisierung‹ verstanden
wurde. Wenn Klöster ihrer religiösen Funktion entfremdet und
in weltliche Schulen oder Landgüter umgewandelt wurden oder
wenn bischöfliche Herrschaftsbefugnisse in die Hände eines
weltlichen Fürsten übergingen, handelte es sich um Vorgänge
der Säkularisation. Die Aufhebung geistlicher Fürstentümer
und die Einziehung von Kirchengut durch protestantische
Reichsstände waren dafür die wichtigsten Beispiele und blieben
dies bis zur großen Säkularisation der Jahre 1802/03. Der
Reichsdeputationshauptschluß vom 25. Februar 1803[3] verfügte
nicht nur die Überführung von Gütern, sondern auch von
Regentenfunktionen in weltliche Hände. Beides traf vor allem
katholische Bistümer und Herrschaften. Die durch den Reichsdeputationshauptschluß vollzogene Säkularisation führte folgerichtig das Ende des Heiligen Römischen Reiches Deutscher
Nation herbei, das schließlich im Jahr 1806 besiegelt wurde.

Damit waren die Voraussetzungen gegeben, den Begriff der
Säkularisierung in einem erweiterten Sinn zu verwenden. In

---

2 Vgl. Heckel, Martin, Säkularisierung. Staatskirchenrechtliche Aspekte
  einer umstrittenen Kategorie, in: Ders., Gesammelte Schriften, II, Tübingen 1989, S. 773–911 (773).
3 Text: Huber, Ernst Rudolf/Huber, Wolfgang, Staat und Kirche im 19. und
  20. Jahrhundert. Dokumente zur Geschichte des deutschen Staatskirchen-
  rechts, Bd. I, Berlin 1973, Nr. 5.

den Vordergrund treten seitdem vor allem drei Aspekte. Es handelt sich zum einen um die Entwicklung einer säkularen Verfassungsordnung, in der die weltliche Herrschaft nicht mehr aus geistlichen Herrschaftsansprüchen begründet wird; von Bedeutung ist sodann die veränderte Rolle von kirchlichen Institutionen und religiösen Inhalten in der Gesellschaft; und es geht schließlich um die mit solchen strukturellen Veränderungen verbundene Verwandlung von Glaubensinhalten in Themen weltlicher Verständigung.

1.1 Die Entwicklung einer säkularen Verfassungsordnung

Ähnlich wie der – vor allem in Frankreich verwendete – Begriff des Laizismus ist auch der Begriff der Säkularisierung anfällig für eine Art der weltanschaulichen Aufladung, in der er zum antireligiösen oder antichristlichen Programmbegriff wird. Zugleich umschreibt er gerade im Blick auf das Verhältnis von Staat und Kirche in Deutschland einen Prozeß, der die Unabhängigkeit der staatlichen Gewalt von religiösen Vorgaben und Interessen mit der Gewährleistung der Religionsfreiheit und das heißt auch mit der Offenheit für die Manifestation und Organisation von Religion verbindet. Paradigmatisch ist die Auseinandersetzung zwischen diesen beiden Formen der Säkularisierung in den Debatten der Ersten Deutschen Nationalversammlung in der Frankfurter Paulskirche 1848 ausgetragen worden.[4]

In diesen Debatten wurzelt die für den deutschen Verfassungsstaat charakteristische Verhältnisbestimmung von Staat und Kirche. In ihr verbinden sich die Religionsneutralität des Staates und die Gewährleistung der Religionsfreiheit miteinan-

---

4 Vgl. Huber, Ernst Rudolf/Huber, Wolfgang, Staat und Kirche im 19. und 20. Jahrhundert, Bd. II, Berlin 1976, S. 1 ff.

der. Dabei umfaßt der Begriff der Religionsfreiheit sowohl deren negativen als auch deren positiven Aspekt; er umschließt ebenso die Freiheit *von* der Religion wie die Freiheit *zur* Religion.

In den Debatten der Frankfurter Nationalversammlung wurde eine bemerkenswerte Bandbreite von Positionen vertreten. Zu ihr gehörten auch manifest antikirchliche Töne. Von manchen Sprechern wurde die Kirche mit deutlichen Worten als Hemmschuh für das Autonomiestreben von Staat und Gesellschaft bezeichnet. Durchgesetzt aber hat sich diese religions- und kirchenkritische Zuspitzung des Säkularisierungsgedankens nicht. Vielmehr mußte sich eine solche Art des Säkularisierungsdenkens sozusagen selbst säkularisieren und von ihren eigenen postreligiösen Absolutheitsansprüchen befreien. Im Ergebnis hat die Paulskirchenverfassung von 1849 einer Denkweise die Bahn geebnet, die man als ›aufgeklärte Säkularität‹ bezeichnen kann.

Aufgeklärt ist sie zunächst darin, daß sie auf den Schutz und die Gewährleistung der Freiheit unter Einschluß der Religionsfreiheit gerichtet ist. Damit sind die Vorstellung und das Konzept eines ›christlichen Staates‹ unvereinbar. Die Säkularität des Staates ist die notwendige Folge. Aufgeklärt ist sie aber auch darin, daß sie dem Staat nicht die Befreiung von der Religion zur Aufgabe macht, sondern ihn darauf verpflichtet, der Freiheit zur Religion Raum zu geben und deshalb auch den öffentlichen Charakter von Religion sowie den Öffentlichkeitsauftrag der Kirchen anzuerkennen. Aufgeklärt ist sie schließlich darin, daß sie auf die Grenzen des Staates achtet und dem Staat selbst nicht religiöse oder quasireligiöse Funktionen zuschreibt. Zu der Anerkennung solcher Grenzen gehört auch die Einsicht, daß der Staat auf Verständigungsprozesse angewiesen bleibt, die er nicht selbst zu diktieren oder zu dirigieren vermag.

Die Paulskirchenverfassung von 1849 wurde in Deutschland niemals geltendes Recht. Ihre Grundsätze mußten durch große

Kämpfe hindurch zur Geltung kommen, von denen der Kulturkampf in der Ära Bismarcks der wichtigste ist. In ihm spiegelten sich noch einmal die Folgen einer Denkweise wider, die zwischen geistlicher und politischer Herrschaft nicht zu unterscheiden wußte und den politischen Begriff der Souveränität umstandslos auf die Herrschaftsansprüche des päpstlichen Throns übertrug. Die staatskirchenrechtlichen Grundsätze der Paulskirchenverfassung wurden schließlich durch die Weimarer Reichsverfassung in ihren Artikeln 136 bis 141 auch förmlich in Kraft gesetzt. Die aufgeklärte Säkularität wurde so zu einem Merkmal der verfassungsstaatlichen Wirklichkeit. Dadurch sind die Voraussetzungen für ein Verhältnis von Staat und Kirche geschaffen worden, das von Eigenständigkeit ebenso geprägt ist wie von Kooperation.

Diese Bestimmungen der Weimarer Reichsverfassung wurden durch den Artikel 140 unverändert in das Bonner Grundgesetz übernommen und stehen deshalb bis zum heutigen Tag in Geltung. Auf der Grundlage der Religionsfreiheit der einzelnen und der Religionsneutralität des Staates hat die Weimarer Reichsverfassung vor allem vier Eckpunkte für die Rechtsstellung der Kirchen festgeschrieben:

– Mit dem Ende des Staatskirchentums ist die Beziehung zwischen Staat und Kirche durch *wechselseitige Unabhängigkeit* bestimmt, die jedoch Kooperation in den gemeinsamen Angelegenheiten nicht aus-, sondern einschließt.

– Im Rahmen der Freiheit des Zusammenschlusses zu Religionsgemeinschaften nach den Regeln des bürgerlichen Rechts wird den Kirchen und anderen Religionsgemeinschaften die Stellung als Körperschaften des öffentlichen Rechts zuerkannt. Damit wird zum einen der *Öffentlichkeitsauftrag der Kirchen* und ihre besondere öffentliche Verantwortung anerkannt. Zum anderen verbinden sich damit besondere Möglichkeiten rechtlicher Gestaltung, insbesondere das Recht zum Einzug von Kirchensteuern.

– Die Kirchen ordnen und verwalten ihre Angelegenheiten
selbständig innerhalb der Schranken des für alle geltenden
Gesetzes. Diese Anerkennung der *Eigenständigkeit der Kirchen* in der Ordnung und Verwaltung ihrer Angelegenheiten
einschließlich der Verleihung kirchlicher Ämter ist, aus der
staatlichen Perspektive betrachtet, eine notwendige Folge
aus der Religionsneutralität des Staates.
– Die *kirchlichen Vermögensrechte* werden gewährleistet. Für
eine eventuelle Ablösung der auf Gesetz, Vertrag oder besonderen Rechtstiteln beruhenden Staatsleistungen stellt das
Reich – beziehungsweise nach 1949: der Bund – die notwendigen Grundsätze auf. Wenn es zu diesen Grundsätzen und
ihnen folgend zu einer Ablösung der Staatsleistungen nicht
kommt, sind somit diese Staatsleistungen selbst verfassungs-
rechtlich garantiert.

Die Verfassungsordnung Deutschlands sieht demnach eine
wechselseitige Unabhängigkeit von Staat und Kirche vor; sie
entwickelt aber kein Programm der völligen Trennung von
Staat und Kirche – weder im französischen noch im amerikanischen Sinn dieser Formel. Vielmehr schafft sie die Grundlage
dafür, daß in den Feldern gemeinsamer Verantwortung die anstehenden Fragen in kooperativem Geist gelöst werden können.[5]

Das Verhältnis wechselseitiger Unabhängigkeit und Kooperation ist nicht exklusiv auf die Beziehungen zwischen dem
Staat und den christlichen Kirchen bezogen. Vielmehr erfordert ›aufgeklärte Säkularität‹ auch den Einbezug nichtchristlicher Religionen. Dabei kommt in Deutschland schon aus
Gründen der geschichtlichen Verantwortung der jüdischen
Gemeinschaft und dem Zentralrat der Juden in Deutschland
eine besondere Bedeutung zu. Das Verhältnis zu den muslimi-

---

5 Vgl. Huber, Wolfgang, Staat und Kirche in Brandenburg. Grundsätzliches
   und Aktuelles, Baden-Baden 1997.

schen Organisationen – und damit der zahlenmäßig zweitgröß-
ten Religion in Deutschland – ist dagegen noch weithin ungeklärt. Am Beispiel neuer Religionen und wirtschaftlicher Organisationen, die sich als Religion oder als Kirche bezeichnen,
hat sich schließlich gezeigt, daß die Religionsneutralität des
Staates nicht als vollständige Gleichgültigkeit gegenüber allen
Manifestationen des Religiösen gedeutet werden kann. ›Aufgeklärte Säkularität‹ schließt den Widerspruch gegen den offen-
kundigen Mißbrauch des Religiösen nicht aus, sondern ein.

1.2 Die veränderte Rolle religiöser Institutionen und Inhalte

Die bisherige Überlegung hat gezeigt: Die Verfassungsent-
wicklung in Deutschland hat auf das Konzept des säkularen
Staates hingeführt. Daraus kann und darf man nicht automa-
tisch schließen, daß auch die Gesellschaft säkular sei. Allerdings scheint das Phänomen einer verbreiteten Entkirchlichung darauf hinzuweisen, daß wir es in Deutschland auch mit
einer säkularen Gesellschaft zu tun haben.

Die Entwicklung der Kirchenmitgliedschaft

Jedoch läßt sich die Säkularität einer Gesellschaft nicht mit
derselben Eindeutigkeit wie die Säkularität einer Verfassungsordnung feststellen. Das Phänomen ist nicht unmittelbar zugänglich. Man ist auf Indikatoren angewiesen; welche Schlüsse
man aus ihnen zieht, ist indes immer wieder umstritten. Ein
derartiger Indikator ist die Bedeutung traditioneller religiöser
Institutionen, in Deutschland also vor allem der Kirchen. Mit-
gliedszahlen und Angaben über das Ausmaß formaler Kirchlichkeit – also insbesondere den Kirchenbesuch – geben aller-

dings keine erschöpfende Auskunft über die gesellschaftliche Rolle der Kirchen. Denn die Bedeutung religiöser Institutionen findet ihren Ausdruck ebenso im Zugang zu und im Umgang mit religiösen Überzeugungen; sie zu messen ist ungleich schwieriger.

Kein erschöpfendes Bild also, aber doch einen ersten Zugang ermöglicht der Weg über Mitgliedschaftsdaten.[6] Dabei ist für Deutschland die tiefgreifende Differenz der Kirchenmitgliedschaft zwischen Ost und West prägend.[7] Im Westen Deutschlands gehörten 1994 jeweils circa 43 Prozent der Gesamtbevölkerung einer der beiden großen Kirchen an; der Anteil der Konfessionslosen betrug weniger als 10 Prozent. Dagegen liegt im Osten Deutschlands das Verhältnis von Kirchenmitgliedern zu Konfessionslosen bei knapp 1 : 3. Hier kamen auf 100 deutsche Staatsbürgerinnen und Staatsbürger über 18 Jahren im Jahr 1994 25 Mitglieder der evangelischen Kirche und 70, die keiner Kirche, und das heißt – bis auf wenige Ausnahmen – auch keiner Religionsgemeinschaft angehörten.

Schon die Ausgangsbedingungen waren unterschiedlich: Der protestantisch geprägte Norden und Osten Deutschlands kannte schon vor der Teilung Deutschlands ein höheres Maß an Konfessionslosigkeit als der stärker katholisch geprägte Süden und Westen das Landes. Doch dieses Gefälle wurde unter der Einwirkung der SED-Herrschaft dramatisch verschärft. Während sich der prozentuale Anteil der Konfessionslosen an

6 Zu den statistischen Quellen, wenn nicht anders angegeben: Angaben der Statistik über Äußerungen des kirchlichen Lebens in den Gliedkirchen der EKD in den Jahren 1993 und 1994; Evangelische Kirche in Berlin-Brandenburg, Statistischer Bericht 1994 und 1995. Zur Entwicklung der Verbundenheit mit der evangelischen Kirche; vgl. ferner: Engelhardt, Klaus u. a. (Hrsg.), Fremde Heimat Kirche. Die dritte EKD-Erhebung über Kirchenmitgliedschaft, Gütersloh 1997.
7 Vgl. zusammenfassend Pollack, Detlef, Zur religiös-kirchlichen Lage in Deutschland nach der Wiedervereinigung. Eine religionssoziologische Analyse, in: Zeitschrift für Theologie und Kirche 93, 1996, S. 586–615.

der Bevölkerung der ›alten‹ Bundesrepublik in den 45 Jahren zwischen 1950 und 1995 verdreifachte, hat er sich in demselben Zeitraum im Bereich der ›neuen‹ Bundesländer verzehnfacht. Im Jahr 1946 waren im Bereich der ostdeutschen Bundesländer 82 Prozent der Bevölkerung evangelisch, 12 Prozent katholisch. Im Jahr 1990 waren noch 25 bis 30 Prozent evangelisch, 3 bis 5 Prozent katholisch. Die überwältigende Mehrheit der Bevölkerung versteht sich als religions- und konfessionslos.

Gewiß kann diese Entwicklung nicht ausschließlich auf die kommunistische Religionspolitik zurückgeführt werden. Denn in anderen osteuropäischen Ländern, in denen die staatliche Kirchenfeindlichkeit noch über die Verhältnisse in der DDR hinausging, kam es nicht zu einem gleich hohen Maß der Entkirchlichung. In Deutschland dagegen traf die Religionspolitik der SED auf eine Situation, in der die Entkirchlichung der evangelischen Bevölkerung schon seit dem 19. Jahrhundert im Gang war. Das hatte auch darin seinen Grund, daß der Protestantismus – die ›Religion der Freiheit‹ – im Vergleich zur katholischen wie zur orthodoxen Gestalt des Christentums nur weit schwächere Formen sozialer Kontrolle kennt. Die Lockerung der Kirchenbindung ist deshalb für die einzelnen weit leichter möglich. Die Entkirchlichung, die bereits im 19. Jahrhundert eingesetzt hatte, setzte sich insbesondere in der Zeit des Nationalsozialismus fort. Daran konnte die Religionspolitik der SED anknüpfen. Doch sie scheiterte mit dem Vorhaben, die Religion innerhalb einer Generation zum Verschwinden zu bringen und die Kirchen als Institutionen überflüssig zu machen. Vielmehr mußte die DDR sich mit der Existenz der Kirchen, wenn auch mit drastisch reduzierter Mitgliedschaft, auf Dauer abfinden.

Dieser Befund spricht gegen die gelegentlich vertretene Auffassung, in den neuen Bundesländern werde nur vorweggenommen, was in absehbarer Zeit für Deutschland im ganzen charakteristisch sein werde: nämlich eine sich unaufhaltsam ausbreitende Glaubens- und Konfessionslosigkeit. Eine genauere Betrachtung spricht ebenso gegen die These, daß die Minderheitskirche, wie sie sich im Osten Deutschlands entwickelt hat, das Zukunftsmodell von Kirche darstellt. Denn die Minderheitskirche im Osten Deutschlands ist keineswegs nur die Gemeinschaft derer, die ›mit Ernst Christen sein‹ wollen und deshalb aus der Minoritätsposition heraus als Salz in der Gesellschaft wirksam werden. Derartige ›Vorreiter‹-Thesen bewahrheiten sich nicht – und zwar weder in dem empirischen Sinn eines unaufhaltsamen Rückgangs der Kirchenmitgliedschaft noch in dem konzeptionellen Sinn, daß nur der Minderheitskirche das wahre Kirchesein zukommt.

Auch die neunziger Jahre waren durch einen Rückgang der Kirchenmitgliedschaft gekennzeichnet, der zwar geringer ausgefallen ist als bei anderen Großorganisationen, aber dennoch als beträchtlich bezeichnet werden muß. Im Schnitt belief er sich in der Mitte der neunziger Jahre auf ein Prozent der Kirchenmitglieder, also ungefähr 280000 Menschen. In der Evangelischen Kirche in Berlin-Brandenburg lag Mitte der neunziger Jahre die jährliche Austrittsquote höher als im westdeutschen Durchschnitt, nämlich bei ungefähr 2 Prozent; 1994 waren dies bei knapp 1,5 Millionen Mitgliedern in absoluten Zahlen mehr als 32000 Austritte. Ein überdurchschnittlich hoher Anteil der Ausgetretenen war im Alter zwischen 18 und 40 Jahren; im Jahre 1994 waren das über 50 Prozent. Dem stand eine vergleichsweise geringe Zahl von Aufnahmen oder Wiedereintritten gegenüber: Auf jeden Zwanzigsten, der die Kirche verließ, kam eine Aufnahme in die Kirche. Das Verhältnis zwischen Taufen und Bestattungen lag im selben Zeitraum ungefähr bei 1:2, außerhalb Berlins sogar bei 1:3; die Erwachsenentaufen sind dabei jeweils mitgerechnet. Der Anteil der Kindertaufen an den Geburten – die sogenannte ›Taufrate‹ – war bis 1989 in den ›neuen‹ Bundesländern auf 14,6 Prozent gesunken; in der ersten Hälfte der neunziger Jahre betrug sie zwischen 25 und 30 Prozent. Deutlich gestiegen ist auch die Zahl der Erwachsenentaufen. Sie machten in Berlin-Brandenburg 1994 circa 22 Prozent aller evangelischen Taufen aus. Während in Ostberlin und Brandenburg der Anteil der Erwachsenentaufen an allen evangelischen Taufen über 30 Prozent betrug, lag er in West-Berlin mit 18 Prozent deutlich niedriger, belief sich aber immer noch auf das Dreifache des westdeutschen Durchschnitts. Diese Tendenz setzt sich fort.

Natürlich hängt der hohe Anteil der Erwachsenentaufen, der für die evangelischen Kirchen in den neuen Bundesländern insgesamt – nicht nur für den Ostteil Berlins und für Brandenburg – charakteristisch ist, auch mit den Nachwirkungen der repressiven DDR-Politik zusammen. Wie der Religionssoziologe Detlef Pollack gezeigt hat, hatten die Taufzahlen in Ostdeutschland bereits seit den fünfziger Jahren rapide abgenommen; schon Anfang der sechziger Jahre lag die Zahl der Taufen unter der Zahl der Bestattungen. Diese Verschiebungen bewirkten, daß das Kleinerwerden der Gemeinden sich in der Folgezeit nicht eruptiv, sondern als ein ›leises Sterben‹ vollzog.[8]

Im Westen Deutschlands ist in der jüngsten Vergangenheit – im Unterschied zu den sechziger und siebziger Jahren – die Bereitschaft zur Kindertaufe wieder gestiegen. So können sich nach der dritten Mitgliedschaftsbefragung der EKD von 1992 93 Prozent der westdeutschen Evangelischen vorstellen, ihre Kinder taufen zu lassen.[9] Darin zeigt sich, daß die biographisch-familiäre Dimension des christlichen Glaubens an Bedeutung gewonnen hat.

Ein deutliches Signal ist darin zu sehen, daß sich Ende der neunziger Jahre das Verhältnis von Kirchenaustritten und Kircheneintritten Erwachsener verändert. Die Zahl der Kirchen-

8 Pollack, Detlef, Kirche in der Organisationsgesellschaft. Zum Wandel der gesellschaftlichen Lage der evangelischen Kirche in der DDR, Stuttgart u. a. 1994, S. 390.
9 Engelhardt, Fremde Heimat Kirche, S. 41.

austritte geht zurück; die Zahl der -eintritte steigt. Daran zeigt sich, daß das Leben der Gemeinden im Osten Deutschlands aus der Position der Minderheit heraus und trotz des aus finanziellen Gründen notwendigen Rückgangs im Bereich der beruflichen Mitarbeiterschaft an Aktivität und Attraktivität gewinnt. In dem Maß, in dem die Gemeinden ihre Vergangenheit im Bewußtsein behalten, aber die Zukunft als ihre eigentliche Aufgabe ansehen, gelingt es ihnen, als aktive Gemeinde in einer weithin glaubenslosen Umwelt Ausstrahlung zu entwickeln.[10]

Konfession: keine

Die Abwendung erheblicher Bevölkerungsteile von der Kirche und die damit verbundene Entkirchlichung ist lange Zeit als eine allgemeine Ablehnung religiöser Fragestellungen verstanden worden. Die Rede von der religionslosen Gesellschaft wurde zum gängigen Interpretationsmuster. In der neueren Diskussion dagegen fand diese Vorstellung immer weniger Fürsprecher; man nimmt nun deutlicher wahr, daß religiöse Fragen nach wie vor bei einer Mehrheit der Bevölkerung virulent sind.[11] Denn neben der Gruppe von Menschen, die für sich alle religiösen und transzendenten Bezüge ablehnen, versteht sich eine große Mehrheit, sei es in einem bestimmten oder in einem vagen Sinn, als religiös. ›Der Religionsmarkt boomt‹ – in Ost- wie in Westdeutschland – und scheint beinahe unbegrenzte Quellen ausschöpfen zu können. Die Kirchen sind damit

10 Vgl. zu den empirischen Grundlagen dieser Einschätzung vor allem Schmidtchen, Gerhard, Wie weit ist der Weg nach Deutschland? Sozialpsychologie der Jugend in der postsozialistischen Welt, [2]Opladen 1997, S. 73ff., 155ff.
11 Vgl. im Blick auf die junge Generation: Jugendwerk der Deutschen Shell (Hrsg.), Jugend '97. Zukunftsperspektiven, Gesellschaftliches Engagement, Politische Orientierungen, Opladen 1997, S. 374.

selbst zu Anbietern auf dem religiösen Markt geworden. Sie stehen allerdings im Westen und im Osten Deutschlands höchst unterschiedlichen Situationen gegenüber: Während im Westen Deutschlands die Kirchenferne bei beibehaltener Kirchenmitgliedschaft besonders verbreitet ist, dominiert im Osten Deutschlands die Konfessionslosigkeit.

Die repressive DDR-Kirchenpolitik während der fünfziger und sechziger Jahre und die spätere soziale ›Bestrafung‹ der Kirchenmitgliedschaft durch die Verweigerung von Ausbildungs- und Berufschancen haben im Osten Deutschlands zu einem hohen Ausmaß der Konfessionslosigkeit geführt. Doch diese Konfessionslosigkeit, die auf mehr als zwei Drittel der Bevölkerung zutrifft, ist nicht nur ein quantitatives Phänomen. Vielmehr scheint sich das Leben ohne kirchlichen Bezug zwischen den Generationen stabilisiert zu haben. Es hat sich ein generationenübergreifender Gewohnheitsatheismus entwickelt.

Das zeigt sich, wenn man die religiöse Sozialisation näher betrachtet. Der Allbus-Umfrage von 1991 zufolge liegt im Westen Deutschlands »die Tradierungskraft der beiden Konfessionen noch immer weit über der Reproduktionsfähigkeit der Konfessionslosen«[12]. Demnach gehören im Westen Deutschlands noch 91 Prozent derjenigen, die katholisch erzogen wurden, der katholischen Kirche und 85 Prozent derjenigen, die evangelisch aufwuchsen, der evangelischen Kirche an. Dagegen beträgt im Westen die Reproduktionsrate der Konfessionslosen nur 51 Prozent. Von der anderen Hälfte der Konfessionslosen wechselte die Mehrheit, also mehr als ein Viertel aller Konfessionslosen, zur evangelischen Kirche. In Ostdeutschland dagegen haben nur 63 Prozent der Katholiken und 53 Pro-

---

12 Pollack, Detlef, Individualisierung statt Säkularisierung. Zur Diskussion eines neuen Paradigmas, in: Gabriel, K. (Hrsg.), Religiöse Individualisierung oder Säkularisierung. Biographie und Gruppe als Bezugspunkte moderner Religiosität, Gütersloh 1996, S. 57–85 (72).

zent der Evangelischen ihre Herkunftskonfession bewahrt. Von denjenigen, die konfessionslos aufwuchsen, blieben dagegen 94,5 Prozent in diesem Status.

Die Konfessionslosigkeit gewinnt damit im Osten die gleiche oder sogar eine noch stärkere sozialisatorische Bedeutung als die Konfessionszugehörigkeit im Westen. Entscheidend für diesen Befund ist das allgemeine religiöse Klima, das in der DDR vorherrschte. Das soziale Umfeld, die Schul- und Ausbildungssituation, die Zuweisung von Berufschancen und die ideologische Atmosphäre förderten die einmal eingenommene Distanz zur Kirche. Über die Generationen hinweg verfestigte sich somit eine Traditionsbildung ohne christlich-religiöse Bezugspunkte. Unverständnis für die christlich geprägten Elemente der kulturellen Tradition wie der gegenwärtigen Wertordnung ist eine verbreitete Folge. Der rituelle Bedarf an Knotenpunkten der individuellen Lebensgeschichte wurde und wird durch Jugendweihe, standesamtliche Trauung und säkulare Begräbnisfeier erfüllt.[13]

Die Umfrage »Was die Menschen wirklich glauben«, die 1992 am Berliner Institut für Religionssoziologie und Gemeindeaufbau durchgeführt wurde, bestätigt dieses Bild.[14] In einem ehemals zur DDR gehörenden Wohnquartier in der Mitte Berlins liegt der Anteil derer, die nach der Glaubenstypologie dieser Untersuchung als Atheistinnen und Atheisten bezeichnet werden, bei 46 Prozent der Bevölkerung. Auf die Frage nach der religiösen Erziehung antwortet eine Mehrheit von 52 Prozent, daß Kinder möglichst von jedem religiösen Einfluß frei bleiben sollten, um sich völlig unabhängig entwickeln und eines Tages selbst entscheiden zu können. Immerhin 30 Prozent sprechen sich in diesem Bezirk Berlins für eine religiöse

13 Zur Stabilität der Jugendweihe vgl. die empirischen Angaben bei Schmidtchen, Wie weit ist der Weg nach Deutschland?, S. 166.
14 Jörns, Klaus-Peter, Die neuen Gesichter Gottes. Was die Menschen heute wirklich glauben, München 1997.

Bildung und Erziehung der Kinder aus – sei es in der Familie, in der Religionsgemeinschaft oder in der Schule.

Dieser Verstetigungsprozeß der Konfessionslosigkeit in Ostdeutschland hat inzwischen auch einen institutionellen Ausdruck gefunden. Als selbsternannte Interessenvertretung der Konfessionslosen hat sich 1993 der ›Humanistische Verband Deutschlands‹ gebildet, in dem sich verschiedene Freidenkerverbände und humanistische Vereine zusammengeschlossen haben. Die Zahl der Mitglieder dieses Verbandes ist zwar gering, doch seine kulturellen und rituellen Angebote stoßen auf eine beachtliche Resonanz. Das Verbandsorgan trägt den charakteristischen Titel ›Diesseits‹. Nach seinem Selbstverständnis vertritt der ›Humanistische Verband Deutschlands‹ »Konfessionslose, Atheistinnen und Atheisten, Agnostikerinnen und Agnostiker« etc. Gemeinsam »fragen und forschen [sie] nach den Geheimnissen der Welt und des Universums. Sie gehen davon aus, daß weder in der Natur noch in der Ferne des Kosmos eine göttliche Kraft das menschliche Sein bestimmt. [...] Alte Erklärungsmuster und Bindungen an Familie, Nation, politische Heilslehren oder Religion sind fragwürdig geworden. Sie haben historisch versagt und wurden durch den Säkularisierungsprozeß weitgehend aufgelöst.«[15]

Außer durch kulturelle Angebote und Vorträge tritt der Humanistische Verband vor allem als einer der Veranstalter von Jugendweihen in Erscheinung. Die Jugendweihe hat im Osten Deutschlands über das Jahr 1989 hinweg eine traditionsbildende Funktion übernommen. Sie ist in Ostdeutschland aus eben

---

15 Zitiert nach Neubert, Ehrhart, »gründlich ausgetrieben«. Eine Studie zum Profil und zur psychosozialen, kulturellen und religiösen Situation in Ostdeutschland und den Voraussetzungen kirchlicher Arbeit (Mission), in: Motikat, L./Zeddies, H. (Hrsg.): Konfession: keine. Gesellschaft und Kirchen vor der Herausforderung durch Konfessionslosigkeit – nicht nur in Ostdeutschland, Frankfurt a. M. 1997, S. 49–160 (114f.).

dem Grund erfolgreich, aus dem sie in Westdeutschland nur auf geringe Resonanz stößt. Denn im Westen erleben evangelische Eltern »in der Konfirmation der Kinder Stabilität und Bestätigung ihres Lebens. Genau dies kann aber im Osten nicht die Konfirmation leisten, sondern die Jugendweihe. [...] Im Osten ›konfirmiert‹ also die Jugendweihe, das heißt, sie rechtfertigt die Lebensgeschichte. Was im Westen die Stärke der Konfirmation ausmacht, macht im Osten die Stärke der Jugendweihe aus – sie steht für Tradition und Gemeinsamkeit der Generationen.«[16]

Ergebnisse aus der EKD-Studie »Fremde Heimat Kirche« legen den Schluß nahe, daß sich diese Situation in absehbarer Weise nur schrittweise verändern läßt. Denn diejenigen, die der Kirche – in Ost- und Westdeutschland – den Rücken gekehrt haben, sind – unabhängig von Alter und Bildung – zu über 90 Prozent nicht zu neuen kirchlichen Kontakten bereit. Über 70 Prozent der Konfessionslosen erklären auf Befragen ausdrücklich, daß sie gar keine oder nur wenig Sympathie für die Kirche aufbringen. Die Vorurteile gegenüber der Kirche als Institution und gegenüber dem christlichen Glauben als einer ›vorwissenschaftlichen‹ Weltanschauung lassen sich nur schrittweise auflösen. Neben einer lebendigen und überzeugenden Gemeindearbeit kommt dabei der Bildungsarbeit der Kirche in all ihren Formen eine Schlüsselbedeutung zu. Gerade angesichts unverkennbarer Nachwirkungen der DDR-Schule darf die Kirche sich ihrem Bildungsauftrag nicht entziehen. Der schulische Religionsunterricht ist eine seiner unaufgebbaren Dimensionen. Aber auch Schulen in kirchlicher Trägerschaft sind in einer solchen Situation wichtig.

---

16 Nüchtern, Michael, Kirche in Konkurrenz. Herausforderungen und Chancen in der religiösen Landschaft, Stuttgart 1997, S. 140f.

Konfessionslose und Kirchenmitglieder stehen einander nicht wie zwei monolithische Blöcke gegenüber. Die Übergänge zwischen diesen beiden Gruppen sind fließend, obgleich die Rechtsakte von Ein- oder Austritt eine scharfe Grenze zu markieren scheinen. Ein distanziertes Verhältnis zur Kirche kann sich sowohl aus der Konfessionslosigkeit als auch aus der Kirchenmitgliedschaft entwickeln.

Distanzierte Kirchenmitgliedschaft als eine eigenständige Form des Mitgliedschaftsverhältnisses ist ein typisches Phänomen der Volkskirche. Sie hat seit den sechziger Jahren die verstärkte Aufmerksamkeit der Kirchensoziologie gefunden. Den Wandel in der Bewertung dieser Mitgliedschaftsform kann man an ihren unterschiedlichen Benennungen ablesen. War erst von ›Kirchendistanzierten‹ die Rede, so später von ›Halbdistanzierten‹ und schließlich von ›treuen Kirchenfernen‹.

Neu ist nicht das Phänomen der distanzierten Mitgliedschaft; neu ist vielmehr, daß sie vom Geruch des Minderwertigen im Verhältnis zur ›Kerngemeinde‹ befreit und als gleichberechtigte Form der Zugehörigkeit zur Kirche anerkannt wurde.

Nach der Studie »Fremde Heimat Kirche«, die auf einer Erhebung von 1992 beruht, haben sich im Vergleich zu 1972 die Extrempositionen sehr hoher und sehr distanzierter Kirchenmitgliedschaft abgeschliffen; die Mittelposition – deren Vertreter sich mit der Kirche »etwas« verbunden fühlen – hat sich verstärkt. Nach der Erhebung von 1992 fühlen sich 40 Prozent der Mitglieder »sehr/ziemlich« mit der Kirche verbunden, ein Drittel »etwas« und ein Viertel »kaum/überhaupt nicht«. Dabei ist das Verbundenheitsgefühl der Jüngeren deutlich niedriger als das der älteren Mitglieder; diese Differenz paßt zu der bei Jüngeren deutlich höheren Neigung zum Kirchenaustritt.[17]

17 Engelhardt, Fremde Heimat Kirche, S. 37.

Die veränderte Stellung der Kirchen in der Gesellschaft hat nicht nur spezifisch religiöse Gründe. In ihr spiegelt sich auch eine abnehmende Bereitschaft, große gesellschaftliche Institutionen zu stützen und in ihnen mitzuwirken. Die verbreitete Neigung, von diesen Institutionen Gebrauch zu machen, ohne etwas zu ihrer Erhaltung und Erneuerung beitragen zu wollen, macht auch vor den Kirchen nicht Halt. Aber in der gewachsenen Kirchendistanz zeigt sich auch das höhere Maß an Säkularität der Gesellschaft. Relativ konsequent ist diese Säkularität allerdings nur im Blick auf das institutionelle Gerüst der Gesellschaft ausgestaltet. Staat, Wirtschaft oder Wissenschaft sind religionsneutrale, transzendenzfreie Gebilde. Die Gesellschaft ist in ihrem öffentlichen Erscheinungsbild säkular im Sinn eines hohen Maßes an Entkirchlichung beziehungsweise Entchristlichung. Die Bindungskraft der Kirchen und damit auch ihr Einfluß auf die Gesellschaft im ganzen ist zurückgegangen.

Doch die öffentliche Säkularität der Gesellschaft erlaubt keinen zwingenden Rückschluß auf die private Dimension des individuellen wie des gesellschaftlichen Lebens. Zugespitzt kann man sagen: »Unsere Gesellschaft ist öffentlich säkular, aber nicht privat. Da vollzieht sich vielmehr Sinnsuche und Sinnfindung in einem inzwischen unübersehbaren Markt der religiösen Möglichkeiten, in dem so gut wie alles vorkommt und Interessenten oder, marktförmig gesprochen, Abnehmer findet.«[18]

Dadurch, daß mit dem abnehmenden Einfluß der institutionalisierten Religion auch die Gefahr ihres politischen Mißbrauchs geringer wird, sind keineswegs alle Formen gebannt,

18 Schröder, Richard, Herausforderung der säkularen Gesellschaft, in: Bonin, K. v. (Hrsg.), Deutscher Evangelischer Kirchentag Leipzig 1997. Dokumente, Gütersloh 1997, S. 430–438 (436).

in denen Religion oder ihre Surrogate mißbräuchlich eingesetzt werden können. Denn es gibt einen Mißbrauch der Religion nicht nur zu politischen Zwecken. Religion oder Pseudoreligion können auch eingesetzt werden, um Menschen im Namen einer vermeintlich heiligen Autorität an sich zu fesseln, um sie abhängig zu machen und auszubeuten. Die Verheißung psychischer Selbsterlösung kann zur Aufopferung der persönlichen Freiheit verleiten. Esoterik, Astrologie und Wiedergeburtsvorstellungen können als Verheißungen verstanden werden, die auf eine Vergrößerung der Lebensmöglichkeiten jenseits des begrenzten irdischen Lebens hinauslaufen. Doch diese Vorstellungen von einer Steigerung des Lebens werden von manchen Formen der Verherrlichung des Todes begleitet. Totenbeschwörungen, schwarze Magie und Satanskulte gelten als Ausdrucksformen eines neuen ›Heidentums‹, das den christlichen Traditionen bisweilen in aggressivem Ton entgegentritt; seine Auswüchse zeigen sich in der Schändung von Friedhöfen oder Kirchen.

Kurzum: Eine Gesellschaft, die öffentlich säkular ist, hat damit die Religion keineswegs abgestreift. Vielmehr steht zu befürchten, daß sich solche religiöse Neigungen und Bestrebungen ausbreiten, die dem gemeinsamen Leben abträglich, ja mit vernunftorientierter Verständigung unvereinbar sind. Das deutet darauf hin, daß die Befreiung vom Mißbrauch der Religion keineswegs einfach durch den Abschied von der Religion zu erreichen ist. Solcher Befreiung dient eher eine religiöse Bildung, in der die großen Überlieferungen des Christentums und anderer Religionen neu erschlossen werden und Hilfe zu einem eigenständigen Urteil in Fragen der Religion sowie zur Ausbildung einer eigenen religiösen Identität angeboten wird.

Glaube ja, Kirche nein?

Die These, die Gesellschaft sei öffentlich säkular, aber nicht privat, kann allerdings zu einem Mißverständnis verleiten, das hier ausdrücklich ausgeschlossen werden soll. Dieses Mißverständnis sagt, religiöse Überzeugungen und Kirchenbindung stünden in überhaupt keinem oder nur noch in einem ganz losen Zusammenhang miteinander. ›Glaube ja, Kirche nein‹; ›Religion boomt, die Kirchen sind leer‹: das sind verbreitete und suggestive Kurzformeln für diese Behauptung. Sie ist so attraktiv, daß sie auf allgemeinen Beifall rechnen kann, obwohl eine genauere Betrachtung zur Vorsicht mahnt.

Zunächst ist festzustellen: Das Interesse für nichtkirchliche Formen von Religion und Religiosität ist in Deutschland zwar hoch, doch es kompensiert die abnehmende Bindungswirkung der Kirchen keineswegs.[19] Der Rückgang der traditionellen Kirchlichkeit wird durch das Interesse an neuen Religionen oder alternativen Formen der Religiosität nicht ausgeglichen. Vielmehr sinkt mit der Bindung an die Kirche – aufs Ganze gesehen – auch die Religiosität der Menschen. Mit dem Rückgang der gesellschaftlichen Bedeutung der Kirchen geht – wiederum: im statistischen Durchschnitt – auch die Offenheit der einzelnen für die Religion zurück.[20]

Die Formel ›Glaube ja, Kirche nein‹ erweist sich also in erheblichem Umfang als irreführend. Wenn zur geistigen Orientierung auch ein Zugang zur Religion und die Ausbildung einer eigenen religiösen Identität gehört, so bedarf es dazu auch der Kirchen. Die Feststellung, daß die Gesellschaft in hohem Maß säkularisiert ist, rechtfertigt nicht einen Rückzug der Kirche aus dieser Gesellschaft. Vielmehr ergibt sich aus ihr die Notwendigkeit der Kirchenreform; sie muß die Erkennbarkeit der

19 Vgl. Engelhardt, Fremde Heimat Kirche, S. 137ff.
20 Pollack, Individualisierung statt Säkularisierung, S. 79.

Kirche und ihrer Botschaft in einer pluralistischen Gesellschaft stärken, ihre Bindungskraft erneuern und ihre missionarische Ausstrahlung fördern.

Ebenso wie die Offenheit für die Religion durch die Kirchenzugehörigkeit mitgeprägt wird, wirken sich religiöse Überzeugungen auf die Kirchenbindung aus. Dabei läßt sich eine doppelte Tendenz ablesen. »Mit abnehmender Kirchenbindung wird die Einstellung zu explizit christlichen Glaubensaussagen deutlich distanzierter: Je eindeutiger, dogmatischer, absoluter eine Glaubensaussage klingt, mit desto mehr Ablehnung muß sie bei zunehmender innerer Entfernung von der Institution Kirche rechnen. [...] Doch es scheint auch einen komplementären Effekt zu geben: Je offener eine Glaubensaussage erscheint, je mehr Spielräume sie läßt, desto attraktiver ist sie für eine große Gruppe der Jüngeren, der Höhergebildeten, der Kirchenfernen, selbst der Konfessionslosen.«[21]

Nicht nur die mit der Kirche intensiv Verbundenen, sondern auch die Mehrheit der distanzierten Christen hat durchaus ein stabiles Kirchen- und Religionsverständnis. Doch es sieht anders aus, als es von manchen Vertretern der Kirche erwartet oder erwünscht wird. Es konzentriert sich stark auf den biographisch-familiären Bezug des Glaubens und damit auf die kirchlichen Amtshandlungen sowie die großen Feste des Jahreslaufs. Damit verbindet sich der Wunsch, ›seinem Gewissen zu folgen‹ und sich zugleich in die allgemeinen gesellschaftlichen Normen einzufügen. Explizite Aussagen zur Wirklichkeit Gottes oder zu den ethischen Aspekten des Glaubens, die mit herrschenden gesellschaftlichen Normen nicht zur Übereinstimmung kommen, treten demgegenüber in den Hintergrund. Es bilden sich eigene Muster und Plausibilitäten. Auch

---

21 Evangelische Kirche in Deutschland. Studien- und Planungsgruppe (Hrsg.), Fremde Heimat Kirche. Ansichten ihrer Mitglieder. Erste Ergebnisse der dritten EKD-Umfrage über Kirchenmitgliedschaft, Hannover 1993, S. 13.

wenn es nicht die Aufgabe der kirchlichen Verkündigung sein kann, diese Muster und Plausibilitäten einfach zu bestätigen, so dient es dem kirchlichen Auftrag auch nicht, sie schlicht zu ignorieren. Denn auch für die Verkündigung und das Handeln der Kirche gilt: Menschen kann man nur erreichen, wenn man ihre Einstellungen wahrnimmt und sich auf sie einläßt.

Säkularisierung und Zivilreligion

Die abnehmende gesellschaftliche Bedeutung der Kirchen und die Zunahme religiöser Pluralität haben Auswirkungen auf der Ebene der Gesamtgesellschaft. Es gibt Vorgänge von herausgehobener gesamtgesellschaftlicher Bedeutung, für die eine religiöse Repräsentation angestrebt oder erwünscht wird. Auch der säkulare Staat kann eine zivilreligiöse Fundierung nicht ganz entbehren. Der von staatlicher Seite geäußerte Wunsch, die Vereinigung Deutschlands am 3. Oktober 1990 mit Glockengeläut zu begehen, kann diese Bedeutung zivilreligiöser Elemente für den säkularen Staat beispielhaft veranschaulichen.

Unter dem Begriff der ›Zivilreligion‹ sollen dabei nicht alle denkbaren Formen von Alltagsreligion verstanden werden; vielmehr ist mit diesem Begriff nur die besondere Gestalt von Religion gemeint, die sich auf Prozesse der politischen Legitimation und Integration bezieht.[22] An den Beispielen der Vereinigten Staaten von Amerika – in denen eine strikte Trennung von Staat und Kirche herrscht – und der Bundesrepublik Deutschland – deren Verfassungsordnung von der Religionsneutralität des Staates ausgeht – zeigt sich schnell, daß auch im säkularen Staat politische Legitimation und Integration keineswegs durchgängig von religiösen Bezügen frei sind.

---

22 Vgl. Vögele, Wolfgang, Zivilreligion in der Bundesrepublik Deutschland, Gütersloh 1994.

In Deutschland hat die so verstandene Zivilreligion ihren prominentesten Ort in den Präambeln des Grundgesetzes und einiger Länderverfassungen. Die ›Gottesklausel‹, die in einer Reihe dieser Verfassungstexte begegnet, lautet in der Präambel des Grundgesetzes: »Im Bewußtsein seiner Verantwortung vor Gott und den Menschen [...]«[23] In ihr drückt sich eine Überzeugung aus, die E.-W. Böckenförde in das häufig zitierte Wort gekleidet hat: »Der freiheitliche, säkularisierte Staat lebt von Voraussetzungen, die er selbst nicht garantieren kann.«[24] Über die Frage, ob in einer säkularisierten Gesellschaft eine solche Gottesklausel legitimerweise in einen Verfassungstext aufgenommen werden dürfe, wurde in Deutschland nach 1989 lebhaft diskutiert. Dabei traten drei Argumentationslinien in den Vordergrund.

Die erste Position lehnt eine Gottesklausel im Verfassungstext rundheraus ab. Unterschiedliche Gründe können dafür maßgebend sein. Atheisten machen dafür geltend, daß eine Anerkennung Gottes nicht für alle verbindlich gemacht werden dürfe, weil darin eine Diskriminierung derer liege, die an keinen Gott glauben; Laizisten fordern eine Befreiung des Verfassungstextes von allen weltanschaulichen Vorgaben, weil diese mit der Trennung von Staat und Religion unvereinbar seien. Aber auch Christen wenden sich gegen die Gottesformel – unter anderem mit dem Argument, da in einer pluralistischen Gesellschaft damit nicht der Gott des christlichen Glaubens gemeint sein könne, führe eine solche Formel unausweichlich zu einer Verwässerung von Glaubensinhalten.

Eine zweite Gruppe unterlegt der Gottesformel ein dezidiert christliches Verständnis und beruft sich dafür unter anderem auf die mehrheitliche Einstellung der Verfassungsgeber.

---

23 Vgl. Huber, Wolfgang, Gerechtigkeit und Recht. Grundlinien christlicher Rechtsethik, Gütersloh 1996, S. 30ff.
24 Böckenförde, Recht, Staat, Freiheit, S. 112.

Sie hält die Gottesformel in genau diesem Bezug auf den Gott des christlichen Glaubens für angemessen; sie sieht darin ein Bekenntnis zur christlichen Grundlage der abendländischen Kultur, an die zu Recht an so hervorgehobener Stelle erinnert werde.

Eine dritte Gruppe schließlich unterscheidet zwischen dem Verständnis der Verfassungsgeber und der gegenwärtigen Gültigkeit der Gottesformel. Sie will den Sinn dieser Formel nicht ausschließlich an eine christliche Deutung binden, sondern für unterschiedliche Glaubensvorstellungen öffnen. Die Schwierigkeit, daß eine solche Formulierung nicht alle religiösen Überzeugungen in gleicher Weise repräsentieren kann und zu einer dezidiert atheistischen Auffassung im Widerspruch steht, wird in Kauf genommen. Denn schwerer wiegt nach dieser Auffassung, daß eine Verfassung die Verantwortung der Regierenden und Regierten ausdrücklich zur Sprache bringt und auf die Grenzen staatlichen Handelns hinweist, die am deutlichsten in religiöser Form benannt werden können.

Diese Argumentationsweise nimmt den gesellschaftlichen Wandel ernst, durch den die christliche Gottesvorstellung nicht mehr für alle Gesellschaftsmitglieder als verbindlich behauptet werden kann. Sie trägt aber zugleich der Tatsache Rechnung, daß die politische Ordnung um ihrer Legitimation und um ihrer Integrationsaufgabe willen nicht vollständig auf zivilreligiöse Bezüge zu verzichten vermag. In einer ähnlichen Richtung läßt sich auch die neue polnische Verfassung deuten, die mit den Worten beginnt: »Wir, sowohl diejenigen, die an Gott als die Quelle der Wahrheit, Gerechtigkeit, Güte und Schönheit glauben, als auch diejenigen, die diese universalen Werte aus anderen Quellen ableiten […]«.

Ob diese Formulierung einen Weg vorzeichnet, auf dem künftig Säkularisierung und Zivilreligion miteinander versöhnt werden können, läßt sich schwer voraussagen. Aber auf ihre Weise zeigt auch sie: Aus der Säkularisierung der Gesellschaft ergibt sich keineswegs die Folgerung, daß geistige Orientierung künftig auf Religion verzichten kann.

1.3 Die Verwandlung von Glaubensinhalten in Themen weltlicher Verständigung

Der Prozeß der Säkularisierung entfaltet seine Wirkungen nicht nur im Aufbau einer Verfassungsordnung, die den Grundsätzen der Religionsfreiheit und Religionsneutralität genügt; er wirkt sich auch nicht nur darin aus, daß die gesellschaftliche Rolle religiöser Institutionen und Überzeugungen sich wandelt; er zeigt sich vielmehr zugleich darin, daß religiöse Themen in weltliche Zusammenhänge übersetzt und damit zugleich aus ihrem ursprünglichen Interpretationszusammenhang gelöst werden. Die großen Themen metaphysischen Denkens, die ihren ursprünglichen Ort im religiösen Verständigungszusammenhang hatten, werden Gegenstände weltlicher Verständigung. Welche Auswirkungen sich aus einer solchen Verschiebung ergeben können, soll in aller Kürze an drei zentralen Themen christlichen Denkens nachgezeichnet werden, nämlich am Verständnis von Schöpfung, Heil und Sünde.

Schöpfung

Mit dem Aufkommen der ökologischen Bewegung innerhalb und außerhalb der Kirche hat die Rede von der ›Bewahrung der Schöpfung‹ Eingang in die politische, aber auch in die alltägliche Sprachwelt gefunden. Hinter dieser Formulierung steht die Überzeugung, der Schöpfung drohe die Zerstörung durch menschliches Handeln. Im Rahmen des konziliaren Prozesses für ›Gerechtigkeit, Frieden und die Bewahrung der Schöpfung‹ haben sich seit den frühen achtziger Jahren viele Christen –

insbesondere in der damaligen DDR – diese Formel zu eigen gemacht; sie wurde zu einer Schlüsselformel für die Verantwortung der Christen und den Auftrag der Kirche.

Aber die Formel von der ›Bewahrung der Schöpfung‹ hat sich weit darüber hinaus verbreitet. Die ›Schöpfung‹ wird dabei weithin mit der Natur oder noch genauer: mit der natürlichen Mitwelt des Menschen gleichgesetzt. Zur Schöpfung als kreatürlicher Umwelt gehören die Tiere und die Pflanzen ebenso wie die Luft oder das Wasser.

So berechtigt das Anliegen ist, das unter Verwendung des ursprünglich theologisch geprägten Begriffs der Schöpfung zur Sprache gebracht wird, so problematisch ist doch die Verwendung dieses Begriffs selbst. In ihm wird all das zusammengefaßt, was der Mensch des wissenschaftlich-technischen Zeitalters seiner Herrschaft zu unterwerfen versuchte. Dabei wird jedoch das anthropozentrische Naturverständnis reproduziert, das zu den durchaus problematischen Zügen der neuzeitlichen Entwicklung gehört. Es wird gleichzeitig durch die Rede von ›Schöpfung‹ statt von ›Natur‹ sakralisiert. Dennoch treten die transzendenten Bezüge im Begriff der Schöpfung in den Hintergrund. Die Schöpfung wird nicht als Beziehungsgeschehen verstanden, das durch das Gegenüber von Schöpfer und Geschöpf geprägt ist. Sondern der Begriff wird säkularisiert; die Schöpfung gilt als natürliche Umwelt des Menschen, die seinem Zugriff ausgeliefert ist und deshalb auch von ihm zerstört beziehungsweise bewahrt werden kann. Die Denkweise, der eigentlich um der Schöpfung willen widersprochen werden soll, wird zugleich reproduziert. Das geschieht deshalb, weil der Transformationsprozeß nicht durchschaut wird, der mit der Säkularisierung des Begriffs der Schöpfung verbunden ist.

Heil (*soteria*) ist in der christlichen Sprache ursprünglich unmittelbar mit dem Heilsgeschehen in der Person Christi, des Heilands (des *soter*) verbunden. Von dieser Verbindung wird der Begriff im Zug seiner Säkularisierung gelöst; er gewinnt viele neue religiöse oder postreligiöse ›Gesichter‹, in denen aber auf charakteristische Weise innerweltliche ethische Normen und weltanschauliche Positionen erkennbar werden.

Davon legt die Berliner Untersuchung über die »neuen Gesichter Gottes« beredtes Zeugnis ab. Ihr zufolge verbindet nur noch eine Minderheit der Befragten mit den Begriffen von Heil und Erlösung etwas, was mit dem traditionellen religiösen Sinn dieser Begriffe in Verbindung steht. Selbst unter den befragten Theologinnen und Theologen verknüpfen nur knapp 25 Prozent mit den Begriffen von Heil und Erlösung die Vorstellung einer Befreiung des Menschen »von seinem sündigen Wesen«. Klaus-Peter Jörns folgert daraus: »Wenn es nun so ist, daß eine Erlösung *von unserem sündigen Wesen* nur noch für wenige zu den Erlösungshoffnungen gehört, so heißt das auch, daß *Erlösung primär nicht mehr das Verhältnis des Menschen zu Gott und den Eintritt in einen Himmel der Erlösten betrifft, sondern Leiden, die den Menschen in diesem Leben zu schaffen machen.* Und die haben mit unheilbaren Krankheiten, Unfrieden und Hunger in der Welt menschlicher Unzulänglichkeit, Süchten und dem Streben nach Macht zu tun bzw. werden von diesen Faktoren verursacht. [...] In diesem Leiden begegnen Menschen sich selbst und ihren Grenzen. [...] Die Aufgabe, die ›Gott‹ bei der Erlösung von diesen Leiden hat, ist die des *Bundesgenossen* bzw. *Helfers* der Menschen, Heil erscheint hier [...] als *Bewahrung des Lebens* in den Lebensbeziehungen der Menschen.«[25]

Indem die Bewahrung des Lebens zum bestimmenden Thema

25 Jörns, Die neuen Gesichter Gottes, S. 180f. Hervorhebungen im Original.

der Hoffnung auf Heil wird, verweltlichen sich die religiösen Inhalte, ohne daß die religiösen Bezüge selbst vollständig aufgelöst werden. Gott oder die Mächte der Transzendenz werden weiterhin mit diesen Heilshoffnungen in Verbindung gebracht, wenngleich sie eher in der Rolle der seelsorgerlichen Begleitung als in derjenigen der aktiven Gestaltung gesehen werden. Verändert hat sich vor allem, daß die Unheilssituation, aus der Befreiung erhofft wird, nicht mehr in einem religiösen Bezugsfeld gedeutet wird. Das Unheil hat vielmehr innerweltliche Gründe, die unter der Begleitung Gottes von den Menschen selbst ertragen oder verändert werden sollen und können.

Diese Entwicklung findet in einer weit verbreiteten Weise, von Gott zu reden, ihre Entsprechung. Allein der liebende und versöhnende Gott tritt in den Blick; Gott als Schöpfer, Richter oder Erlöser kommt nicht zur Sprache. Solches Reden von Gott weicht der Frage aus, ob auch die dunklen Seiten der Schöpfung auf Gottes Schöpferhandeln zurückzuführen sind und ob das, wovon Erlösung erhofft wird, selbst als eine Wirkung des göttlichen Schöpferhandelns angesehen werden muß. Zu Grunde liegt dieser Verschiebung im Gottesverständnis ein Übergang von der Theodizee – der Frage nach der Verantwortung Gottes für das Unheil in der Welt – zur Anthropodizee und zur Soziodizee. Mensch und Gesellschaft sind es, die für das Unheil in der Welt verantwortlich sind; auch nur von ihnen kann die Befreiung daraus erhofft werden. Soweit diese Befreiung gleichwohl noch religiös gedeutet wird, wird die Begleitung solcher Befreiungsvorgänge durch den Geist Gottes erhofft.

Sünde

Ähnlich problematisch ergeht es im Zuge solcher Säkularisierungsprozesse auch einem dritten Schlüsselwort der christlichen Sprache. »Der Begriff ›Sünde‹ gehört heute zu den verschlissensten theologischen Grundbegriffen. Er ist moralisiert und ironisiert worden. In beiden Formen aber wurde er unverständlich. Der inflationäre umgangssprachliche Gebrauch in der Rede von ›Verkehrssünde‹, ›Umweltsünde‹, ›Diätsünde‹ usw. demonstriert nur allzu deutlich, daß die meisten Menschen mit dem Begriff und dem Phänomen nicht mehr angemessen umzugehen vermögen.«[26]

Während die Begriffe ›Schöpfung‹ und ›Heil‹ auch in ihrer säkularisierten Form noch Anklänge an ihre religiöse Bedeutung enthalten, ist der Begriff der Sünde für die meisten, die ihn noch verwenden, vollständig in einen weltlichen Kontext versetzt. Den Bezugspunkt der Sünde bildet nicht eine transzendente Instanz, vor der sich der Mensch als Sünder erkennt. Sondern der Maßstab der Sünde sind sozial geteilte Ordnungsvorstellungen, die entweder manifest und eindeutig sind, wie im Fall der Straßenverkehrsordnung, oder diffus und mehrdeutig, wie im Fall der Regeln über gesundheitsverträgliches Eßverhalten. Doch mit dieser Verschiebung im Verständnis von Sünde säkularisiert sich auch die Vorstellung von Vergebung. Aus einer göttlichen Gnadenzusage wird sie zu einem zwischenmenschlichen Zuspruch.

An den drei exemplarisch ausgewählten Begriffen der Schöpfung, des Heils und der Sünde lassen sich drei Spielarten der Verweltlichung religiöser Bezüge illustrieren: die quasireligiöse Reinterpretation zeitgebundener Vorstellungen, die teils religiöse, teils weltliche Vervielfältigung von Zukunftshoffnungen und das radikale Abstreifen religiöser Konnotationen. An allen drei Beispielen zeigt sich aber auch, daß der Vorgang der Säkularisierung Rückfragen an die zu Grunde liegenden christlichen Glaubensvorstellungen auslöst. Aus dem Vorgang der Säkularisierung entsteht ein Spiegel, in dem sich bestimmte

---

26 Brandt, Sigrid u. a., Vorwort, in: Dies. u. a. (Hrsg.), Sünde. Ein unverständlich gewordenes Thema, Neukirchen 1997, S. 7–10 (7).

Wirkungen kirchlicher Verkündigung und christlichen Glaubens erkennen lassen. Das Spiegelbild, das so entsteht, nötigt dazu, traditionelle christliche Inhalte neu zu interpretieren und in der Sprache der Gegenwart verständlich zu machen.

2. Wertewandel

Der Säkularisierungsprozeß, der im Vorstehenden in drei wichtigen Hinsichten erörtert wurde, hat unmittelbare Auswirkungen auf die gesellschaftliche Wertordnung und Wertorientierung. Das Gefüge gesellschaftlicher Wertorientierungen speist sich aus dem kulturellen Wissensvorrat einer Gesellschaft, in dem sich – in der Gestalt eines kollektiven Gedächtnisses – lange zurückliegende und über die Generationen hin weitergegebene Erfahrungen mit Prägungen aus der jeweils jüngsten Vergangenheit verbinden.

Bewußt oder unbewußt bestimmt das kollektive Gedächtnis das jeweilige Ethos einer Gemeinschaft. Die geistige Orientierung der einzelnen entsteht zu erheblichen Teilen aus der Verknüpfung der Prägungen, die sie aus den unterschiedlichen Gemeinschaften empfangen, mit denen ihr Leben verwoben ist. Die Zugehörigkeit zu einer bestimmten Familie und den unterschiedlichen Traditionen, die sich in jeder einzelnen Familie verknüpfen, die Prägung durch die Institutionen der Bildung, Ausbildung und Religion, die Zugehörigkeit zu Überzeugungs- oder Interessengemeinschaften, die Auseinandersetzung mit den Erwartungen des jeweiligen Berufs, die gesammelten Erfahrungen einer ganzen Gesellschaft überschneiden sich in der Orientierung, welche die einzelnen als für sich maßgeblich anerkennen. Dabei können die Inhalte im Laufe eines Lebens wechseln; sie können einen bestimmenden Charakter gewinnen und wieder verlieren. Neues kann hinzukommen, Altes kann wiederentdeckt werden. Zu den großen Beispielen, an denen sich dieser Wandel des kollektiven Gedächtnisses eindrucksvoll studieren läßt, gehört die biblische Tradition, die einen derartigen, mehr als ein Jahrtausend umfassenden Prozeß in einem einzigen Buch vor Augen stellt.

2.1 Aspekte des Wertewandels

In den vergangenen Jahrzehnten haben sich Inhalte und Formen des kollektiven Gedächtnisses in den westlichen Demokratien, auch in Deutschland, tiefgreifend gewandelt. Diese Veränderungen sind auf unterschiedliche Weise beschrieben worden. Ein Zugang zu ihnen besteht in der Theorie des Wertewandels.

Bahnbrechend für die Entwicklung dieser Theorie waren die Forschungen des amerikanischen Sozialwissenschaftlers Ronald Inglehart. In einer ersten Fassung hat er seine Theorie 1977 in dem berühmt gewordenen Buch »The Silent Revolution« vorgelegt.[27] Inzwischen hat Inglehart die empirische Basis für seine Aussagen vor allem durch internationale Vergleiche beträchtlich erweitert.[28] Die Grundkonzeption seiner Analyse aber ist gleich geblieben.

Danach hat die wirtschaftliche und technologische Entwicklung in den westlichen Industriegesellschaften dazu geführt, daß die grundlegenden Bedürfnisse für einen wachsenden Teil der Bevölkerung in einer Weise erfüllt sind, die sie von der Sorge um materielle Bedürfnisbefriedigung weitge-

---

27 Inglehart, Ronald, The Silent Revolution, Princeton 1977.
28 Vgl. Inglehart, Ronald, Kultureller Umbruch. Wertwandel in der westlichen Welt, Frankfurt a. M./New York 1989 (1995); Ders., Modernisierung und Postmodernisierung. Kultureller, wirtschaftlicher und politischer Wandel in 43 Gesellschaften, Frankfurt a. M./New York 1998.

hend befreit. Gleichzeitig ist den Generationen, die unter diesen Bedingungen aufgewachsen sind, die Erfahrung einer großen kriegerischen Auseinandersetzung erspart geblieben. Das Bildungsniveau ist angestiegen, die Massenkommunikation hat sich ausgebreitet und in ihren Angeboten vervielfacht. Die örtliche Mobilität der Menschen hat zugenommen. In dem Maß, in dem die materielle Bedürfnisbefriedigung selbstverständlich geworden ist, haben materielle Werte an vorrangiger Bedeutung verloren. In dem Maß, in dem die Sorge um politische Sicherheit als befriedigt erschien, trat das Streben nach Sicherheit als politische Wertvorstellung in den Hintergrund. Stattdessen werden die Bedürfnisse nach Zugehörigkeit, Achtung und Selbstverwirklichung stärker betont. Und zugleich wächst der Anteil der Bevölkerung, der zu politischer Partizipation bereit und für sie kompetent ist.

Damit verändern sich die Anforderungen an das politische und wirtschaftliche System. Fragen des Lebensstils gewinnen auch auf der politischen Ebene an Bedeutung. Die soziale Basis politischer Konflikte verändert sich. Klassengegensätze verlieren an Gewicht; dagegen spielen themenorientierte Interessengruppen in der politischen Auseinandersetzung eine größere Rolle. Die Legitimität des Nationalstaates nimmt ab, während übernationale Bindungen auf der einen und ethnische oder regionale Bindungen auf der anderen Seite an Bedeutung gewinnen.

Inglehart hat diesen Verschiebungen dadurch eine problematische Zuspitzung gegeben, daß er sie als einen Übergang von materialistischen zu postmaterialistischen Werten gedeutet hat. Als ›materialistisch‹ gelten ihm die Bedürfnisse nach wirtschaftlicher und physischer Sicherheit deshalb, weil sie unmittelbar mit der leiblichen Existenz des Menschen verknüpft sind. Als ›postmaterialistisch‹ dagegen kennzeichnet er die Bedürfnisse nach Selbstverwirklichung und sozialer Anerkennung, weil sie sich mit der geistigen und sozialen Existenz des

Menschen verbinden. Eine solche Interpretation verleitet jedoch dazu, die größere Selbstverständlichkeit materieller Bedürfnisbefriedigung als Gleichgültigkeit ihr gegenüber mißzuverstehen. Davon kann jedoch keine Rede sein. Das haben schon in den achtziger Jahren die Untersuchungen von Robert Bellah und seinem Forscherteam über die »Gewohnheiten des Herzens« deutlich gemacht.[29] Sie haben gezeigt, wie sich ein utilitaristischer Individualismus – der auf die Maximierung der materiellen Bedürfnisbefriedigung gerichtet ist – und ein expressiver Individualismus – der auf die Maximierung von Selbstverwirklichung, ästhetischer Befriedigung und sozialer Anerkennung zielt – gegenseitig verstärken können.

Werte verschwinden nicht dadurch, daß sie ins zweite oder dritte Glied rücken. Daß ihre Rangfolge sich verändert, hat damit zu tun, daß die knappen Güter stets mit einem besonders hohen Wert versehen werden. Illustrativ ist dafür das Datenmaterial über die Frage, welche Dimensionen von Freiheit in der geschichtlichen Entwicklung der alten Bundesrepublik als besonders wichtig galten. Die vier Dimensionen, die in den entsprechenden Untersuchungen angeboten wurden, hießen: Redefreiheit, Religionsfreiheit, Freiheit von Angst, Freiheit von Not. Im Jahr 1949 stand die Freiheit von Not mit großem Abstand an erster Stelle. In den folgenden Jahren entwickelte die damalige Bundesrepublik sich in erstaunlichem Tempo von einer armen zu einer zunehmend wohlhabenden Gesellschaft. Scheinbar verlor damit die Freiheit von Not an Bedeutung; in Wahrheit verschob sich nur ihr Stellenwert, weil sie sich in wachsendem Maß von selbst verstand. Schon 1958 bewerteten die Bundesbürger Redefreiheit höher als alle drei anderen Freiheiten zusammen.[30]

---

29 Vgl. Bellah, Robert u. a., Habits of the Heart. Individualism and Commitment in American Life, New York etc. 1986.
30 Inglehart, Kultureller Umbruch, S. 97.

Solche Beobachtungen können dabei helfen, jene Verschiebungen richtig zu beurteilen, die in der Rangfolge von Erziehungszielen in der bundesdeutschen Gesellschaft über Jahrzehnte zu beobachten sind. Bei entsprechenden Untersuchungen wurden drei Gruppen von Erziehungswerten unterschieden. Unter ihnen rangierten zu Beginn der fünfziger Jahre Ordnungsliebe und Fleiß klar an erster Stelle, gefolgt von Gehorsam und Unterordnung; kurz darauf erst folgten Selbständigkeit und freier Wille. In den folgenden Jahren gewannen Selbständigkeit und freier Wille rasch an Bedeutung; seit dem Jahr 1970 nehmen sie in der Rangfolge der drei Gruppen von Erziehungswerten sogar den ersten Rang ein. Vor allem die achtziger Jahre verstärkten diese Entwicklung. Im Verlauf dieses Wandlungsprozesses wurde die Rangfolge ›Ordnungsliebe – Gehorsam – Selbständigkeit‹ abgelöst durch die Rangfolge ›Selbständigkeit – Ordnungsliebe – Gehorsam‹.[31]

Wie sehr sich dieser Wertewandel durchgesetzt hat, zeigt auf eindrücklich Weise der Frageansatz, mit dem empirische Studien heute diesen Wandel zu erfassen suchen. Ihnen werden häufig qualitative Methoden zu Grunde gelegt, weil bei ihnen – so heißt die Begründung – die Befragten intensiver als bei rein quantitativen Untersuchungen selbst zu Wort kommen. So ist es durchaus repräsentativ auch für andere Studien dieser Art, wenn die Verfasser der 12. Shell-Jugendstudie erklären, es gehe in ihrem methodischen Ansatz darum, »Jugendliche als aktive, ihre Umwelt und ihre Biografie gestaltende Menschen wahrzunehmen.« Bisherigen Studien zu diesem Thema dagegen machen sie den Vorwurf, »daß sie Jugendliche lediglich als Reagierende auf die ›gesellschaftlichen Angebote‹ begriffen haben.«[32]

31 Vgl. Klages, Helmut, Die Realität des Wertewandels, in: Klein, A. (Hrsg.), Grundwerte in der Demokratie, Bonn 1995, S. 81–86 (82f.).
32 Jugendwerk der Deutschen Shell, Jugend '97, S. 26.

2.2 Die Ambivalenz des Wertewandels

Die stärkere Gewichtung von Selbstbestimmung und individueller Selbständigkeit bewirkt eine Enttraditionalisierung des kollektiven Gedächtnisses. Die langfristigen Erfahrungen werden nicht nur – wie in jeder gesellschaftlichen Umbruchphase – neu bewertet; sondern sie verlieren insgesamt im Verhältnis zu den kurzfristigen Prägungen des kollektiven Gedächtnisses an Bedeutung. Die Individualisierung von Wertbezügen und die damit verbundene Pluralisierung von Werten lassen die über lange Zeit aufgebauten und gemeinsam geteilten Erfahrungen in den Hintergrund treten.

Dennoch können die geschilderten Entwicklungen nicht einfach mit dem Verdikt des Werteverfalls oder des ›Verlusts der Tugend‹[33] abgetan werden. Zureichend werden sie erst wahrgenommen, wenn man ihre Ambivalenz erkennt. Die stärkere Betonung von Selbständigkeit und freier Selbstbestimmung entspricht gerade einer Gesellschaft, die auf den Grundwerten von menschlicher Würde und Freiheit aufgebaut ist. Und sie kann keineswegs einfach gleichgesetzt werden mit einem Desinteresse an sozialen Fragestellungen und gesellschaftlichem Engagement. Doch eine nähere Betrachtung dieser Wertvorstellungen und ihrer praktischen Verwirklichung läßt zugleich ihre Zwiespältigkeit erkennen. Das verdeutlichen die Untersuchungen zum Wertewandel, die in der Speyerer Forschungsgruppe um Helmut Klages angestellt worden sind.[34]

Diese Untersuchungen gehen von der Unterscheidung zwischen fünf verschiedenen Wertetypen aus. Am einen Ende des

---

33 Vgl. MacIntyre, Alasdair, Der Verlust der Tugend. Zur moralischen Krise der Gegenwart, Frankfurt a. M./New York 1987.
34 Vgl. Klages, Helmut, Traditionsabbruch als Herausforderung. Perspektiven der Wertewandelgesellschaft, Frankfurt a. M. 1993. Der aktuelle Stand dieser Forschungen wird zusammenfassend dargestellt bei Gensicke, Thomas, Sozialer Wandel durch Modernisierung, Individualisierung und Wertewandel, in: Aus Politik und Zeitgeschichte B 42/1996, S. 3–17.

Spektrums beobachtet man ›ordnungsliebende Konventionalisten‹, die von Wertekonstanz überzeugt sind und sich dem Wertewandel verweigern. Sie betonen Pflicht- und Akzeptanzwerte (Gesetz und Ordnung, Sicherheit, Fleiß und Ehrgeiz), lassen Lebensgenuß und Lebensstandard in den Hintergrund treten und haben für Kreativität und Eigenengagement nur einen begrenzten Sinn. Am anderen Ende des Spektrums befinden sich die ›nonkonformen Idealisten‹, die den Strukturwandel zur modernen Dienstleistungsgesellschaft zwar zu verarbeiten vermögen, aber besonders deutlich auf die wirklichen oder vermeintlichen Defizite dieser Entwicklung achten. Zwischen ihnen stehen die ›hedonistischen Materialisten‹, die der gesellschaftlichen Tendenz zur liberalisierten und kommerzialisierten Konsumgesellschaft besonders offen gegenüberstehen.

Wer an dieser Entwicklung nicht teilhat, wird leicht in die Position des ›perspektivlosen Resignierten‹ gedrängt. Wer sich in dieser Entwicklung um eigenständige Orientierung bemüht, wird an einer Wertesynthese interessiert sein, die sich sowohl auf tradierte Konventionen als auch auf nonkonforme Motive zu beziehen und diese zu integrieren vermag. Diese letzte Gruppe wird von den Speyerer Wertewandel-Forschern als die Gruppe der ›aktiven Realisten‹ bezeichnet.

Die wichtigste Beobachtung zur Entwicklung der neunziger Jahre besteht nun darin, daß unter den Achtzehn- bis Dreißigjährigen der Anteil der ›nonkonformen Idealisten‹ zurückgeht (von 24 Prozent beziehungsweise 26 Prozent auf 15 Prozent), während der Anteil der ›hedonistischen Materialisten‹ ansteigt (von 20 Prozent auf 31 Prozent). Im Vergleich dazu sind die Verschiebungen in den anderen Gruppen verhältnismäßig geringfügig.

Mehrere Gründe werden für diese Verschiebung geltend gemacht. Ein Grund liegt im Zusammenbruch des Staatssozialismus, durch den auch der Anknüpfungspunkt für ein idealisiertes Gegenmodell zum herrschenden Wirtschafts- und Gesellschaftssystem entfiel. Ein weiterer Grund ist in der Ausweitung des Fernsehkonsums zu sehen. Der dadurch verstärkten Konsumorientierung korrespondiert ein Rückgang der Bereitschaft zu eigenem politischem oder gesellschaftlichem Engagement. Vor allem unter jüngeren Menschen breitet sich damit ein Werttypus aus, der das Ausleben des eigenen Egoismus für natürlich hält und deshalb auch Gewalt als Mittel der Problemlösung akzeptiert. Werte – seien sie konventionell oder idealistisch – treten am ehesten noch als Teil einer Anpassungsstrategie an gesellschaftliche Gegebenheiten um des eigenen Vorteils willen in den Blick. Insofern erscheint der Wertewandel selbst als Resultat eines utilitaristischen Kalküls, also als Abwägung des mit unterschiedlichen Wertorientierungen verbundenen persönlichen Vorteils.[35] Gefördert wird diese Art des Wertewandels durch ein gesellschaftliches Klima, in dem – nach dem Zusammenbruch des real existierenden Sozialismus – auch die Motivation zu entfallen scheint, die soziale Qualität der Marktwirtschaft zu demonstrieren oder gar zu stärken. In dem Maß, in dem die ungebändigte Dynamik der Marktwirtschaft gesellschaftlich zur Geltung kommt und ihre sozialen Rahmenbedingungen in den Hintergrund treten, erweist sich auch eine Werthaltung als funktional angemessen, die vorrangig an Selbstdurchsetzung und an der Abwägung des individuellen Vorteils orientiert ist.

2.3 Wertewandel und Kirche

Auch die Institutionen und Organisationen des religiösen Lebens sind von der Ambivalenz des Wertewandels betroffen. Die Kirche als ›alte Institution‹ ist von ihm in besonderer Weise

---

35 Vgl. die ›Investitionstheorie‹ des Wertewandels bei Schmidtchen, Wie weit ist der Weg nach Deutschland?, S. 17ff.

berührt. Denn ›alt‹ ist sie deshalb, weil sie eine Institution des kollektiven Gedächtnisses ist, die auf langfristigen Traditionsbildungen aufbaut und traditionsbildend wirken will. Ein Wandel des kollektiven Gedächtnisses, in dem die kurzfristigen Erlebnisse den Vorrang vor den langfristigen Erfahrungen haben, stellt für die Kirche eine besondere Herausforderung dar.

Darüber hinaus gewinnt der Wertewandel für die Kirche in zwei Hinsichten Bedeutung. Sie muß zu veränderten Wertorientierungen Stellung nehmen; dabei wird mit gutem Grund von ihr erwartet, daß sie den gesellschaftlichen Wandel erfaßt, aber nicht dem Zeitgeist hinterherläuft. Sie muß aber vor allem auch die Auswirkungen des Wertewandels auf das christliche Glaubensverständnis bedenken.

Wertewandel meldet sich vorrangig über die jüngeren Generationen zu Wort. Die Kirche aber neigt von ihrer Altersstruktur dazu, sich an den älteren Generationen auszurichten. Deshalb bleibt vielen ihrer Vertreter das Ausmaß verborgen, in dem gerade die jüngere Generation sich von dem Glaubensverständnis entfernt, das in der Kirche verkündigt, gelehrt und praktiziert wird.

Das wird auch durch die Berliner Umfrage zum Glaubensverständnis unterstrichen. Sie unterscheidet zwischen vier Glaubensorientierungen, die sie mit den Begriffen der ›Gottgläubigen‹, der ›Transzendenzgläubigen‹, der ›Unentschiedenen‹ und der ›Atheisten‹ belegt. Eines der grundlegenden Kennzeichen der ›Gottgläubigen‹[36] – im Osten wie im Westen Deutschlands – besteht darin, daß sie im Vergleich zu den anderen Gruppen noch ein relativ traditionsbewußtes Gottesverständnis vertreten; zugleich charakterisiert es diese Gruppe, daß sie im Vergleich zu allen anderen Gruppen den geringsten Anteil an den unter 34jährigen umfaßt (weniger als 30 Prozent; in allen anderen Gruppen über 50 Prozent).

---

36 Vgl. Jörns, Die neuen Gesichter Gottes, S. 202f.

Die Auswirkungen des Wertewandels auf das Glaubensverständnis der jüngeren Generation zeigen sich auch im Blick auf die Motive der Kirchenmitgliedschaft. Dabei bestehen einstweilen markante Unterschiede zwischen dem Westen und dem Osten Deutschlands.

So ist unter den Kirchenmitgliedern im Westen Deutschlands – trotz des allgemeinen Wertewandels – bei der Nennung der Gründe für die Kirchenmitgliedschaft ein zunehmender Traditionsbezug festzustellen. In verstärktem Maß werden diejenigen Mitgliedschaftsmotive genannt, in denen die Traditionalität der Kirchenzugehörigkeit hervorgehoben wird. »Ich bin in der Kirche, weil meine Eltern auch in der Kirche sind bzw. waren« oder »weil sich das so gehört« sind dabei Aussagen, die auf große Zustimmung stoßen.[37] Die Motive, die den Entscheidungscharakter der Kirchenmitgliedschaft betonen, treten dagegen in den Hintergrund. Gegenüber den EKD-Erhebungen zur Kirchenmitgliedschaft von 1972 und 1982 ist diese Verschiebung vom Entscheidungscharakter zur traditionsbestimmten Begründung der Kirchenmitgliedschaft bemerkenswert. Entsprechendes gilt auch für die Einschätzung der Konfirmation. 10 Prozent mehr als 1982 sind im Jahr 1992 der Auffassung, die Konfirmation als feierlicher Abschluß der Kindheit und als Beginn eines neuen Lebensabschnitts sei eine gute alte Tradition. Die Zustimmung zu der Meinung, die Konfirmation sei »die persönliche Entscheidung darüber, daß man in der evangelischen Kirche bleiben will«, ist dagegen im selben Zeitraum um 13 Prozent zurückgegangen.

Die jüngeren Kirchenmitglieder im Osten Deutschlands setzen einen anderen Akzent. Er liegt darin, daß sie die individuelle Entscheidung stärker hervorheben; damit verbindet

---

37 Engelhardt, Fremde Heimat Kirche, S. 39; vgl. Pollack, Individualisierung statt Säkularisierung, S. 76f.

sich eine größere Bereitschaft zu eigenem Engagement im kirchlichen Leben. Vergegenwärtigt man sich den sozialisatorischen Hintergrund in der ehemaligen DDR, so sind die Gründe für diese abweichende Einstellung offenkundig. Die gewohnheitsmäßige Ablehnung der Kirchenmitgliedschaft durch die Mehrheit der Bevölkerung und ihre negative Sanktionierung durch den Staat forderten die Entscheidung der einzelnen in weit stärkerem Maß heraus, als dies für die ältere Generation im Osten, aber auch für die jüngere Generation im Westen der Fall war. So ist es nicht erstaunlich, daß im Osten die Haltung Jüngerer zur Kirche weniger durch traditionelle Selbstverständlichkeit und durch familiäre Vorgegebenheiten geprägt ist. Die eigene religiöse Erfahrung und das gesellschaftspolitische Engagement gewinnen demgegenüber an Bedeutung.

Bedenkt man die Ursachen für diese Differenzen genauer, zeigen sich hinter den Kulissen der unterschiedlichen Gesellschaftsentwicklung in Ost und West jedoch tieferliegende Gemeinsamkeiten. Denn Traditionsbindung wird im einen wie im anderen Fall gesucht. Nur wird sie im Westen Deutschlands noch in hohem Maß von der Kirche erwartet, während sie im Osten Deutschlands für die Mehrheit außerhalb der Kirche ihren Ort hat. Darauf weisen die durchaus vergleichbaren Funktionen von Jugendweihe und Konfirmation hin. Während sich im Westen Deutschlands die außerkirchlichen Traditionsbezüge eher lösen, so daß die jüngeren kirchlich gebundenen Generationen diese Bezüge bewußt in der Kirche suchen, ist im Osten Deutschlands Traditionspflege eher eine außerkirchliche Aufgabe; die Kirche dagegen ist für die jüngere Generation der Ort individueller Entscheidung. Während im Westen Deutschlands die Kirche bewußt zur Balancierung des Wertewandels in Anspruch genommen wird, wird sie im Osten von der jüngeren Generation eher als Ort des Wertewandels und als Anknüpfungspunkt für ein stärker selbstbestimmtes und selbstverantwortetes Leben gesucht. Während im Westen von der Kirche erwartet wird, daß sie der Enttraditionalisierung entgegenwirkt, bezieht sie für die jüngere Generation im Osten ihre Glaubwürdigkeit daraus, daß sie eine Gegeninstanz zu gesellschaftlichen Traditionen und vorherrschenden Verhaltensmustern darstellt.

Im Westen wie im Osten Deutschlands aber gilt, daß bei den Evangelischen der Wunsch nach einer selbstbestimmten Glaubensweise und Glaubensauffassung wächst. Auf breite Zustimmung stößt deshalb die Aussage: »Ich habe meine eigene Weltanschauung, in der auch Elemente des christlichen Glaubens enthalten sind.« Nicht nur kirchlich Distanzierte bejahen ihn; sondern auch von denen, die der Kirche hoch verbunden sind, stimmt beinahe die Hälfte dieser Aussage zu. Immer stärker gilt, daß viele Evangelische »dogmatisch absolute Glaubenssätze für sich nicht als tragfähige Antworten empfinden. Die Freiheit auszuwählen und neu zusammenzufügen, was auf dem Hintergrund der eigenen Lebensgeschichte verspricht, plausibel und hilfreich zu sein, wollen viele gewahrt wissen.«[38]

Das kann im Extremfall dahin führen, daß von der Kirche überhaupt keine Antwort auf Glaubensfragen mehr erwartet wird. In besonders markanter Form ist das bei denen der Fall, die Klaus-Peter Jörns als ›westlich-großstädtischen‹ Typ der ›Transzendenzgläubigen‹ bezeichnet. Ihre religiösen Auffassungen kreisen um den Glauben an ursprüngliche Mächte beziehungsweise Wesen oder verbleiben im Unbestimmten. Ihre ethischen Vorstellungen sind durch einen Zug zur Selbstbestimmung und Selbstverwirklichung geprägt. Er ist unter Umständen so stark, daß sogar von einer ›Sakralisierung des Ich‹ gesprochen werden kann. Eigenständigkeit und individuelle Freiheit bestimmen das Verhältnis zu religiösen wie zu ethi-

---

38 Evangelische Kirche in Deutschland, Fremde Heimat Kirche, S. 14.

schen Fragen. Deshalb wird von einer Religionsgemeinschaft gar nicht mehr erwartet, daß sie sich um Fragen des Glaubens kümmert. Sie soll vielmehr »für Alte, Kranke und Gebrechliche da sein und öffentlich – im Sinne der eigenen Vorstellungen – Stellung nehmen.«[39]

Die Kirche wird sich mit einer solchen Reduzierung auf ihre diakonische Funktion und ihre Rolle als öffentliche Anwältin nicht abfinden können. Auch den ›Transzendenzgläubigen‹ gegenüber muß sie ihre religiöse Kompetenz erkennbar machen. In einer Zeit, in welcher der Wertewandel sich auch auf die religiösen Überzeugungen auswirkt, kommt es darauf an, unterschiedliche Glaubensverständnisse miteinander ins Gespräch zu bringen. Dabei muß jedoch die Mitte ihrer eigenen Botschaft und das Profil ihrer eigenen Verkündigung erkennbar bleiben. Deshalb ist immer wieder neu zu klären, welche Formen eines selbstdefinierten Glaubensverständnisses sich institutionell noch miteinander verbinden lassen und wo die Grenzen erreicht sind, jenseits derer eine solche Verbindung nicht mehr möglich ist. Nicht nur gegenüber den Wertorientierungen, sondern auch gegenüber den Glaubensverständnissen, die sich aus dem Wertewandel unserer Zeit ergeben, braucht die Kirche deshalb ein waches und eigenständiges Urteil.

3. Individualisierung

Der durch Säkularisierungsprozesse veränderten gesellschaftlichen Bedeutung von Religion und dem Wandel der Wertorientierungen korrespondieren sozial-strukturelle Wandlungen, die

39 Jörns, Die neuen Gesichter Gottes, S. 214.

gegenwärtig vor allem unter dem Begriff der ›Individualisierung‹ diskutiert werden.[40]

3.1 Aspekte der Individualisierung

Die Veränderungen, die unter diesem Begriff zusammengefaßt werden, lassen sich unter drei Aspekten beschreiben.

Grundlegend für den Prozeß der Individualisierung ist erstens die Auflösung vorgegebener Lebensordnungen und die abnehmende Bindungskraft überlieferter Formen der Vergemeinschaftung. So verlieren nicht nur Schicht und Klasse an Bedeutung; sondern auch die Institutionen des gemeinsamen Lebens wie Familie oder Verein büßen ihre verbindliche Funktion für die Gestaltung der Lebenswelt ein. Partnerschaften, Mitgliedschaften und andere Verpflichtungen werden häufig *de facto* auf Zeit eingegangen und verlieren damit ihren lebensbegleitenden Charakter. An die Stelle der ›geborenen‹ Mitgliedschaft und der mit der Geburt ›zugeschriebenen‹ Teilhabe an bestimmten Formen des gesellschaftlichen Lebens treten vielfach Wahl und eigene Entscheidung. Die Mitgestaltung der sozialen Umwelt wird am eigenen Nutzen und an individuellen Zielvorgaben ausgerichtet. Langfristige Verantwortungsübernahmen werden zur Ausnahme.

Von dieser Entwicklung sind die großen Institutionen in besonderem Maß betroffen. Denn mit dieser sozialen Umstrukturierung verbindet sich eine Verschiebung im Bereich dieser Institutionen. Die Integrationsleistung, die von ihnen

---

40 Vgl. zusammenfassend Beck, Ulrich/Beck-Gernsheim, Elisabeth, Riskante Freiheiten. Individualisierung in modernen Gesellschaften, Frankfurt a. M. 1994; Beck, Ulrich (Hrsg.), Kinder der Freiheit, Frankfurt a. M. 1997; Bedford-Strohm, Heinrich, Gemeinschaft aus kommunikativer Freiheit. Sozialer Zusammenhalt in der modernen Gesellschaft aus theologischer Perspektive, Gütersloh 1999.

bisher erwartet wurde, verlagert sich auf die einzelnen Individuen. Lebenslauf und Lebenssituation werden durch eine Abfolge individueller Entscheidungen bestimmt. Die persönliche Identität ist das stets für Revisionen offene Resultat einer Vielzahl solcher Entscheidungen. Der einzelne wird zum Planungsbüro der eigenen Biographie. Seine Identität wird einem bunten Flickenteppich vergleichbar; sie wird zu einer ›Patchwork-Identität‹. Dabei sind neue Standardisierungen nicht ausgeschlossen, sondern in vielen Fällen naheliegend; die Standardisierung durch den Gebrauch der Massenmedien ist das offenkundigste Beispiel. Zugleich aber fördern die Massenmedien und die anderen modernen Kommunikationstechnologien auch die Individualisierung. Diese Tendenz wird sich mit der Digitalisierung und der dadurch möglichen Vermehrung der Medienangebote weiter verstärken. Angesichts der unüberschaubaren Vielzahl und Vielfalt von Medienangeboten müssen die einzelnen sich auch die Wirklichkeit, an der sie medial teilhaben, zusammensuchen und zusammen›basteln‹. Je nach Nutzungsgewohnheiten hat jede und jeder eine eigene mediale Wirklichkeit; Medien zu nutzen, bedeutet nicht mehr, an einer gemeinsamen Weltsicht teilzuhaben. Der ›Patchwork-Identität‹ entspricht dann eine ›Patchwork-Wirklichkeit‹.

Die wachsende Prägung des Lebenslaufes und der Lebenssituation durch individuelle Entscheidungen führt drittens zu einer Pluralisierung von Stilen, Lebensformen, Ansichten und Tätigkeiten. Sie erhöht die Koordinationsaufgaben des gemeinsamen Lebens in außergewöhnlichem Maß. Die Organisation gemeinsamer Lebensformen wird aufwendiger. Dadurch kann das gemeinsame Leben vielgestaltiger werden; es steigern sich aber auch die Möglichkeiten des Scheiterns.

In der Individualisierung gehören also die Freisetzung von vorgegebenen Lebensformen und die Entzauberung traditionsbestimmter institutioneller Sicherheiten mit der Aufgabe einer neuen, individuell verantworteten Reintegration unmittelbar zusammen. In der Logik dieser Entwicklung liegt die Pluralisierung möglicher Lebensentwürfe und die Chance, zwischen ihnen auszuwählen. Wenn die einzelnen nicht an den Anforderungen der Individualisierung scheitern sollen, sind sie auf die Ausbildung einer Ich-Identität angewiesen, die zur Reflexion der eigenen Existenz und der sie bestimmenden moralischen Maßstäbe fähig ist und die notwendigen sozialintegrativen Leistungen zu erbringen vermag. Jürgen Habermas hat die Ausbildung einer solchen Ich-Identität als »Individuierung« bezeichnet.[41] »Individuierung« in diesem Sinn ist eine entscheidende Voraussetzung gelingender Individualisierung.

3.2 Grenzen der Individualisierung

Die Möglichkeit eines solchen Gelingens muß ausdrücklich eingerechnet werden. Individualisierung führt keineswegs zwangsläufig zur Vereinzelung; ihr entspricht auch nicht mit Notwendigkeit der Typus des egoistischen Individualisten, der nur noch das eigene Leben und den persönlichen Vorteil im Sinn hat. Weder der Individualisierungsprozeß noch die Individualisierungstheorie werden zureichend erfaßt, wenn sie mit einem pauschalen Individualismus-Vorwurf überzogen werden, der dann in aller Regel in den ebenso pauschalen Ruf nach der Wiederbelebung von ›Gemeinschaft‹ mündet. Auch im Blick auf den Individualisierungsprozeß gilt, daß die Freiheitsgewinne wahrgenommen, gewürdigt und festgehalten werden müssen, die mit der modernen Freiheitsgeschichte verbunden sind. Sie sollten nicht unbedacht einer rückwärtsgewandten Romantik aufgeopfert werden.

Doch daß sich mit dem Individualisierungsprozeß die Ge-

---

41 Habermas, Jürgen, Individuierung durch Vergesellschaftung, in: Beck/Beck-Gernsheim, Riskante Freiheiten, S. 437–446 (444).

fahr einer Vereinzelung der Individuen verbindet, kann nicht bestritten werden. Davon, daß er zur Ausbildung eines expressiven oder eines utilitaristischen Individualismus verführen kann, läßt sich kaum absehen. Offenkundig ist auch, daß im Zeichen des Individualismus die Hemmschwellen sinken, die dem Ausleben egoistischer Motive Grenzen setzen. Insofern ist es nicht nur angebracht, sondern auch notwendig, den Individualisierungsprozeß in seiner Ambivalenz wahrzunehmen – und das heißt: auch seine negativen Aspekte ins Auge zu fassen.

Insbesondere dort erweist sich der Individualisierungsprozeß als problematisch, wo die Verständigung über eine gemeinsame Wahrnehmung der Welt nur aufgelöst, aber nicht mehr neu in Gang gebracht wird. In dem Maß, in dem das geschieht, gefährdet die Individualisierung die Grundlagen des gesellschaftlichen Zusammenlebens. Dort, wo die Individualisierung mit einer Verkümmerung des kollektiven Gedächtnisses einhergeht, haben weder Herkunft noch Zukunft eine Bedeutung. Erinnerung und Erwartung verlieren ihre Funktion.

Die Erinnerung wird funktionslos, denn es zählt allein die Gegenwart des Erlebens. Dessen Kurzfristigkeit wird gegen die Langfristigkeit der Erfahrung ausgespielt. Orientierungsangebote der Vergangenheit können nicht mehr als Grundlage gegenwärtigen gemeinsamen Handelns fruchtbar gemacht werden.

Zugleich kann dort, wo die reine Präsenz des Erlebens gilt, auch nichts mehr erwartet werden. Dem Streben nach präsentischer Verfügung liegt die perfektionistische Ideologie der Erwartungslosigkeit zugrunde. ›Ganz oder gar nicht‹ wird zum Leitwort einer Wegwerfgesellschaft.

Von Individualisierung zu reden, heißt insofern, ihre Grenzen zu bedenken. Der Prozeß der Individualisierung bleibt nur erträglich, wenn Formen und Foren erhalten bleiben, in denen die Verständigung über gemeinsam geteilte Werte möglich ist.

Ohne gemeinsame Erinnerung, ohne die Einbettung der einzelnen in Erzähl- und Interpretationsgemeinschaften kann das so wenig gelingen wie ohne gemeinsame Erwartung, also die Hoffnung auf ein Leben, in dem die Lebensgeschichten der einzelnen miteinander verbunden und versöhnt sind.

In den vorherrschenden Theorien der Individualisierung bleibt diese Aufgabe unbeachtet; denn sie haben von den Grenzen der Individualisierung eine zu harmlose Auffassung. Sie versperren sich zumeist auch den Zugang zu der Bedeutung normativer Traditionen, weil sie allein die Individuen als Urheber gültiger Wertorientierung kennen. Daß gemeinsam anerkannte und situationsübergreifende Werte zur Erwartungssicherheit beitragen und deshalb auch das individuelle Leben fördern, kommt dabei aus dem Blick. Kurzum: Stark und überzeugend ist eine Theorie der Individualisierung nur dann, wenn sie auch auf die Grenzen der Individualisierung achtet.

Noch unter einem anderen Gesichtspunkt ist eine kritische Überlegung angezeigt. Als Leitbegriff für die Interpretation der gegenwärtigen Gesellschaftsentwicklung ist die Formel von der ›Individualisierung‹ keineswegs so unproblematisch, wie sie sich gibt. Vielmehr stellt sich die Frage, inwieweit sie überhaupt auf das Ganze der Gesellschaft angewandt werden kann. Denn es muß als höchst fraglich gelten, ob alle Gesellschaftsglieder die Erfahrungen teilen, die unter dem Individualisierungstheorem erörtert werden. Insofern ist in dem Begriff der Individualisierung zumindest auch eine Art »enttäuschungssichere Selbsttäuschung der Moderne über ihre eigenen Modernisierungsschranken«[42] enthalten.

Die Individualisierungsvorstellung gerät nämlich dort zur Selbsttäuschung, wo die unterschiedlichen Bedingungen nicht mehr wahrgenommen werden, unter denen Menschen auch in

42 Pollack, Individualisierung statt Säkularisierung?, S. 85.

einer fortgeschrittenen Dienstleistungs- und Informationsgesellschaft ihr Leben führen und den Prozeß der Enttraditionalisierung bewältigen müssen. Keineswegs allen steht die Möglichkeit offen, sich aus der Bestimmungsmacht der Institutionen zu lösen und die eigene Identität nach Art einer ›Bastelbiographie‹ zusammenzufügen. Vielen stehen dafür weder die notwendigen Freiräume noch die finanziellen Mittel zur Verfügung. Insofern ist die Individualisierungstheorie stärker an die Voraussetzungen eines allgemeinen Wohlstands gebunden, als sie sich selbst eingesteht. Da nicht mit einer weiteren Steigerung und Ausdehnung dieses Wohlstands gerechnet werden kann, ist auch die allgemeine Geltung der Individualisierungstheorie zu bezweifeln. In jedem Fall kommt es zu einer verhängnisvollen Verschleierung der gesellschaftlichen Wirklichkeit, wenn Individualisierung mit der Vorstellung von einem gleichen Zugang aller Gesellschaftsglieder zu den gesellschaftlichen Lebenschancen gleichgesetzt wird. Das ist auch der problematischste Zug an der Vorstellung, die Gegenwartsgesellschaft trage insgesamt die Züge einer ›Erlebnisgesellschaft‹.[43] Angesichts der ökonomischen und sozialen Wirklichkeit ist die begrenzte empirische Reichweite solcher Theorien offenkundig.

Doch gerade wer die Grenzen solcher Theorien erkennt, kann sich ihren Erklärungswert zunutze machen. In diesem Sinn gilt, daß auch die Individualisierungstheorie zum Verständnis der gegenwärtigen gesellschaftlichen Situation beiträgt – und zwar auch im Blick auf die Lage von Religion und Kirche.

---

43 Vgl. Schulze, Gerhard, Erlebnisgesellschaft. Kultursoziologie der Gegenwart, ⁴Frankfurt a. M. 1993.

3.3 Individualisierung und Kirche

Der Individualisierungsprozeß hat auch religiöse Ausdrucksformen. Vor allem unter zwei Aspekten sind seine Auswirkungen für kirchliches Handeln unverkennbar. Es handelt sich
zum einen um den Bedeutungszuwachs des biographisch-familiären Zugangs zum christlichen Glauben, zum andern um
die Relevanz des sozialen Nahbereichs in den Glaubensvorstellungen vieler Menschen.

Der biographisch-familiäre Zugang zum christlichen Glauben findet seine Bezugspunkte in den Festzeiten des Jahreslau-
fes sowie in den lebenszyklischen Festen von Taufe, Konfirmation, Trauung und Bestattung. Dabei kommt im Westen
Deutschlands der Taufe in Gestalt der Kindertaufe eine entscheidende Stellung zu. Die – statistisch gesehen – bemerkenswert hohe Taufbereitschaft vieler Eltern schließt das Bewußtsein ein, daß die in der Taufe begründete Kirchenmitgliedschaft
einen Teil der Sozialisation bildet. Damit verbindet sich die Erwartung der Eltern, daß die Kinder christlich erzogen werden;
die Taufe bürgt gerade dafür, daß die Eltern für diese Erziehung
nicht allein die Verantwortung tragen.

Das Motiv der Traditionsweitergabe an die nächste Generation steht unter den Motiven für die Kirchenmitgliedschaft der
18–29jährigen an vorderster Stelle. Mit der Begründung, daß
auch die Eltern in der Kirche waren beziehungsweise sind, verbindet sich die Erklärung, nicht auf die kirchliche Trauung oder
Beerdigung verzichten zu wollen, sowie die allgemeine Aussage, daß die Kirchenmitgliedschaft zum Christ-Sein dazuge-
höre. Alle drei Motive verdeutlichen die lebensgeschichtliche
Verankerung des Glaubensverständnisses. Folgerichtig begrenzt sich für die Mehrheit der Mitglieder die Beteiligung am
kirchlichen Leben auf die Kontakte, die durch die eigene Lebensgeschichte oder durch die Biographie von Verwandten,
Freunden oder Kollegen vorgegeben sind.

Zugleich besteht für die Mehrheit dieser kirchlich Distanzierten kein Grund, aus der Kirche auszutreten. »Man steigt aus der Kirche nicht aus, weil man aus der eigenen Biographie auch nicht aussteigt.«[44] Vielmehr gilt für zwei Drittel der Kirchenmitglieder im Westen Deutschlands: »Das Leben soll eine religiöse Deutung erfahren und damit Bedeutung und Würde über den Alltag hinaus. In den ›Zwischenzeiten‹ scheint die Kirchenmitgliedschaft in den Hintergrund zu treten. Sie bildet einen so stillen wie selbstverständlichen Horizont der Alltagswelt, liefert einen lockeren Orientierungsrahmen für Werte, Regeln und Überzeugungen, die das Alltagsleben ›irgendwie‹ mitbestimmen, ohne daß man sich ihrer immer bewußt ist, ohne auch daß man sein Verhältnis zu diesem Orientierungsrahmen konkret zu bestimmen wüßte.«[45]

Eine derartige Lebensabschnittsreligiosität verlangt jedoch keine ständige Entscheidungsbereitschaft; die Religiosität bleibt zwischen den Festzeiten und den Knotenpunkten der eigenen Biographie oder wichtigen Erfahrungen im Zusammenhang mit der Lebensgeschichte anderer Menschen eher diffus im Hintergrund. Zumindest in dieser Hinsicht hat die Vorstellung eines ›Zwangs zur Wahl‹ – eines ›Zwangs zur Häresie‹[46] – nur einen sehr begrenzten Erklärungswert. Es handelt sich vielmehr um eine Form von Religiosität, die gar nicht vor Entscheidungssituationen gestellt wird.

Dieser fehlende ›Zwang zur Häresie‹ kann jedoch nicht als Gegenargument gegen die These von der Individualisierung geltend gemacht werden. Die Biographisierung der Religiosität führt vielmehr dazu, daß jeweils lebensphasenspezifische Inhalte des christlichen Glaubens vorrangige Bedeutung annehmen. Sie bedürfen jedoch nicht notwendigerweise der Abstim-

44 Evangelische Kirche in Deutschland, Fremde Heimat Kirche, S. 21.
45 Ebd., S. 15.
46 Vgl. Berger, Peter L., Der Zwang zur Häresie, Frankfurt a. M. 1980.

mung untereinander. Auch die Religiosität kann vielmehr einen ›patchwork‹-artigen Charakter tragen.

Damit hängt es zusammen, daß im Zeichen einer individualisierten Identitätsbildung die Funktion der Kirchen für viele darauf reduziert wird, einen äußeren Rahmen für religiöse Übergangsriten zu bilden. Die persönliche Dimension der Religion dagegen wird, soweit sie noch ausdrücklich zum Thema gemacht wird, eher mit der Hilfe ›neuer Institutionen‹ therapeutischer, esoterischer oder auch unmittelbar religiöser Art geklärt.[47]

Hier zeigt sich die Ambivalenz von Individualisierungsprozessen noch einmal aus einer weiteren Perspektive. Auf der einen Seite wird das Ich als unumschränktes Reflexions- und Gestaltungszentrum der eigenen – auch der religiösen – Identität angesehen; andererseits werden esoterische Vorstellungen und okkulte Praktiken zur Entlastung von dieser Zumutung in Anspruch genommen. Die ›Entzauberung‹ der religiösen Institutionen zieht eine ›Wiederverzauberung‹ nach sich. Die religiöse Sinnsuche wird gerade in ihrer persönlichen Dimension in eine gesellschaftliche Hinterwelt verbannt. Das leistet einer Interpretation Vorschub, in der Religiosität als irrational verstanden und das Handeln in der Gesellschaft seiner Eigengesetzlichkeit überantwortet wird. Eine irrationale Reduktion des Religiösen trägt dazu bei, daß nach der Verantwortbarkeit des eigenen gesellschaftlichen Handelns nicht mehr gefragt werden muß.

Die Bedeutung von Individualisierungsprozessen für das Glaubensverständnis zeigt sich nicht nur in dem gesteigerten Gewicht, das den lebensgeschichtlich-familiär verankerten religiösen Ritualen zukommt. Sie drückt sich auch darin aus, daß der soziale Nahbereich für den Zugang zum Glauben an Gewicht gewinnt. Das hängt damit zusammen, daß das Zusammenleben mit Partnerinnen und Partnern, mit Freunden und mit Kindern

---

47 Vgl. Wohlrab-Saar, Monika, Einleitung, in: Dies. (Hrsg.), Biographie und Religion. Zwischen Ritual und Selbstsuche, Frankfurt a. M./New York 1995, S. 9–23.

im Osten wie im Westen Deutschlands das Lebensgefühl stärker als alles andere prägt. Das unmittelbare soziale Umfeld wirkt zugleich als Schutzgürtel gegenüber den gesellschaftlichen Veränderungen; es vermittelt Geborgenheit in einer Lage, die durch Unübersichtlichkeit und Ungewißheit geprägt ist.

Diese Suche nach sozialer Nähe und Verbundenheit nimmt auch in den Glaubensvorstellungen vieler Menschen eine wichtige Stelle ein. ›Heil‹ wird vornehmlich als die Erfahrung von Geborgenheit verstanden. Im Osten Deutschlands konnten die kleiner gewordenen Gemeinden, die auch eine Schutzfunktion gegenüber dem Staat wahrnahmen, diese Geborgenheit vermitteln; sie übernahmen die Funktion einer ›Kontrastgesellschaft‹, in der Offenheit, Nähe und Vertrauen ihren Ort hatten. Die offene kirchliche und gesellschaftliche Situation im Westen Deutschlands dagegen läßt die Kirchengemeinde nicht in gleicher Weise zu einem solchen Ort der Geborgenheit werden. Es sind eher Gruppen in der Gemeinde oder besondere seelsorgerliche Situationen, in denen eine derartige Erfahrung entsteht. Oft wird diese Geborgenheit auch gar nicht mehr in kirchlichen Strukturen gesucht. Diese werden vielmehr danach beurteilt, welche gesellschaftlichen Dienstleistungen von ihnen erwartet werden können.

Deshalb trägt das Kirchenbild im Osten häufig die Züge einer profilierten Gemeinschaftskirche; im Westen dominiert dagegen oft das Bild einer nach funktionalen Kriterien entworfenen und plural verfaßten Gesellschaftskirche.

Doch das Bild der Kirche bestimmt sich nicht nur nach den unterschiedlichen Erwartungen, die an sie herangetragen werden. Es hängt auch mit der Botschaft zusammen, mit der die Kirche der gesellschaftlichen Situation und den mit ihr verbundenen Erwartungen begegnet. Entscheidend ist, ob in der Kirche selbst ein klares Bild von ihrem Auftrag herrscht, das selbstbewußt und konstruktiv auf die Herausforderungen der Gegenwart bezogen wird.

III. Offene und öffentliche Kirche

1. Kirche in der Öffentlichkeit

»Daß unser Kirchenwesen in einem tiefen Verfall ist, kann niemand leugnen. Der lebendige Anteil an den öffentlichen Gottesverehrungen und den heiligen Gebräuchen ist fast ganz verschwunden, der Einfluß religiöser Gesinnungen auf die Sitten und auf deren Beurteilung kaum wahrzunehmen, das lebendige Verhältnis zwischen den Predigern und ihren Gemeinden so gut als aufgelöst, die Kirchenzucht und Disziplin völlig untergegangen, der gesamte geistliche Stand [...] in einem fortwährenden Sinken begriffen.«

Diese übertrieben klingenden Sätze sind ursprünglich nicht auf die kirchliche Wirklichkeit am Ende des 20. Jahrhunderts gemünzt. Sie wurden von Friedrich Schleiermacher vielmehr bereits zu Beginn des 19. Jahrhunderts zu Papier gebracht.[1]

»Die evangelische Kirche [...]: keine Wirkung auf die breiten Massen; Sache der Klein- und Großbürger. Starke Belastung

---

1 Schleiermacher, Friedrich D. E., Entwurf einer neuen Verfassung der protestantischen Kirche im preußischen Staate (1808), in: Huber/Huber, Staat und Kirche im 19. und 20. Jahrhundert. Bd. I, Nr. 257.

mit schweren, tradierten Gedanken. Entscheidend: Kirche in der Selbstverteidigung. Kein Wagnis für andere.« Auch diese Diagnose stammt nicht aus der jüngsten Vergangenheit. Sie findet sich in Notizen, mit denen Dietrich Bonhoeffer, als Mitglied der Verschwörung gegen Hitler im Wehrmachtsuntersuchungsgefängnis Tegel inhaftiert, Anfang August 1944 die Grundlinien eines geplanten Buches zur Zukunft der Kirche skizzierte. Berühmt ist der Satz, in dem dieser Zukunftsentwurf gipfelt: »Die Kirche ist nur Kirche, wenn sie für andere da ist.«[2]

Die Sorge darum, wie die Kirche ihren Beitrag zur geistigen Orientierung in ihrer jeweiligen Zeit leistet, ist nicht neu. Insbesondere die evangelische Kirche ist seit ihren Anfängen von dieser Sorge begleitet. Denn mit der Wiederentdeckung der christlichen Freiheit in der Reformation verband sich von Anfang an eine »Lockerung der institutionellen Kontrolle«[3]. Deshalb mußte schon Luther Klage darüber führen, daß »man die christliche Freiheit in vielen Stücken leichtfertig und trotzig mißbraucht und ohne alle Not Ärgernis und Unlust anrichtet«[4].

Charakteristisch für den Weg der evangelischen Kirche ist es gerade, daß die Notwendigkeit ihres Beitrags zur geistigen Orientierung einsichtig, aber die Qualität dieses Beitrags immer wieder höchst umstritten ist. An der Wende vom 20. zum 21. Jahrhundert stellt sich diese Frage erneut unter schwierigen Bedingungen.

2 Bonhoeffer, Dietrich, Widerstand und Ergebung (Dietrich Bonhoeffer Werke 8), Gütersloh 1998, S. 556ff.
3 Schmidtchen, Wie weit ist der Weg nach Deutschland?, S. 151.
4 Luther, Martin, Unterricht der Visitatoren (1528), in: Ders., Studienausgabe, III, Berlin 1983, S. 443f.

1.1 Kirche im Gegenwind

Denn in Mitteleuropa befinden sich die Kirchen derzeit im Gegenwind. Kurzfristig begeisterten die Öffentlichkeit und die Medien sich zwar an der Schlüsselrolle christlicher Gruppen und Gemeinden in der politischen Wende des Jahres 1989. Die katholische Kirche in Polen und die evangelischen Kirchen in der ehemaligen DDR wurden bewundert, weil sie einen Schutzschild für den revolutionären Umschwung gebildet hatten, der sich in diesen Ländern vollzog. Doch diese Hochschätzung der Glaubensgemeinschaften verflog in der weiteren Öffentlichkeit schnell. In Polen zerstob die Vorstellung mancher katholischer Kreise, daß die gesellschaftliche Neuordnung sich einfach kirchlichen Vorstellungen fügen würde. Und in der ehemaligen DDR zeigte sich nun in voller Deutlichkeit, wie wirksam die SED-Herrschaft die Entkirchlichung vorangetrieben hatte. Das Zwielicht, in das die Kirche durch die Zusammenarbeit einzelner Mitarbeiterinnen und Mitarbeiter mit dem Ministerium für Staatssicherheit geriet, trug auf seine Weise dazu bei, die evangelische Kirche in Mißkredit zu bringen. Im übrigen ist allein schon aus demographischen Gründen der Einfluß der Kirchen im wiedervereinigten Deutschland schwächer geworden.

In besonderer Weise sieht der Protestantismus sich mit der Diagnose konfrontiert, seine Prägekraft sei ermattet, weil eine geistige und geistliche Erschlaffung ihn ergriffen habe.[5] Die »glaubensmäßige Präsenz evangelischer ›Laien‹ und Theologen in den Steuerungsprozessen der Gesellschaft« ist zurückgegangen.[6] Laien bringen nicht mehr in derselben Klarheit und Wirk-

5 Leicht, Robert, Das Kreuz mit der Kirche, in: Radius Almanach 1996/97, Stuttgart 1996, S. 62–77.
6 Steinacker, Peter, Das Wort vom Kreuz – und das ›Kruzifix-Urteil‹ des Bundesverfassungsgerichtes. Zur Frage nach der Identität der Evangelischen Kirche, in: Zeitschrift für Evangelische Ethik 41, 1997, S. 7–23 (13).

samkeit wie in den ersten Jahrzehnten der alten Bundesrepublik eine bewußte und als Lebensgestalt akzeptierte evangelische Position in ihren Verantwortungsbereich ein; und die evangelische Theologie spielt im öffentlichen Diskurs von Wissenschaft, Politik und Gesellschaft nur noch selten eine prägende Rolle. Ohne Zweifel ist das gerade für die evangelische Kirche ein Krisensignal.

Der Gegenwind, den die Kirchen gegenwärtig erleben, könnte sie zur Flucht aus der Öffentlichkeit verleiten. Der Rückzug auf das Leben im Kreis der treuen Gemeindeglieder und die Rückbesinnung auf die vermeintlich unumstrittenen binnenkirchlichen Funktionen von Verkündigung, Unterricht und Seelsorge scheinen ein behaglicheres Leben zu verheißen als die exponierte Existenz in der Zugluft der Öffentlichkeit. Doch die Bastionen für ein solches, vermeintlich sturmgeschütztes Leben werden kleiner; und der Wind der öffentlichen Infragestellung dringt schließlich auch durch die dicksten Mauern einer für sicher gehaltenen kirchlichen Festung.

Kirche als Kontrastgesellschaft?

Eine der Antworten auf solche Turbulenzen heißt nach wie vor: Flucht in die Kontrastgesellschaft. Die Kirche soll ihre Identität dadurch gewinnen, daß sie sich von der sie umgebenden Gesellschaft klar und unzweideutig absondert. Diese Flucht wird vor allem in zwei Variationen versucht.

In der einen – scheinbar entpolitisierten, auf ihre Weise aber durchaus politischen – Variante erscheint die Kirche als Hüterin tradierter Glaubensüberzeugungen und moralischer Werte, die vom Wandel der Zeiten nicht erschüttert werden. Man kann dieses Modell der Kirche die ›heilige Kontrastgesellschaft‹ oder das ›Heiligkeitsmodell der Kirche‹ nennen.

In der anderen – hochpolitisierten, auf ihre Weise aber auch wieder ganz unpolitischen – Variante tritt die Kirche als eine Minderheit auf, die für sich in Anspruch nimmt, die Funktionsweisen der Gesellschaft, ja des Weltsystems im ganzen zu durchschauen. Daß diese Kirche nicht über die Macht verfügt, Armut und Hunger zu beseitigen, ändert nichts daran, daß sie die prophetische Gabe für sich in Anspruch nimmt, die Ursachen von Hunger und Armut sowie die wirksamen Mittel zu deren Beseitigung zu kennen. Dieses Modell der Kirche kann man die ›prophetische Kontrastgesellschaft‹ oder das ›prophetische Modell der Kirche‹ nennen.

Gesellschaftskirche oder öffentliche Kirche?

Eine grundsätzlich andere Antwort wird dort formuliert, wo man den Versuch unternimmt, sich auf die differenzierte Situation einer komplex gewordenen Gesellschaft einzulassen. Auch diese Hinwendung der Kirche zur gesellschaftlichen Öffentlichkeit wird heute in zwei Hauptvarianten vertreten.

Die eine plädiert für eine Gesellschaftskirche, die sich ihre Aufgaben von den Funktionserfordernissen einer differenzierten Gesellschaft vorgeben läßt und sich in den Inhalten ihrer Verkündigung diesen Funktionserfordernissen geschmeidig anpaßt. In dieser Konzeption gewinnt die religiöse Funktion, welche die Kirche in der Gesellschaft wahrnimmt, den Vorrang vor dem Glaubensinhalt, für den sie eintritt.

Die andere Variante beharrt darauf, daß die Kirche ihrem Auftrag in der Öffentlichkeit nur gerecht wird, wenn sie das Evangelium von Jesus Christus als eine für diese wie für jede Gesellschaft fremde Wahrheit verkündigt, sich aber zugleich der Frage stellt, wie dieser Wahrheit unter den Bedingungen der Gegenwart mit nüchternem Wirklichkeitssinn und kritischer Solidarität Gestalt zu verleihen ist. In dieser Konzeption kommt dem Glauben in seiner inhaltlichen Bestimmtheit der

Vorrang vor der religiösen Funktion zu, welche die Kirche erfüllen soll. Dabei wird jedoch nicht geleugnet, daß die Antworten des Glaubens auf die religiösen Erwartungen und Einstellungen in der Gesellschaft bezogen werden müssen. Ebenso wird anerkannt, daß der Glaube stets kulturelle Ausdrucksformen braucht, also religiöse Gestalt annimmt. Diese Variante bildet das Modell der ›offenen und öffentlichen Kirche‹.

1.2 Der Öffentlichkeitsauftrag der Kirche

Die Tatsache, daß so unterschiedliche Vorstellungen vom Verhältnis der Kirche zur Öffentlichkeit verfochten werden, nötigt dazu, erneut die Frage zu stellen, ob die Kirche sich überhaupt auf die Öffentlichkeit einlassen soll, die sie umgibt.

Die Antwort ist eindeutig. Daß die Kirche Jesu Christi eine öffentliche Größe ist, daß sie in der Öffentlichkeit wirkt und für diese Öffentlichkeit einen besonderen Auftrag hat, ist offenkundig, seit es sie gibt. Dieser Öffentlichkeitsauftrag ist in der biblischen Tradition fest verankert. Man kann zum Beleg ebenso an das öffentliche Wirken der Propheten Israels denken wie an den im Neuen Testament formulierten Auftrag der Kirche, in der Öffentlichkeit der Welt von der Versöhnung Zeugnis abzulegen, die in Christus geschehen ist.[7] In eindrucksvoller Bündelung bringt der neutestamentliche Auftrag Jesu an seine Jünger den öffentlichen Charakter kirchlichen Handelns zum Ausdruck: »Mir ist gegeben alle Gewalt im Himmel und auf Erden. Darum gehet hin und machet zu Jüngern alle Völker: Taufet sie auf den Namen des Vaters und des Sohnes und des Heiligen Geistes und lehret sie halten alles, was ich euch befohlen habe. Und siehe, ich bin bei euch alle Tage bis an der Welt Ende.«[8]

7 2. Korinther 5, 19f.
8 Matthäus 28, 18–20.

Das Wort ›Öffentlichkeit‹ taucht in diesen Sätzen zwar nicht auf. Dennoch kann kein Zweifel daran bestehen, daß Mission und Ausbreitung des christlichen Glaubens hier in der denkbar umfassendsten Öffentlichkeit verankert werden. Sie erhalten ihren Ort in einer Öffentlichkeit, die den Kosmos im ganzen als Herrschaftsraum Gottes umgreift und alle Zeiten bis ans Ende der Welt umfaßt. Diese Himmel und Erde umspannende, die Zeit bis an die Grenze der Ewigkeit erfüllende Öffentlichkeit bildet den Horizont für alles Leben der Kirche, für ihre Verkündigung und ihre Lehre, für ihren Gottesdienst und ihr soziales Handeln. Diese Öffentlichkeit ist der für sie verbindliche Horizont.

Kirche und Öffentlichkeit in der Geschichte

Die öffentliche Dimension kirchlicher Existenz hat sich in vielfältigen Formen Ausdruck verschafft. Auch als die frühen christlichen Gemeinden noch verschwindend kleine Minderheiten in einer heidnischen Umwelt bildeten, blieb diese Dimension nicht verborgen. Die Christen hielten sich an den einen Gott, der sich in Jesus von Nazareth als dem Christus offenbart hatte. Die Zustimmung zum Kaiserkult und zur römischen Reichsreligion war damit nicht vereinbar. Diese abweisende Haltung gegenüber der politischen Religion des römischen Reiches trug den Christen den Titel *Atheoi*, Gottlose, Atheisten, ein. Christenverfolgungen von teilweise höchst grausamem Charakter schlossen sich an.

Die Hinwendung zur Öffentlichkeit charakterisiert die christlichen Kirchen seit ihren Anfängen. Es wäre also verfehlt, diese Zuwendung erst mit der konstantinischen Wende beginnen zu lassen. Aber richtig ist: Als Kaiser Konstantin zu Beginn des vierten Jahrhunderts seinen Weg zur Alleinherrschaft im römischen Reich mit dem Kreuzeszeichen der Christen verband, auf das er den Sieg an der Milvischen Brücke zurückführte, als er sodann in kühlem politischem Kalkül den Weg zur Reichskirche bahnte, als er alle politischen Mittel einsetzte, um die innere Einheit der von ihm geförderten Kirche zu erzwingen, war eine neue Stufe im Verhältnis von Kirche und Öffentlichkeit erreicht. Sie war dadurch geprägt, daß die Kirche ihren Ort in der Öffentlichkeit annahm; schon der öffentliche Charakter der Basiliken und anderer Kirchengebäude ließ daran keinen Zweifel.

Diese neue Stufe war zugleich durch das dauerhafte Kartell zwischen Kirche und politischer Macht bestimmt. Der Staat nahm den christlichen Glauben zur Legitimierung politischer Herrschaft in Anspruch: Kaiser und Könige empfingen, so hieß es nun, ihr Amt von Gottes Gnaden. Und die Kirche rief die staatliche Macht zur Hilfe, um Heiden, Häretiker und Juden zu bekämpfen und ihren Herrschaftsanspruch über die Seelen der Menschen durchzusetzen.

Diese wechselseitige Inanspruchnahme schloß heftige Konflikte nicht aus. So sehr die beiden Hoheitsmächte von Staat und Kirche aufeinander angewiesen waren, so heftig stritten sie zugleich darum, wem von beiden der Vorrang gebühre. Der Investiturstreit bildet dafür ein berühmtes Beispiel.[9]

Das Kartell zwischen Kirche und politischer Macht – dem Spätere den Namen des *corpus Christianum* gaben – führte in Europa eine bemerkenswerte kulturelle Blüte herauf. Bis zum heutigen Tag zehren viele europäische Städte und Dörfer vom architektonischen Erbe dieser Verbindung. Sie hatte aber zugleich höchst problematische Folgen. Sie beförderte ebenso die Ideologisierung politischer Herrschaft wie die Machtorientierung der Kirche. Diese verschlang Unsummen an finanziellen Mitteln. So war es kein Zufall, daß sich die Reformation, nach vielen vergeblichen Anläufen, an einem der Versuche des Hei-

9 S. o. S. 44f.

ligen Stuhls entzündete, die finanziellen Löcher zu stopfen, die der päpstliche Wunsch nach äußerer Prachtentfaltung gerissen hatte – nämlich am Ablaß.

In der kritischen Abwendung von einer Gestalt der Kirche, die auf Machtgebrauch und Prachtentfaltung gerichtet war, konzentrierte sich die Reformation neu auf den Kern des Evangeliums. Sie fand ihn im Rechtfertigungsglauben. »Wir werden vor Gott gerecht aus Gnade um Christi willen allein durch den Glauben«: so faßte das Augsburgische Bekenntnis von 1530 diese Neuentdeckung zusammen.[10] Gott, der gerecht ist, urteilt nicht nach guten oder schlechten Werken der Menschen, sondern aus seiner Liebe nimmt er die Menschen in ihrer Sündhaftigkeit und Ungerechtigkeit an und macht sie um Christi willen gerecht und gut. Die schöpferische Gerechtigkeit Gottes bewirkt, daß ein Mensch nicht gleichzusetzen ist mit seinen Leistungen oder mit seinen Fehlleistungen; denn die Anerkennung, die er vor Gott erlangt, unterscheidet ihn als Person von allem, was er durch eigene Werke hervorbringen oder zerstören könnte.

Diesen einen Grundgedanken entfaltet die Reformation mit Hilfe ihrer vier Prinzipien: der Orientierung allein am Glauben (*sola fide*), der Rechtfertigung allein aus Gnade (*sola gratia*), der Begründung christlicher Freiheit daraus, daß Christus allein der Herr ist (*solus Christus*), der Anerkennung der Heiligen Schrift als eines zureichenden und in sich verständlichen Zeugnisses vom Evangelium Jesu Christi (*sola scriptura*).

Doch die Konzentration, die in diesen vier Prinzipien zum Ausdruck kommt, ist nicht als Rückzug gemeint. Der Widerspruch gegen die römische Machtorientierung und Prachtentfaltung kann nicht als Abwendung von dem Öffentlichkeitsauftrag der Kirche verstanden werden. Aber die ihr eigene

---

10 Unser Glaube. Die Bekenntnisschriften der evangelisch-lutherischen Kirche, [3]Gütersloh 1991, 62.

Öffentlichkeit bemißt sich an ihrem Auftrag. Sie ist deshalb wesentlich durch die Öffentlichkeit der Verkündigung bestimmt, durch die Öffentlichkeit der ›Lehre‹. Darum geht es im Kern auch bei der Einrichtung eines besonderen kirchlichen Amtes. Es hat sein Wesen in der öffentlichen Lehre und Predigt des Evangeliums sowie in der stiftungsgemäßen Feier der Sakramente.[11] Dadurch trägt es zur Erkennbarkeit der Kirche bei.

Denn erkennbar ist die Kirche als die »Versammlung aller Gläubigen, bei denen das Evangelium rein gepredigt und die heiligen Sakramente laut dem Evangelium gereicht werden.«[12] Das freilich ist eine Bestimmung des Kirchenbegriffs, die es gerade zur Aufgabe macht, die Sozialgestalt der Kirche und ihren Ort in der Öffentlichkeit zu konkretisieren.

Ausgerechnet die Reformation, die sich zu erheblichen Teilen gegen das Kartell zwischen Kirche und politischer Macht richtete, führte schon nach kurzer Zeit zu einem neuen Bündnis dieser Art. Die äußere Leitung der evangelischen Kirchen ging schon wenige Jahre nach dem Beginn der Kirchenerneuerung – unter ausdrücklicher Zustimmung der Reformatoren – in die Hände der Landesfürsten über. Jeder Landesherr erhielt in der Folgezeit nicht nur das reichsrechtlich verbriefte Recht zu bestimmen, welcher Konfession seine Untertanen angehören sollten – gemäß dem berühmten Prinzip *cuius regio eius religio*. Falls er sich dazu entschloß, seine Untertanen der lutherischen oder der calvinistischen Konfession zuzuführen, fiel ihm zugleich das äußere Regiment über die entsprechende Kirche zu. Er konnte den Titel eines obersten Bischofs der evangelischen Kirche in Anspruch nehmen; deshalb bezeichnete man dieses kirchenpolitische System als den ›landesherrlichen Summepiskopat‹.

Auf Dauer ließ sich die Idee, daß in einem Territorium nur

---

11 Augsburgisches Bekenntnis, Art. 14, ebd. S. 69f.; vgl. Art. 5, ebd. S. 63.
12 Augsburgisches Bekenntnis, Art. 7, ebd. S. 64.

jeweils eine christliche Konfession vertreten sein solle, nicht durchsetzen. Die konfessionellen Bürgerkriege des 17. Jahrhunderts, die für den deutschen Bereich den Namen des ›Dreißigjährigen Krieges‹ tragen, dokumentieren auf grausige Weise, wie verhängnisvoll sich die Kombination von Konfession und politischer Herrschaft auswirkte. Verschiedenartige Faktoren trugen in der Folgezeit dazu bei, daß die konfessionelle Geschlossenheit der deutschen Einzelstaaten sich auflockerte. Konfessionswechsel der Landesfürsten – wie in Brandenburg, wo Kurfürst Johann Sigismund im Jahr 1613 vom lutherischen zum calvinistischen Bekenntnis übertrat –, Wanderungsbewegungen unterschiedlicher Art – wie beispielsweise die Flucht der Hugenotten aus Frankreich –, Eroberungen – wie die Eingliederung des katholisch gebliebenen Schlesien in das preußische Königreich durch den Siebenjährigen Krieg – und ähnliche historische Vorgänge führten dazu, daß in ein und demselben Territorium unterschiedliche christliche Konfessionen nebeneinander traten. Das System der konfessionellen Parität entstand, das im Verlauf des 18. Jahrhunderts in Deutschland schrittweise allgemeine Anerkennung fand.

Dennoch blieb der landesherrliche Summepiskopat über die evangelischen Kirchen erhalten. Doch zu den Folgen der konfessionellen Verschiebungen gehörte es, daß nun katholische Könige – wie der sächsische oder der bayerische – bischöfliche Funktionen gegenüber den evangelischen Landeskirchen ihrer Territorien übernahmen. Das alles hatte Bestand, bis im November 1918 mit dem Ende des Ersten Weltkriegs auch die Monarchie in Deutschland ihr Ende fand. Damit war auch dem landesherrlichen Kirchenregiment der Boden entzogen; nun mußten die Kirchen für sich selbst sorgen. Diese Verantwortung konnten sie unter relativ günstigen Bedingungen übernehmen, da ihnen die Stellung als Körperschaften des öffentlichen Rechts erhalten blieb.

Für den deutschen Protestantismus hatte die lange Symbiose zwischen Kirche und Staat unter dem Dach des landesherrlichen Kirchenregiments eine Doppelwirkung. Zum einen hatte die Rolle der Landesherren als oberste Bischöfe der evangelischen Kirchen zur Folge, daß eine eigenständige Funktion der Kirchen gegenüber der Öffentlichkeit sich nur in sehr verhaltenen Formen ausbildete. Zum andern aber bewirkte diese staatlich-kirchliche Symbiose, daß auch noch nach ihrem Ende der komplexe Öffentlichkeitsbezug der Kirche zumeist nur in dem vereinfachenden Gegenüber von Kirche und Staat wahrgenommen wurde. Von der Gesellschaft als einer eigenständigen dritten Größe war in solchen Zusammenhängen kaum die Rede.

Das läßt sich eindrücklich an einem Grunddokument der kirchlichen Entwicklung des 20. Jahrhunderts zeigen, nämlich an der Barmer Theologischen Erklärung von 1934. Die Bedeutung dieser Erklärung erschöpft sich nicht darin, daß sie das Schlüsseldokument des Kirchenkampfs zu Beginn der NS-Herrschaft darstellt. Vielmehr bildet sie den wichtigsten Bekenntnistext, den der deutsche Protestantismus seit dem Jahrhundert der Reformation überhaupt hervorgebracht hat. Doch der Respekt, der diesem Dokument gebührt, schließt kritische Rückfragen nicht aus.

Eine solche Rückfrage verdienen auch die Aussagen der Barmer Theologischen Erklärung über die öffentliche Verantwortung der Christen und der Kirche. Diese Verantwortung wird nur im Blick auf die Probleme staatlicher Existenz und auf das Gegenüber der Kirche zum Staat erörtert. Daß Christen in ihren Berufen, in ihren Familien und auf viele andere Weisen am Leben der Gesellschaft teilnehmen, tritt überhaupt nicht in den Blick. Dieses Defizit ist um so auffälliger, als die Barmer Theologische Erklärung an anderer Stelle in eindrücklichen Worten sagt, daß Jesus Christus als »Gottes Zuspruch der Vergebung aller unserer Sünden« auch »Gottes kräftiger Anspruch

108

auf unser ganzes Leben« ist.[13] Diese Aussage müßte eigentlich mit zwingender Notwendigkeit zu der Frage führen, wie sich ein solcher Anspruch auf den Feldern der Wirtschaft, der Wissenschaft, der Medien oder in anderen Bereichen gesellschaftlicher Betätigung auswirkt. Doch davon ist nicht einmal in Andeutungen die Rede. Vielmehr wird dieser Anspruch nur in einer eigentümlichen Einschränkung interpretiert, nämlich bezogen auf die Probleme staatlicher Existenz und der damit gegebenen politischen Verantwortung. Diese Engführung hat lange nachgewirkt. Ihretwegen standen die ethischen Probleme des gesellschaftlichen Zusammenlebens, beispielsweise die Probleme der Wirtschaftsethik, im deutschen Protestantismus nach 1945 über lange Zeit im Schatten.

Doch zugleich hat die Barmer Theologische Erklärung von 1934 für den deutschen Protestantismus bereitgestellt, was ihm bis dahin fehlte, nämlich einen bündigen Begriff von der Kirche. Im dritten der insgesamt sechs Artikel heißt es: »Die christliche Kirche ist die Gemeinde von Brüdern, in der Jesus Christus in Wort und Sakrament durch den Heiligen Geist als der Herr gegenwärtig handelt. Sie hat mit ihrem Glauben wie mit ihrem Gehorsam, mit ihrer Botschaft wie mit ihrer Ordnung mitten in der Welt der Sünde als die Kirche der begnadigten Sünder zu bezeugen, daß sie allein sein Eigentum ist, allein von seinem Trost und von seiner Weisung in Erwartung seiner Erscheinung lebt und leben möchte.«[14]

Deutlich wird hier der innere Zusammenhang zwischen der geglaubten und der erfahrenen Wirklichkeit der Kirche hervorgehoben. So stark wird dieser Zusammenhang betont, daß sich das Mißverständnis nahelegen kann, als wäre die soziale oder rechtliche Wirklichkeit der Kirche mit ihrer geglaubten Wirk-

---

13 Barmer Theologische Erklärung, These 2, vgl. Burgsmüller, Alfred (Hrsg.), Die Barmer Theologische Erklärung. Einführung und Dokumentation, Neukirchen 1983, S. 35.
14 Barmer Theologische Erklärung, These 3, S. 36.

lichkeit identisch. Beide Aspekte sind zwar nicht zu trennen – wie dies in einer Tradition geschah, die ›sichtbare Kirche‹ und ›unsichtbare Kirche‹ unverbunden nebeneinanderstellte. Doch sie zu unterscheiden, bleibt nötig. Denn andernfalls würde die Botschaft der Kirche völlig von der Glaubwürdigkeit ihrer äußeren Gestalt und ihres geschichtlichen Handelns abhängig gemacht. Davor muß ein kritischer Blick auf die Geschichte der Kirche warnen. Aber vor allem steht dem die reformatorische Rechtfertigungslehre entgegen. Denn auch von der Kirche gilt, daß sie nicht identisch ist mit ihren Leistungen – und auch nicht mit ihren Fehlleistungen.

Mit dem reformatorischen Ansatz verbindet sich die Barmer Theologische Erklärung zum einen in der Exklusivität, mit der sie Jesus Christus als das »eine Wort Gottes« in den Mittelpunkt stellt und dadurch die Orientierung am Glauben allein, an der Gnade allein und an der Schrift allein in neuer Form zum Ausdruck bringt.[15] Sie verbindet sich mit dem reformatorischen Ansatz zum andern darin, daß sie die Öffentlichkeit der Kirche konsequent in ihrem Verkündigungsauftrag verankert. »Der Auftrag der Kirche, in welchem ihre Freiheit gründet, besteht darin, an Christi Statt und also im Dienst seines eigenen Wortes und Werkes durch Predigt und Sakrament die Botschaft von der freien Gnade Gottes auszurichten an alles Volk.«[16] Umfassender und knapper zugleich läßt sich kaum beschreiben, warum die Kirche ihrem Wort Öffentlichkeit zu geben versucht. Es geht darum, »die Botschaft von der freien Gnade Gottes auszurichten an alles Volk«.

Über die Zeit des Kirchenkampfs nach 1933 hinweg blieb evangelisches Kirchenverständnis weithin auf das Gegenüber von Kirche und Staat fixiert. Die Folgen zeigten sich besonders markant, als im Westen Deutschlands nach 1945 nicht nur die

15 Barmer Theologische Erklärung, These 1, S. 34.
16 Barmer Theologische Erklärung, These 6, S. 39.

Konsequenzen aus dem bereits 1918 eingetretenen Ende des landesherrlichen Summepiskopats zu ziehen, sondern zugleich die Erfahrungen der Nazi-Diktatur zu verarbeiten waren. Das Resultat der 1945 fälligen Neuorientierung zeigte sich vor allem in zwei Formeln von einprägsamer Kürze. Die eine sprach von der nach der Kirchenfeindlichkeit des Nazi-Regimes neu errungenen ›Partnerschaft zwischen Staat und Kirche‹. Massiver ließ sich die Einschränkung des Blickwinkels auf das Gegenüber von Staat und Kirche kaum artikulieren. Die andere Formel bestand in der nun erst neu geprägten und schnell durchgesetzten Rede vom ›Öffentlichkeitsauftrag‹ oder ›Öffentlichkeitsanspruch‹ der Kirche. Auch dieser Öffentlichkeitsauftrag beziehungsweise Öffentlichkeitsanspruch wurde nur im Gegenüber zum Staat, aber nicht im Verhältnis zur Gesellschaft erörtert. Darüber hinaus enthielten beide Formeln offenkundig zu viel Harmonie und zu wenig Distanz; eine selbstbewußte und eigenständige Rolle der Kirche im Verhältnis zu Gesellschaft und Staat konnte aus ihnen allein jedenfalls nicht abgeleitet werden.

Aber nicht nur harmonisierende Formeln stehen im Bann einer lediglich zweipoligen Verhältnisbestimmung von Kirche und Staat. Dasselbe gilt auch, wenn versucht wird, die öffentliche Stellung der Kirche mit der Formel einer ›Trennung von Kirche und Staat‹ zu beschreiben. Auch diese Formel sieht von der Zugehörigkeit der Kirche zur Gesellschaft ab; sie vernachlässigt darüber hinaus die öffentliche Verantwortung der Kirche. Deshalb gewinnt sie keinen Zugang dazu, daß die wechselseitige Unabhängigkeit zwischen Kirche und Staat sich durchaus mit der Möglichkeit, ja in bestimmten Bereichen mit der Notwendigkeit einer Kooperation zwischen beiden verbindet.

1.3 Kirche im Pluralismus

Die Jahre um 1989 haben dem europäischen Kontinent und Deutschland in seiner Mitte die größte geschichtliche Umwälzung seit dem Ende des Zweiten Weltkriegs gebracht. Es wäre eigentümlich, wenn sich das auf das Verhältnis von Kirche und Öffentlichkeit nicht in einer vergleichbar intensiven Weise auswirken würde wie der Einschnitt des Jahres 1945. Dabei ist noch keineswegs viel gewonnen, wenn zur Kennzeichnung der veränderten Lage – in Anspielung auf die Formel von der ›Kirche im Sozialismus‹ – einfach nur von der ›Kirche im Pluralismus‹ die Rede ist.[17] Vielmehr muß genauer gefragt werden, worin der Ort und die Aufgabe der Kirche in einer Situation verschärfter Pluralität zu sehen ist.

Die Kirchen haben es vor allem mit drei Erscheinungsformen des Pluralismus zu tun: dem Pluralismus der Überzeugungen, dem Pluralismus der Kirchen und dem innerkirchlichen Pluralismus.

Gesellschaftlicher Pluralismus zeigt sich nicht nur in der Vielfalt der Interessen, sondern ebenso in der Vielfalt religiöser Überzeugungen und kultureller Einstellungen. In der pluralistischen Gesellschaft können die Kirchen für die Beantwortung von Sinnfragen und die Vermittlung des Heils kein Monopol mehr beanspruchen. Auch Religion wird am Markt in vielfältigen Formen angeboten; die Gesellschaft wird multireligiös. Das bewirkt für die Kirchen eine Spannung besonderer Art. Denn ihre Botschaft ist nicht ›marktförmig‹. Sie trägt nicht den Charakter eines Angebots, sondern einer Zusage. Das Ziel ihrer Verkündigung kann nicht einfach darin bestehen, ›attraktiver‹ als andere oder gar ›kostengünstiger‹ zu sein. Denn die Verkün-

---

17 Vgl. Jüngel, Eberhard, Kirche im Sozialismus – Kirche im Pluralismus. Theologische Rückblicke und Ausblicke, Essen 1993. Aus anderer Perspektive behandelt das Thema Welker, Michael, Kirche im Pluralismus, Gütersloh 1995.

digung der Kirche enthält die Ansage menschlicher Sünde und Schuld; sie darf über die ›Kosten‹ der Nachfolge Jesu keinen Zweifel lassen. Die Gnade, die sie bezeugt, darf nicht zur ›billigen Gnade‹ verkommen.[18] Daß das Evangelium eine fremde Wahrheit ist, zeigt sich somit in einer Zeit, in der auch Religion ›auf dem Markt‹ angeboten wird, auf neue und besondere Weise.[19] Doch zugleich gilt auch: Die Kirchen können sich aus dieser Marktsituation nicht zurückziehen; es gibt keine Schutzburg, in der sie der Konkurrenz unterschiedlicher Sinnangebote und religiöser Orientierungen enthoben wären. Wenn sie das Evangelium weitergeben und Menschen für den Glauben gewinnen wollen, müssen sie auf die Menschen zugehen. Es geht darum, die Menschen aufzusuchen und einzuladen. In einer zugleich durch Säkularisierung und religiöse Pluralität gekennzeichneten Situation wird nur eine aufsuchende und einladende Kirche ihrem Auftrag gerecht. Die Vielgestaltigkeit der Sinnangebote bildet demnach den ersten Aspekt, unter dem die verschärfte Pluralität der Gegenwart für die Kirche von Bedeutung ist.

Die Kirchen – das ist ein zweiter Aspekt – existieren auch selbst im Plural. Ihre öffentliche Rolle ist auch in Deutschland wesentlich durch ihre Mehrzahl geprägt. Sie ist historisch dadurch bestimmt, daß zwei große Kirchen überall, wo sie zugleich präsent waren und anerkannt wurden, mit dem Anspruch auf Parität auftraten; sie ist zugleich dadurch gekennzeichnet, daß die kleineren Glaubensgemeinschaften christlicher wie nichtchristlicher Art, auch soweit ihnen die Rechte von Körperschaften des öffentlichen Rechts zuerkannt wurden, nur einen geringeren Anspruch auf öffentliche Wirksamkeit erheben konnten als die katholische und die evangelische Kirche. Aber nicht nur die Rolle nichtchristlicher Einstellun-

---

18 Vgl. Bonhoeffer, Dietrich, Nachfolge (Dietrich Bonhoeffer Werke 4), München 1989, S. 29ff.
19 Vgl. Zinser, Hartmut, Der Markt der Religionen, München 1997.

gen und Religionen, sondern auch die Bedeutung der kleineren christlichen Kirchen verstärkt sich. Die Pluralität der Kirchen ist ebenso wichtig wie die Pluralität der Religionen und Weltanschauungen.

Die christlichen Kirchen existieren im Plural; jede von ihnen ist zugleich – wenn auch in unterschiedlichem Ausmaß – durch eine innere Pluralität gekennzeichnet. Darin besteht der dritte für die Kirchen wichtige Aspekt der Pluralität. Die Wahrheit des christlichen Glaubens muß in jeder Generation neu verstanden und angeeignet werden; deshalb gehört die Auseinandersetzung um die Auslegung der biblischen Botschaft und um die Wahrheit des Glaubens zur Existenz jeder Kirche. Darüber hinaus werden ebenso wie in der Gesellschaft als Ganzer auch innerhalb der Kirchen unterschiedliche Positionen zu ethisch-politischen Orientierungsfragen vertreten. Im einen wie im andern Fall aber ist die innerkirchliche Pluralität auf eine gemeinsam verpflichtende, wenn auch immer nur vorläufig erkannte Wahrheit bezogen. Innerkirchliche Pluralität trägt deshalb einen relativen Charakter.

Doch eben dieser Wahrheitsbezug gibt der innerkirchlichen wie der zwischenkirchlichen Pluralität eine unverkennbar positive Bedeutung. Denn in dieser Pluralität zeigt sich die Begrenztheit menschlicher Wahrheitserkenntnis auf besondere Weise. Keine und keiner kann für sich in Anspruch nehmen, daß das eigene Verständnis des christlichen Glaubens und die eigene Gestalt christlichen Lebens die Fülle der christlichen Wahrheit vollständig und unverkürzt zum Ausdruck bringt. Es dient dieser Wahrheit, wenn sie in einer Mehrzahl von Stimmen bezeugt wird. Pluralität hat also gerade in der Kirche einen guten Sinn. Aber sie ist kein Selbstzweck; und sie gilt nicht unbegrenzt. Innerkirchliche Pluralität muß ebenso wie der Umgang der Kirche mit zwischenkirchlicher und mit gesellschaftlicher Pluralität in erkennbarer Weise auf den Grund und den Auftrag der Kirche bezogen sein.

1.4 Der Grund der Kirche

Was die Kirche zur Kirche macht, läßt sich nicht durch Ortsbestimmungen bezeichnen – mögen diese ›Kirche im Sozialismus‹ oder ›Kirche im Pluralismus‹ heißen. Es läßt sich nur durch die Vergegenwärtigung ihres Grundes aussagen. Diese Vergegenwärtigung geschieht vor allem in der gottesdienstlichen Versammlung der Glaubenden, in der das Evangelium verkündigt und die Sakramente, also Taufe und Abendmahl, gefeiert werden. Die Wirklichkeit des menschlichen Lebens erfährt in der Verkündigung des Evangeliums und in der Feier der Sakramente eine Deutung, die von der Selbsterschließung Gottes in Jesus Christus bestimmt ist. Damit verbinden sich für das Verständnis der menschlichen Existenz vor allem drei wichtige Klärungen.

– Der Mensch lebt inmitten der von Gott geschaffenen Welt und hat Teil an der Güte der Schöpfung. Gegen die menschliche Selbstsucht und Schuld hält Gott an der Treue zu seiner Schöpfung fest; deshalb bleibt der Mensch zur Freiheit bestimmt. Bevor der Mensch die Freiheit wahrnehmen kann, von sich aus etwas anzufangen, ist er durch die Wahrheit des Glaubens dazu befreit, von Gott her mit sich selbst etwas anzufangen. Gott die Ehre zu geben, ist deshalb die erste Aufgabe menschlichen Lebens. Die Würde anzunehmen und anzuerkennen, die Gott schenkt, ist die zweite Aufgabe. Diese Würde wird nicht durch menschliche Leistungen erworben und auch nicht durch menschliche Fehlleistungen verspielt. Gerade darin erweist sie sich als unverletzlich und unveräußerlich. In den Grenzerfahrungen wie in der Mitte seines Lebens, in seinen Stärken wie in seinen Schwächen, auch angesichts von Schuld und Tod ist es Gottes Gnade, die den Menschen trägt und hält. Diese Gnade erfahrbar zu machen, sie in Verkündigung und Seelsorge weiterzugeben, ist die grundlegende Aufgabe der Kirche.

– Wer im Glauben seiner Würde inne wird und Freiheit erfährt, wird zugleich an den Nächsten gewiesen. Die Liebe zu
Gott und die Liebe zum Nächsten gehören deshalb zusammen. Menschlich und menschenwürdig ist ein Leben, das
durch Beziehungen wechselseitiger Anerkennung unter
Gleichen gekennzeichnet ist. In der Perspektive des christlichen Glaubens liegt deshalb eine Praxis, die auf Gerechtigkeit, also auf Verhältnisse gleicher Freiheit und wechselseitiger Anerkennung gerichtet ist. Für eine solche Praxis liegen
die härtesten Herausforderungen in allen Erfahrungen er-
zwungener Ungleichheit, also verweigerter Anerkennung.
Deshalb nimmt der Glaube die gesellschaftliche Wirklichkeit mit dem Blick von unten wahr, also aus jener Perspektive, die als ›vorrangige Option für die Armen‹ umschrieben
wird.
– Die vorrangige Option für die Schwachen und Gedemütig-
ten ist nicht auf die Mitmenschen beschränkt, sondern
bezieht die nichtmenschliche Natur mit ein. Sie bewußt
wahrzunehmen, wird umso dringlicher, je weiter sich die
menschlichen Verfügungsansprüche und Herrschaftsmittel
erstrecken. Die Selbstbegrenzung menschlicher Verfügungsansprüche und der verantwortliche Gebrauch menschlicher
Herrschaftsmittel werden damit zu entscheidenden Dimensionen des Bekenntnisses zu Gott als dem schöpferischen
und in seiner Schöpfung gegenwärtigen Geist. Barmherzigkeit gegenüber den Leidenden und stellvertretendes Handeln für künftige Generationen wie für die nichtmenschliche
Natur sind wichtige Dimensionen christlicher Existenz.
Die Deutung der Wirklichkeit und des menschlichen Lebens
im Licht der Gottesbeziehung, Nächstenliebe und eine Praxis
der Gerechtigkeit, die Hinwendung zu den Schwachen und
Barmherzigkeit sind grundlegende Dimensionen für die Existenz einer christlichen Kirche wie für verantwortliches Christ-
sein. Aus ihnen ergibt sich die Grundtendenz der kirchlichen

Beiträge zum Zeitgespräch, ihrer Interventionen in öffentliche Urteilsbildung, ihrer praktischen Parteinahmen in gesellschaftlichen Konflikten wie ihrer Einwirkungen auf politisches Handeln. So kontrovers die Beurteilung von Einzelfragen sein mag, so zeigt sich in dieser Grundtendenz eine Linie, die sich auch, ja, gerade unter den Bedingungen des Pluralismus nicht verflüchtigen und in Beliebigkeit auflösen darf. Die Kirchen kommen nicht umhin, öffentlich geltend zu machen, daß menschliche Lebensformen verarmen, wenn sie diesen drei Aspekten nicht in ihrer Zusammengehörigkeit Raum geben: der Deutung der Wirklichkeit im Licht der Gottesbeziehung, der wechselseitigen Anerkennung, der gelebten Solidarität.

Öffentliche Theologie

Weil die Bedeutung dieser grundlegenden Aspekte menschlichen Lebens in alle Felder der Öffentlichkeit hinein geltend gemacht werden muß, sind die Kirchen auf die Unterstützung durch eine Form theologischen Nachdenkens angewiesen, die sich als ›öffentliche Theologie‹ bezeichnen läßt.[20] ›Öffentliche Theologie‹ meint die kritische Reflexion über das Wirken und die Wirkungen des Christentums in die gesellschaftliche Öffentlichkeit hinein sowie die dialogische Teilnahme am Nachdenken über die Identität und die Krisen, die Ziele und die Aufgaben der Gesellschaft. Aus den drei Grundzügen christlicher Verkündigung, die gerade skizziert wurden, ergeben sich auch drei Grundrichtungen, in denen öffentliche Theologie zur Orientierung des christlichen Lebens und des kirchlichen Handelns beiträgt.

20 Vgl. Huber, Wolfgang, Vorwort, in: Birch, Bruce C./Rasmussen, Larry L., Bibel und Ethik im christlichen Leben, Gütersloh 1993, S. 9ff.; Vögele, Zivilreligion in der Bundesrepublik Deutschland, S. 418ff.

Die erste Grundrichtung liegt in der Deutung der Wirklichkeit im Licht der Gottesbeziehung. Der tschechische Präsident Václav Havel meint etwas durchaus Vergleichbares, wenn er von dem Versuch spricht, in der Wahrheit zu leben.[21] Nicht nur die Glieder der Kirche, sondern alle Menschen sind darauf angewiesen, in der Wahrheit zu leben. Eine Kirche, die das ernst nimmt, widerspricht der Tendenz zur kommunikativen Enthaltsamkeit über Wahrheitsfragen. Gemeint ist damit das Bestreben, den gesellschaftlichen Dialog von allen Wahrheitsansprüchen zu entlasten. Diese Enthaltsamkeit gehört zu den besonderen Gefährdungen einer an Leistung und Konsum, an Erlebnis und Effizienz orientierten Gesellschaft. Die verbreitete Sprachlosigkeit gegenüber den Fragen nach Anfang und Ende des Lebens, nach Schuld und Neubeginn ist ein deutliches Beispiel für die negativen Folgen einer solchen Enthaltsamkeit. Sie kann nur durch eine Form gesellschaftlicher Kommunikation überwunden werden, in der Menschen sich wechselseitig Wahrheitsfähigkeit unterstellen, gemeinsam nach der Wahrheit suchen, unterschiedliche Wahrheitsansprüche austragen und sich dabei gegenseitig in ihrer Würde achten.

Dafür, daß Menschen in diesem Sinn in der Wahrheit zu leben versuchen, ist es wichtig, daß der Staat als Rechtsstaat die Freiheit der Wahrheitssuche – also die Freiheit des Gewissens, des Glaubens und der Religion ebenso wie die freie Meinungsäußerung und die Wissenschaftsfreiheit – schützt und darauf verzichtet, bestimmte Formen der Wahrheiterkenntnis staatlich zu privilegieren und andere mit den Mitteln staatlicher Gewalt auszuschließen. Aus dieser Perspektive hat gerade die Kirche gute Gründe, die freiheitsverbürgenden Institutionen des demokratischen Rechtsstaats zu stärken und für deren Weiterentwicklung einzutreten. Auch Enttäuschungen über den Stillstand der Politik und ihre mangelnde Fähigkeit zur Reform

21   Havel, Václav, Versuch, in der Wahrheit zu leben, Reinbek 1989.

dürfen nicht zum Anlaß genommen werden, diesen spezifischen Wert des Rechtsstaats zu verdunkeln. Denn niemand kann staatliche Zustände wünschen, die geradezu darauf gerichtet sind, ein Leben in der Wahrheit zu vereiteln.

Die zweite Grundrichtung öffentlicher Theologie bezieht sich auf das Thema wechselseitiger Anerkennung. Sie erfordert Prozesse der Verständigung darüber, worin die gemeinsamen Interessen der Glieder einer Gesellschaft bestehen und wie sie gefördert werden können. Vor allem aber muß deutlich werden, daß die Gleichheit der Menschen weder an den Grenzen einzelner Nationalstaaten noch an denjenigen der Europäischen Union endet. In den Menschenrechten und in dem Bemühen um ihre weltweite Geltung kristallisiert sich der Versuch, die wechselseitige Anerkennung der Menschen als Gleicher zum Grundprinzip gesellschaftlicher und politischer Ordnungen zu machen. An derartigen Überlegungen können und müssen die Kirchen sich beteiligen.

Es gehört zu den häufig vernachlässigten Aufgaben kirchlicher Urteilsbildung, die Leistung einzelner für die Gesellschaft anzuerkennen. Das biblische Menschenbild würdigt jedoch die Begabungen der Menschen und ermutigt dazu, von ihnen im Dienst des gemeinsamen Besten Gebrauch zu machen. Es steht dazu nicht im Widerspruch, wenn die Humanität gesellschaftlicher Verhältnisse an der Situation der jeweils Schwächeren gemessen wird. Auch, ja, gerade in diesem Sinn bildet die Frage nach der Gerechtigkeit eine für das öffentliche Handeln der Kirchen verpflichtende Grundrichtung. Sie nötigt unter anderem zu einer klaren Urteilsbildung über einen Bereich, der in der katholischen Soziallehre früher und intensiver angesprochen wurde als in der evangelischen Sozialethik, nämlich über den Bereich wirtschaftlicher Verantwortung.

Der Zusammenbruch der Zentralverwaltungswirtschaften in Mittel- und Osteuropa hat gezeigt, daß das marktwirtschaftliche Modell das überlegene Wirtschaftssystem darstellt.

Doch mit dem Sieg dieses Wirtschaftssystems steigt auch die Zahl seiner Opfer. Massenhafte Arbeitslosigkeit führt zur Ausgrenzung einer großen Zahl von Menschen aus den Möglichkeiten gesellschaftlicher Mitwirkung. Eine beträchtliche Zahl junger Menschen verliert bereits während der Phase zwischen Schule und Beruf jede Zukunftsperspektive. Nicht nur die sich daraus ergebenden Folgen – wie etwa die Anfälligkeit für rechtsextreme Ideologien oder die Neigung zur Gewalt – müssen die Suche nach einer gerechteren Organisation und Verteilung gesellschaftlicher Arbeit auslösen. An dem Nachdenken über die Bedingungen und Formen einer Wirtschaftsordnung, die das marktwirtschaftliche System sozial- und umweltverträglich macht, müssen Christen und die Kirchen sich beteiligen.

Die bewußte Wahrnehmung menschlichen Lebens als einen Teil der Schöpfung bildet die dritte Grundrichtung für das Einwirken der Kirche auf die Öffentlichkeit. Vielleicht besteht in dieser Richtung der wichtigste Beitrag der Kirchen zur Umorientierung der neuzeitlichen Zivilisation. So stark christliches Denken in die Säkularisierung des neuzeitlichen Naturverständnisses verflochten war, so intensiv muß es heute dazu beitragen, die eigene Würde der Natur neu zu entdecken und den Lebensrechten künftiger Generationen ebenso viel Gewicht zuzuerkennen wie den Ansprüchen der heute Lebenden. Menschliche Freiheit wurde unter den Bedingungen der Neuzeit als Ermächtigung zur Ausdehnung menschlicher Herrschaft verstanden. Diese Herrschaft zieht jedoch, wenn ihr keine Grenzen gesetzt werden, destruktive Folgen nach sich. Das neuzeitliche Projekt der Freiheit läßt sich deshalb nur dann fortsetzen, wenn die Menschen die Fähigkeit zur Selbstbegrenzung aus Freiheit entwickeln. Die Kirchen tragen dazu auf Grund ihres besonderen Freiheitsverständnisses bei, dem gemäß die Freiheit jeder menschlichen Person auf die Freiheit anderer Personen, auf die Würde der Natur und auf die Ehre des Schöpfers bezogen ist. Und sie verbinden das mit einer Empathie, die nicht nur auf menschliches Leiden, sondern auch auf das »Seufzen der Kreatur«[22] gerichtet ist.

Wie die geschilderten drei Grundrichtungen für öffentliche Interventionen der Kirche exemplarisch verdeutlichen, ist die Schlüsselfrage für das Verhältnis von Kirche und Öffentlichkeit nicht struktureller, sondern inhaltlicher Art. Entscheidend kommt es auf die inhaltlichen Kriterien für das an, was die Kirche in die Öffentlichkeit der Gesellschaft einbringt. Strukturelle Fragen werden dadurch nicht gleichgültig. Aber auch strukturelle Regelungen sind vor allem anderen daran zu messen, ob sie inhaltlich gehaltvolle und überzeugende Beiträge der Kirchen zur öffentlichen Orientierung fördern oder hemmen.

1.5 Der öffentliche Status der Kirchen

Der öffentliche Status der Kirchen läßt sich aus einer Außen- und einer Innenperspektive wahrnehmen. In der Außenperspektive erscheinen die Kirchen in Deutschland als gesellschaftliche Institutionen, die sich im Westteil des Landes über lange Zeit einer besonderen Förderung durch den Staat erfreuten. Eine solche Förderung muß zunächst unter dem Gesichtspunkt geprüft werden, ob sie dem freiheitlichen Charakter des Staates entspricht, insbesondere ob sie mit der Religionsfreiheit vereinbar ist. Vermutlich würde eine Neuregelung der Beziehungen zwischen Staat und Kirche, die sozusagen auf dem Reißbrett vom Gedanken der Religionsfreiheit aus entworfen würde, in manchen Hinsichten heute anders aussehen als die geschichtlich gewachsenen Gegebenheiten in der Bundesrepublik Deutschland. Anders gesagt: Das deutsche staatskirchenrechtliche System bildet keineswegs die einzige mit der Reli-

---

22 Römer 8, 22.

gionsfreiheit vereinbare Gestalt der Beziehungen zwischen Staat und Kirche, die sich denken läßt. Aber auf dem Hintergrund der deutschen Geschichte bildet dieses System eine überzeugende Form der institutionellen Verwirklichung religiöser Freiheit. In ihm zeigt sich eine der möglichen Formen dafür, wie die freie Ausübung der Religion auf der Grundlage der jeweiligen Eigenständigkeit von Kirche und Staat gestaltet werden kann. Angesichts der gewandelten Situation muß es im Blick auf die Stellung nichtchristlicher Religionen weiter entwickelt und ergänzt werden.

Doch die Förderung der Kirchen durch den Staat ist nicht nur aus der Außenperspektive der staatlichen Verfassungsordnung zu prüfen, sondern zugleich aus der Innenperspektive des kirchlichen Auftrags. Es muß also geklärt werden, ob diese Förderung dem der Kirche eigenen Auftrag gemäß ist – also der in der Gottesbeziehung gegebenen Wahrheitsorientierung, der Verpflichtung auf die gleiche Freiheit aller Menschen, der Parteinahme für die Schwachen und dem Eintreten für die Bewahrung der Natur. Das Interesse der Kirche wird es sein, diejenigen – und nur diejenigen – Handlungsmöglichkeiten zu erhalten, auszubauen und zu stärken, die zugleich mit der Religionsfreiheit und mit der christlichen Freiheit vereinbar sind. Sie wird von sich aus mit der Umgestaltung von Handlungsmöglichkeiten einverstanden sein, die sich nicht aus Gegenwartserfordernissen, sondern nur historisch erklären lassen und in diesem Sinn als ›Privilegien‹ zu bezeichnen sind.

An vier Beispielen wurde in der jüngsten Vergangenheit die Frage besonders heftig diskutiert, ob die Kirchen von überlieferten Privilegien Abschied nehmen oder ihre öffentliche Sonderstellung mit neuem Inhalt füllen sollen. Diese vier Beispiele sind der Religionsunterricht an öffentlichen Schulen, die staatliche Förderung kirchlicher Diakonie und Caritas, der staatliche Kirchensteuereinzug und schließlich die staatliche Organisation und Finanzierung der Militärseelsorge.

Das erste Konfliktthema ist der Religionsunterricht.[23] Für den Beitrag der Kirche zur kulturellen Kommunikation ist es erforderlich und angebracht, daß die Interpretation des christlichen Glaubens als einer gelebten – nicht nur als einer historisch tradierten – Lebensform an den Orten präsent ist, an denen Kultur gelehrt und weitergeben wird. Daraus legitimiert sich der schulische Religionsunterricht ebenso wie die Stellung der theologischen Fakultäten an staatlichen Universitäten oder die Ausstrahlung kirchlicher Sendungen durch die öffentlich-rechtlichen Rundfunkanstalten. Mit der Religionsfreiheit vereinbar ist diese Präsenz insbesondere dann, wenn Schule, Universitäten und Medien auch für andere Glaubens- und Weltanschauungsgemeinschaften offen sind, die von ihrer Zahl, ihrer Dauerhaftigkeit und ihrer Prägekraft her für die kulturelle Kommunikation in der Gesellschaft wichtig sind. Nicht der Abbau des Religionsunterrichts, sondern die Öffnung der Schule für andere Glaubensrichtungen ist die angemessene Antwort auf die veränderte religiöse Zusammensetzung der Bevölkerung. Auch wenn die Kirchen sich zu einer verstärkten ökumenischen Zusammenarbeit im Religionsunterricht und zur Zusammenarbeit mit anderen Fächern im Bereich der religiösen und ethischen Bildung an der Schule entscheiden, können sie ihre inhaltliche Verantwortung für den Religionsunterricht nicht abgeben. Denn ein in seinen Inhalten vom Staat gesteuerter Religionsunterricht – welcher Art und welches Namens auch immer – ist mit der Religionsfreiheit nicht vereinbar.

Als zweites Beispiel werden kirchliche Diakonie und Caritas genannt.[24] Durch kaum etwas tragen die Kirchen stärker zum Aufbau der Zivilgesellschaft bei als durch ihre diakonische Präsenz. Es verstößt nicht gegen die Religionsfreiheit, wenn diese Präsenz im Rahmen des Subsidiaritätsprinzips durch staatliche

23 Vgl. Kap. VI.3.1.
24 Vgl. Kap. VI.3.3.

Unterstützung und durch Kostenerstattungen aus dem öffentlichen Versicherungswesen gefördert wird. Aber die Kirchen gefährden selbst ihre Freiheit in diesem Sektor der Gesellschaft, wenn sie die Fähigkeit verlieren, über die Prioriäten diakonischen Handelns selbst zu entscheiden und ihrer diakonischen Präsenz in der Gesellschaft ein klares, vom Evangelium her bestimmtes Profil zu geben. Die Ausdehnung diakonischen Handelns in all jene Bereiche, für die eine öffentliche Finanzierung angeboten wird, hat sich unter diesem Gesichtspunkt als problematisch erwiesen. Soweit das diakonische Handeln der Kirchen einfach zu einem austauschbaren Teil des Sozial- und Wohlfahrtsstaats geworden ist, sind dafür kirchliche Entscheidungen ausschlaggebend, die keineswegs als zwangsläufig und irreversibel bezeichnet werden können.

Besonders umstritten ist in der Öffentlichkeit immer wieder die Kirchensteuer. In der Tat gibt es derzeit nur in den skandinavischen Ländern und in einem Teil der Schweiz Parallelen zum deutschen Kirchensteuersystem. Es ist historisch, was oft vergessen wird, als ein Schritt der Entflechtung von Staat und Kirche entstanden. Als die Kirchensteuer in der zweiten Hälfte des 19. Jahrhunderts in Deutschland allgemein eingeführt wurde, löste sie einen Teil der unmittelbaren Staatsleistungen für die Kirchen ab; seitdem bildet sie den wichtigsten kircheneigenen Bestandteil des kirchlichen Finanzsystems. Die staatliche Verwaltungshilfe beim Einzug der Kirchensteuer ändert daran nichts. Die Kirchen haben selbst allen Anlaß zu deutlichem Widerspruch, wenn die Kirchensteuer als Ausdruck einer besonderen Abhängigkeit der Kirche vom Staat ausgegeben wird. Heute müssen die Kirchen sich auf ein kirchliches Finanzierungssystem einstellen, in dem der Kirchensteuer eine geringere Bedeutung zukommt, als dies gegenwärtig noch der Fall ist. Dazu nötigt allein schon die Gewichtsverlagerung von den direkten zu den indirekten Steuern im staatlichen Steuerrecht; denn sie bewirkt einen

Rückgang der Kirchensteuer, die als Annexsteuer mit den direkten Steuern verbunden ist. Aber weder Gründe der inneren Freiheit der Kirche noch Gründe der Religionsfreiheit nötigen dazu, sich von der Kirchensteuer zu verabschieden. Sollten vergleichbare Institutionen vom Staat eine Verwaltungshilfe zum Einzug ihrer Mitgliedsbeiträge erbitten, so sollte dieser Wunsch seitens der Kirchen Unterstützung finden.

Die Kultursteuer nach italienischem Vorbild, die allen Steuerpflichtigen von Staats wegen auferlegt und mit der Möglichkeit der Wahl zwischen unterschiedlichen Zwecken verbunden ist, kann nicht als überzeugende Lösung gelten. Von staatlicher Seite aus betrachtet würde damit eine zusätzliche Steuerart eingeführt, die den Charakter einer Zwecksteuer trägt und – im Unterschied zur Kirchensteuer – als staatliche Subventionierung der Kirchen zu betrachten wäre. Darin läge eine Wendung zu einer Verbindung zwischen Staat und Kirche, die mit dem Grundsatz wechselseitiger Unabhängigkeit gerade unvereinbar ist. Grundsätzliche Einwände sind aber ebenso aus der Perspektive der Kirchen zu erheben; denn auf diesem Wege würde die Beitragspflicht für die Kirchen von der Kirchenmitgliedschaft abgekoppelt. Schließlich bleibt zu bedenken, daß eine zusätzliche staatliche Steuer auch von ihrer Höhe her nicht die Erwartungen zu erfüllen vermag, die manche Befürworter mit ihr verbinden. Die italienische Kultursteuer, die in solchen Fällen als Vorbild herangezogen wird, beträgt nur acht Promille der Lohn- beziehungsweise Einkommensteuer.

Immer wieder neu umstritten ist die enge Verbindung zwischen Staat und Kirche im Bereich der Militärseelsorge. Nicht nur in Deutschland wird sie staatlich finanziert und organisiert. Länder wie die USA, in denen Staat und Kirche grundsätzlich getrennt sind, kennen sogar Systeme der Militärseelsorge, in denen die Verquickung von Seelsorge und Militär und damit von Staat und Kirche weiter reicht als in Deutschland. Doch dieser Vergleich sollte für mögliche Schwächen des deutschen

Systems nicht blind machen. Dieses System erklärt sich aus der Vorstellung vom Militär als einem besonderen Gewaltverhältnis; es verbindet sich mit dem Gedanken, daß in den bewaffneten Streitkräften besondere Geheimhaltungsvorschriften herrschen, deretwegen nur Staatsbeamte einen Zugang zu militärischen Einrichtungen haben dürfen; und es trägt die Spuren seiner Entstehung in vordemokratischer Zeit an sich. Dadurch bricht immer wieder die Frage auf, ob die Botschaft der Kirche – insbesondere auch ihr Friedenszeugnis – unter solchen strukturellen Voraussetzungen in der Deutlichkeit und Eindeutigkeit wahrgenommen werden kann, in der dies nötig ist. Die Zweifel richten sich auch darauf, ob die Seelsorge an den Soldaten genauso in die kirchliche Gesamtverantwortung eingefügt ist wie die Seelsorge an allen anderen Mitgliedern der Kirche. Solche Bedenken haben dazu geführt, daß für den Bereich der neuen Bundesländer statt der ›Militärseelsorge‹ nach dem Muster des Militärseelsorgevertrags von 1957 eine Seelsorge an Soldaten eingerichtet wurde, die nicht nur im inhaltlichen Auftrag, sondern auch im Dienstverhältnis der Soldatenseelsorger die kirchliche Einbindung dieses Arbeitsfeldes deutlich machen soll. Ob daraus ein Modell entsteht, das auch auf die alten Bundesländer übertragen werden kann, muß sich erst noch erweisen. Aber auch Erwägungen, die sich an der konfessionellen Parität ausrichten, sollten die evangelische Kirche nicht davon abhalten, die Seelsorge an Soldaten konsequent als einen Teil des kirchlichen Auftrags zu Verkündigung, Seelsorge und Bildungsarbeit zu verstehen und die Strukturen dafür weiterzuentwickeln.

Müssen die großen Kirchen Körperschaften des öffentlichen Rechts bleiben und damit das Recht zur Erhebung von Steuern und zur Verleihung des Beamtenstatus behalten? Für ihr Überleben ist das nicht notwendig; und das Argument des Überlebens sollte auch gar nicht als Rechtfertigungsgrund für rechtliche Regelungen herangezogen werden, die nicht in der Sache begründbar sind und deshalb den Charakter von ›Privilegien‹ tragen. Doch die Stellung als Körperschaften des öffentlichen Rechts ist dem öffentlichen Auftrag der Kirchen durchaus angemessen; es besteht kein Grund dazu, diese Stellung aufzugeben. Aber auch wenn die Kirchen über die Rechte einer Körperschaft des öffentlichen Rechts verfügen, sind sie, von außen betrachtet, intermediäre Institutionen, wie es auch andere gibt. Ihr besonderer Charakter entscheidet sich nicht an ihrer Rechtsstellung; er zeigt sich vielmehr dadurch, daß sie Grund und Mitte ihrer Existenz klar erkennen lassen. Ihr Auftrag verpflichtet sie dazu, nicht nur gegenüber dem Staat, sondern auch gegenüber gesellschaftlichen Mächten unterschiedlicher Art in selbstbewußter Eigenständigkeit darauf zu drängen, daß für die Frage nach der Wahrheit und ein Leben aus der Beziehung zu Gott Raum bleibt, daß Menschen sich wechselseitig als Gleiche anerkennen, daß soziale Gerechtigkeit im Interesse der Schwächeren gefördert wird, daß Barmherzigkeit geübt wird und daß Menschen sich um die Bewahrung der natürlichen Lebensgrundlagen bemühen.

2. Grundvollzüge christlichen Gemeinschaftshandelns

In einem ersten Schritt haben wir die Geschichte und das gegenwärtige Erscheinungsbild der Kirche unter der Perspektive ihrer öffentlichen Wirksamkeit betrachtet. Die unverkennbare Kompetenz der Kirche – so ist dabei deutlich geworden – zeigt sich nicht an ihren Strukturen oder Handlungsformen als solchen. Sie zeigt sich allein an der inhaltlichen Bestimmtheit dessen, was die Kirche verkündigt, bezeugt und öffentlich vertritt.

Dieser Zusammenhang ist nun im Blick auf die Handlungs-vollzüge zu betrachten, die der Kirche in besonderer Weise zu eigen sind. Diese Handlungsvollzüge sind gottesdienstlich ge-prägt; Verkündigung und Bekenntnis, Feier der Sakramente, Gebet und Segen sind für sie in besonderer Weise charakteri-stisch. Wenn wir darauf aus sind, die besondere Kompetenz der Kirche zu ermitteln und ihren Beitrag zur geistigen Orien-tierung von hier aus zu erschließen, müssen wir uns diesen charakteristischen kirchlichen Handlungsvollzügen zuwen-den.

2.1 Formen menschlichen Handelns

Doch inwiefern stellen Verkündigung und Bekenntnis, Feier der Sakramente, Gebet und Segen Formen des Handelns dar? Um diese Frage zu beantworten, ist es nötig, sich an klassische Unterscheidungen zwischen den Grundformen menschlichen Handelns zu erinnern.

Eine derartige Unterscheidung geht auf Aristoteles zurück. Er differenziert zwischen *Poiesis,* dem technischen, herstellen-den Gebrauch der menschlichen Vernunft, und *Praxis*, ihrem sittlichen, gemeinschaftsorientierten Gebrauch. Die Herstel-lung eines Werkstücks ist *Poiesis*, die Mitwirkung am Leben der *Polis* dagegen ist *Praxis*. Auf der Grundlage dieser Unterschei-dung kann Aristoteles formulieren: »Das menschliche Leben ist *Praxis*, nicht *Poiesis*.«[25]

Hannah Arendt hat die aktuelle Bedeutung dieser aristo-telischen Unterscheidung herausgearbeitet. In der Differen-zierung zwischen Herstellen und Handeln lassen sich auch spezifisch neuzeitliche Erfahrungen zusammenfassen: »Das Herstellen produziert eine künstliche Welt von Dingen, die

25 Aristoteles, Eudemische Ethik, 1333 a 31.

sich den Naturdingen nicht einfach zugesellen, sondern sich von ihnen dadurch unterscheiden, daß sie der Natur bis zu einem gewissen Grade widerstehen und von den lebendigen Prozessen nicht einfach zerrieben werden. [...] Das Handeln ist die einzige Tätigkeit der Vita activa, die sich ohne die Vermittlung von Materie, Material und Dingen direkt zwischen Menschen abspielt. Das Handeln bedarf einer Pluralität, in der zwar alle dasselbe sind, nämlich Menschen, aber dies auf die merkwürdige Art und Weise, daß keiner dieser Menschen je einem anderen gleicht, der einmal gelebt hat oder lebt oder leben wird.«[26]

Handeln in diesem emphatischen Sinn ist entweder reflexiv auf den einzelnen als Subjekt bezogen oder vollzieht sich zwischen zwei oder mehreren Subjekten. Es schlägt in ein Herstellen um, wenn der Handlungspartner nicht mehr als Subjekt, sondern verdinglicht nur noch als Objekt – oder, mit Kant gesprochen: nicht mehr als Zweck in sich selbst, sondern nur noch als Mittel – wahrgenommen wird. Sittliches Handeln zwischen Menschen liegt deshalb dann vor, wenn es dem Kategorischen Imperativ entspricht: »Handle so, daß du die Menschheit sowohl in deiner Person als in der Person eines jeden andern jederzeit zugleich als Zweck, niemals bloß als Mittel brauchest.«[27]

Doch das so vom Herstellen unterschiedene Handeln muß in sich selbst noch genauer verstanden werden. Diese genauere Differenzierung ist am Beispiel des christlichen Handelns gewonnen worden. Es war Friedrich Schleiermacher, der zwischen zwei Formen des Handelns unterschied: dem Darstellen und dem Bewirken, der Ausdruckshandlung und der Wirkhandlung. Das darstellende Handeln versteht er dabei als »das

---

26 Arendt, Hannah, Vita activa oder Vom tätigen Leben, [7]München 1992, S. 14f.

27 Kant, Immanuel, Grundlegung zur Metaphysik der Sitten, Werke, hrsg. v. Weischedel, W., Bd. VI, Darmstadt 1983, S. 61.

in die Erscheinung treten der Gemeinschaft selbst, also auch dasjenige, wodurch die Gemeinschaft erst ein Object des Bewußtseins werden kann.«[28] Während also im darstellenden Handeln das Selbst- und Weltverhältnis einer Gemeinschaft zum Ausdruck kommt, wird im bewirkenden Handeln durch effektive Mittelwahl verändernd in die natürliche und soziale Welt eingegriffen. Bewirkendes Handeln beruht in diesem Sinn wesentlich auf einer strategischen Verknüpfung von Zweck und Mittel. Diese Verknüpfung hat ihren Ort nicht nur im Bereich des technischen Herstellens, sondern auch in dem des sozialen Handelns.

Ausdruckshandeln und Wirkhandeln im Schleiermacherschen Sinn stehen nun nicht unverbunden nebeneinander; sie sind einander aber auch nicht gleichberechtigt zugeordnet. »Zum einen stehen sie – wie Glaube und Werk – in einem unumkehrbaren Verhältnis von Grund und Folge. Zum anderen bleibt auch intentionales Darstellen als soziales Faktum nicht ohne indirekte Wirkungen; und umgekehrt eignet jedem intentional wirksamen Handeln indirekt ein Moment der Darstellung und Symbolisierung einer Weltperspektive.«[29]

Gewiß sind Schleiermachers Überlegungen vom Geist des frühen 19. Jahrhunderts geprägt. Das Ganze und das einzelne werden als organisch miteinander verbunden gedacht; deshalb geht Schleiermacher davon aus, daß in der einzelnen Ausdruckshandlung der Geist des Ganzen erkennbar wird. An diese Denkweise läßt sich im Übergang zum 21. Jahrhundert nicht mehr unmittelbar anknüpfen. Die Pluralität von Vergemeinschaftungsformen und die Orientierung der einzel-

28 Schleiermacher, Friedrich, D. E., Die christliche Sitte nach den Grundsätzen der evangelischen Kirche im Zusammenhange dargestellt, hrsg. von Jonas, L., ²Berlin 1884, S. 513.
29 Reuter, Hans-Richard, Der Begriff der Kirche in theologischer Sicht, in: Rau, G., Reuter, H.-R., Schlaich, K. (Hrsg.), Das Recht der Kirche, I, Gütersloh 1997, S. 23–85 (59).

nen an Selbstentfaltungswerten macht es unmöglich, in der einzelnen Ausdruckshandlung jeweils den – einheitlich gedachten – Geist des Ganzen repräsentiert zu sehen. Vielmehr muß immer wieder eine Verständigung darüber gesucht werden, worin die einzelnen sich einig sind und worin sie differieren. Das darstellende Handeln ist also auf eine kommunikative Vergewisserung angewiesen, die ihm selbst vorgelagert ist. Nur das, worüber wechselseitige Verständigung erzielt werden kann, läßt sich auch in einer Weise darstellen, in der die Beteiligten einen Geist erkennen, der sie verbindet. Das Ausdruckshandeln wird selbst zum Teil des Kommunikationsprozesses, in dem wechselseitige Verständigung herbeigeführt wird. Das darstellende Handeln, von dem Schleiermacher sprach, hat notwendigerweise eine kommunikative Dimension.

Ähnliches gilt aber auch für das bewirkende Handeln. Denn für diese Handlungsform ist in aller Regel eine Verständigung über die erstrebten Ziele selbst und den wirksamen Einsatz der dafür nötigen Mittel erforderlich. Wann immer bewirkendes Handeln die Gestalt der Kooperation annimmt, ist es auch auf Kommunikation angewiesen. Kommunikation ist damit eine Dimension nicht nur des darstellenden, sondern auch des bewirkenden Handelns.

In vielen menschlichen Tätigkeiten zeigen sich darstellendes und bewirkendes Handeln mitsamt der dazugehörigen kommunikativen Dimension als eng verflochten. Der Sport kann das veranschaulichen. Er ist in aller Regel darstellendes und bewirkendes Handeln in einem; er symbolisiert ein Verhältnis zur Welt und trägt doch zugleich den Charakter eines auf bestimmte Zwecke gerichteten Handelns. Gerade in seinen modernen Formen fordert er aber zugleich zu einer kommunikativen Verständigung heraus.

Solche kommunikative Verständigung hat in aller Regel drei Hauptthemen; sie richtet sich auf drei Geltungsansprüche.[30] Sie fragt nach der Wahrheit beziehungsweise dem Sinn einer Tätigkeit, nach ihrer moralischen Richtigkeit und nach ihrer persönlichen Authentizität. Das läßt sich leicht auf das Beispiel des Sports übertragen. In kommunikativer Verständigung wird nach seinem Sinn – oder noch anspruchsvoller: nach seiner Wahrheit – gefragt. Das kann beispielsweise an Hand der Frage geschehen, inwieweit er angesichts einer weitgehend bewegungsarmen Berufstätigkeit einen willkommenen körperlichen Ausgleich darstellt. Ferner wird nach seiner moralischen Vertretbarkeit gefragt. Das kann beispielsweise an Hand der Frage geschehen, in welchem Maß Landschaftsverbrauch und Umweltbelastung durch Sporttreiben gerechtfertigt sind. Im Blick auf die persönliche Authentizität kann schließlich die Frage in den Blick kommen, welche Sportarten die Gesprächspartner jeweils bevorzugen.

Auch soweit der Sport den Charakter zielorientierten, bewirkenden Handelns trägt, ist er auf Kommunikation angewiesen. Er bedarf der Verständigung über Regeln und – insbesondere im Fall des Mannschaftssports – taktischer Absprachen. Wann immer bewirkendes Handeln in kooperativer Form ausgeübt wird, ist es auf Kommunikation angewiesen.

Das Beispiel des Sports zeigt, daß die zunächst abstrakt erscheinende Unterscheidung zwischen darstellendem und bewirkendem Handeln mitsamt ihren kommunikativen Dimensionen durchaus aufschlußreich sein kann. Ist sie das auch im Blick auf kirchliche Handlungsvollzüge?

30 Vgl. Habermas, Jürgen, Wahrheitstheorien, in: Ders., Vorstudien und Ergänzungen zur Theorie des kommunikativen Handelns, Frankfurt a. M. 1989, S. 127–186 (138ff.). Habermas nennt dort zusätzlich den Geltungsanspruch der Verständlichkeit.

Kirchliches Handeln – darauf hatte schon Schleiermacher aufmerksam gemacht – ist vorrangig darstellendes Handeln. Es ist zugleich mit besonderen kommunikativen Erwartungen verknüpft. Jeder kirchliche Handlungsvollzug ist mit der Hoffnung verbunden, daß sich in ihm der Geist Gottes mit dem menschlichen Geist verbindet. Doch verfügbar machen läßt sich der Geist Gottes nicht; denn er wirkt, »wo und wann er will«.[31] Zu den Grundvollzügen kirchlichen Handelns gehört die ausdrücklich ausgesprochene Hoffnung auf die Gegenwart des göttlichen Geistes. Sie sind aber nicht die einzigen Vollzüge, in denen der Geist Gottes seine Präsenz erweisen kann.

Wichtig an diesen Grundvollzügen ist auch, daß über das aktuelle Ereignis einer einzelnen gottesdienstlichen Versammlung hinaus die Verbindung mit der Gemeinschaft der Glaubenden zu allen Zeiten und an allen Orten zum Ausdruck kommt. Wenn im einzelnen Gottesdienst das Apostolische Glaubensbekenntnis gesprochen oder das Vaterunser gebetet wird, wird diese Verbindung deutlich. Die besondere gottesdienstliche Versammlung versteht sich als Teil der universalen Kirche; das gottesdienstliche Ereignis wird in den Horizont der die Zeiten überdauernden universalen Christenheit hineingestellt. Universalität und Besonderheit, Aktualität und Dauer werden miteinander verknüpft.[32]

Im Bekenntnis der Kirche kommt diese Zusammengehörigkeit zwischen dem einzelnen kirchlichen Handlungsvollzug und der Räume und Zeiten umspannenden universalen Kirche vor allem dort zum Ausdruck, wo die geglaubte Kirche mit besonderen Attributen versehen wird. Sie wird als die »eine,

---

31 Augsburgisches Bekenntnis, Art. 5: »ubi et quando visum est Deo«, Bekenntnisschriften, S. 63.
32 Vgl. Huber, Wolfgang, Kirche, ²München 1988, S. 32ff.

heilige, allgemeine und apostolische Kirche« bezeichnet.[33] Diese vier Wesensmerkmale unterstreichen aus unterschiedlichen Perspektiven, daß jede einzelne Gemeinde Anteil an dem übergreifenden Lebenszusammenhang hat, der durch den Geist Gottes gestiftet wird.

Gottesdienstliches Handeln stellt diesen übergreifenden Lebenszusammenhang dar. Es erneuert die Verständigung darüber, was es für das individuelle und das gemeinsame Leben bedeutet, wenn es sich als Teilhabe an der umfassenden Wirklichkeit Gottes versteht. Kirchliches Handeln ist in seinem Kern also darstellendes Handeln.

2.2 Verkündigung und Bekenntnis

Verkündigung als zentrales Element des christlichen Gottesdienstes dient der Aufgabe, den Grund des Glaubens immer wieder neu zu vergegenwärtigen und über ihn Einverständnis herbeizuführen. In der Vielfalt ihrer Formen zielt die Verkündigung auf die Einheit des Glaubens. Sie findet deshalb ihre Antwort im gemeinsamen Bekenntnis.

Die reformatorische Theologie hat diese Verständigungsorientierung der Verkündigung dadurch deutlich unterstrichen, daß sie vier Kriterien hervorgehoben hat, an denen evangeliumsgemäße Verkündigung ihren Maßstab hat: allein Christus, allein durch Glauben, allein durch Gnade, allein die Heilige Schrift. Daraus folgte vor allem, daß der christlichen Predigt im evangelischen Verständnis stets ein biblischer Text zu Grunde liegt. Daran soll deutlich werden, daß nicht selbstgewählte Wahrheiten Inhalt der Verkündigung sind, sondern

---

33 So das Bekenntnis von Nicaea-Konstantinopel aus dem Jahr 381, vgl. Unser Glaube. Die Bekenntnisschriften der evangelisch-lutherischen Kirche, ³Gütersloh 1991, S. 37ff.

daß in ihr Gott und sein Wort selbst gegenwärtig werden sollen. Zugleich zeigt sich in dieser Vorrangstellung biblischer Texte, daß allein die Schrift als maßgebliches Kriterium – wenn auch natürlich nicht als einziger Inhalt – des kollektiven Gedächtnisses Geltung beansprucht. Allerdings sind die biblischen Texte in sich selbst vielgestaltige und vielstimmige Reaktionen auf die Erfahrungen göttlicher Offenbarung. Deshalb kann die Autorität der Schrift nicht im Sinn einer toten Buchstabenautorität verstanden werden. Vielmehr gilt: »Wenn auch jeder Abschnitt (der Bibel) mit seiner besonderen Autorität von der Gegenwart Gottes spricht, wie sie in einer bestimmten Situation wahrgenommen wurde, so ist doch klar, daß keines dieser Worte das abschließende Wort über Gottes Selbstoffenbarung ist. Die Schrift weist über sich selbst hinaus auf die Wirklichkeit Gottes.«[34]

Eben dieser Hinweischarakter nötigt dazu, daß das Wort der Bibel ausgelegt wird. Die biblischen Texte werden mit gegenwärtigen Erfahrungen und Einsichten verknüpft; zugleich wird das jeweilige Vorverständnis an diesen Texten kritisch überprüft. In diesem hermeneutischen Vorgang wird die »Botschaft von der freien Gnade Gottes« mitgeteilt an »alles Volk«; der Gottesdienst, in dem diese Mitteilung geschieht, ist von seinem Wesen her ein öffentliches Ereignis. Mit dieser Auslegung verbindet sich die Hoffnung, daß aus dem toten Buchstaben ein lebendiges Wort wird, das die Menschen erreicht.

Deren Antwort hat ihren unaufgebbaren Ort im Bekenntnis der Gemeinde. Auch wenn dabei in der Regel feststehende, überlieferte Bekenntnistexte gesprochen werden, ist der Bekenntnisvollzug und nicht allein der fixierte Bekenntnistext entscheidend. Das Miteinander von Anrede und Antwort, von Wort und Glaube soll auf diese Weise in jedem Gottesdienst

---

34 Birch, Bruce C./Rasmussen, Larry, L., Bibel und Ethik im christlichen Leben, Gütersloh 1993, S. 222.

erkennbar und erlebbar werden. Das gottesdienstliche Bekenntnis ist in seinem ursprünglichen Sinn eine der spezifischen Formen, in denen sich das Gehörte mit dem eigenen Lebensvollzug verbindet. Denn das Bekenntnis und die Wirklichkeit des Lebens gehören zusammen. Das Bekenntnis ist die erste und grundlegende Form, in welcher der Glaube das Leben prägt. Das wird vor allem in Konfliktsituationen offenkundig. Sie nötigen in besonderer Weise zum Bekenntnis, denn in solchen Situationen zeigt sich die Notwendigkeit, für das einzustehen, was man glaubt.

Die kirchliche Verkündigung steht heute vor Schwierigkeiten besonderer Art. Sie kann nicht voraussetzen, daß die Sprache der Bibel und der kirchlichen Überlieferung noch allgemein vertraut ist. Sie kann nicht damit rechnen, daß Anspielungen auf biblische Geschehnisse, auf Katechismusstücke oder Choräle verstanden werden. Sie kann nicht mehr in demselben Maß wie in früheren Generationen an einen gemeinsamen Verständigungshorizont anknüpfen.

Dietrich Bonhoeffer sprach zu seiner Zeit von der »nicht-religiösen Interpretation biblischer Begriffe«[35]. Er verstand sie als Beitrag dazu, daß Menschen lernen, in der vollen Diesseitigkeit zu glauben und so zu mündigem Christsein zu gelangen. Doch wenn er die Sprache der Bibel von der Erfahrung der Diesseitigkeit her interpretierte, so war dies nur möglich, weil er die biblischen Worte noch als vertraut voraussetzen konnte. Wenn er eine »nicht-religiöse Interpretation« biblischer Begriffe vorschlug, dann deshalb, weil die biblischen Begriffe noch bekannt waren und ihre ›religiöse Interpretation‹ noch im Schwange war. Das ist heute nicht mehr der Fall. Deshalb ist heute eine Sprachlehre des Glaubens notwendig, die eine Kenntnis der biblischen Sprache und einen christlichen Verständigungszu-

---

35 Bonhoeffer, Dietrich, Widerstand und Ergebung, Gütersloh 1998 (Dietrich Bonhoeffer Werke 8), S. 509, S. 537.

sammenhang nicht schon voraussetzt, sondern ohne eine solche Voraussetzung die Geschichte Gottes mit den Menschen zur Sprache bringt. Religionsunterricht in einer vom Gewohnheitsatheismus geprägten Umwelt oder biblische Seminare für Konfessionslose sind Orte, an denen die Notwendigkeit einer solchen Sprachlehre besonders nachdrücklich erfahren wird.

Die Grundform der Verkündigung ist die Predigt. Das wichtigste Medium der Verkündigung ist das Wort. Aber die Verkündigung ist nicht auf das Wort begrenzt. Alle Handlungsvollzüge der Kirche sind auf ihren Verkündigungsauftrag bezogen. Insbesondere die Seelsorge hat als persönlicher Zuspruch an einzelne unmittelbar am Verkündigungsauftrag der Kirche teil. Aber auch die Diakonie als eine besonders wirksame Form, in der die Kirche sich den Menschen zuwendet, muß neu in ihrem Verkündigungsaspekt wahrgenommen werden. Daß alle kirchlichen Bildungsanstrengungen auf den Kern der kirchlichen Botschaft bezogen werden, verdient neue Aufmerksamkeit. Aber auch in der Ordnung der Kirche spiegelt sich die Offenheit für Gott und die Verbundenheit mit Christus, für welche die Kirche steht – oder es spiegelt sich in ihr ein Selbstwiderspruch der Kirche, der auch die Glaubwürdigkeit ihrer Predigt beeinträchtigt.

Auch Kirchengebäude verkündigen.[36] Mit ihrer aufwärtsstrebenden Architektur, mit ihren zum Himmel weisenden Türmen, mit ihrem Bildschmuck – der für viele die eigene Lektüre der Bibel ersetzt hat und auch heute ersetzt – sind sie eine Predigt eigener Art. Wo – wie im Osten Deutschlands – die Pflege vieler Kirchengebäude über Jahrzehnte unterbleiben

---

36 Die pädagogische Bedeutung von Räumen findet neuerdings wieder verstärkte Aufmerksamkeit; vgl. Becker, Gerold/Bilstein, Johannes/Liebau, Eckart (Hrsg.), Räume bilden. Studien zur pädagogischen Topologie und Topographie. Seelze-Velber o.J., [1998]. Analog entwickelt sich eine neue Kirchenraumpädagogik; vgl. Degen, Roland/Hansen, Inge (Hrsg.), Lernort Kirchenraum. Erfahrungen – Einsichten – Anregungen, Münster 1998.

mußte, wo manche von ihnen vom Verfall bedroht sind, aber auch, wenn sie in aller Regel geschlossen und kaum noch mit Leben erfüllt sind, ist das eine ›Predigt‹ eigener Art. Es ist kein Zufall, daß die besondere Aura von Kirchengebäuden auch im Protestantismus neue Aufmerksamkeit findet. Nachdem über Jahrzehnte kirchliche Bauwerke vorwiegend nach ihrer funktionalen Verwendbarkeit beurteilt wurden, findet ihr besonderer und unverwechselbarer Charakter inzwischen wieder Beachtung. Sie sind kein abgegrenzter ›heiliger‹ Bereich; in diesem Sinn ist dem evangelischen Kirchenverständnis die Trennung von ›sakralen‹ und ›profanen‹ Räumen fremd. Aber es handelt sich um Räume, die in besonderer Weise zur Begegnung mit dem Heiligen, zu Meditation und Gebet, zum Hören und Bekennen einladen. In einer säkular gewordenen Gesellschaft gewinnen solche Räume an Bedeutung; ihr verkündigender Charakter findet neue Aufmerksamkeit.

Es gibt auch andere künstlerische Darstellungsformen, die den Zugang zum Heiligen erschließen. Auch die Kirchenmusik verkündigt; gerade für viele Protestanten ist sie eine wichtige oder sogar die wichtigste Sprache des Glaubens. Musikalisch ausgestaltete Gottesdienste oder Kirchenkonzerte erreichen auch Menschen, die an normalen Gottesdiensten kaum teilnehmen und deren Sprache kaum mehr verstehen. Kirchenmusik hat deshalb gerade heute eine missionarische Dimension. Diese Dimension muß allerdings bewußt wahrgenommen und ausgestaltet werden.

Die Verkündigung verbindet sich also mit unterschiedlichen Ausdrucksformen. Auch moderne Medien können für sie genutzt werden. Allerdings ist in diesem Fall besonders darauf zu achten, daß das Medium nicht den Inhalt diktiert beziehungsweise selbst zur Botschaft wird. Und es bleibt dabei, daß der Gottesdienst an die gemeinsame leibliche Anwesenheit von Menschen gebunden ist. Das gilt auch für Rundfunk- oder Fernsehgottesdienste. Auch sie sind zunächst unmittelbare gottesdienstliche Versammlung und erst dann ein elektronisch übertragenes Ereignis.

2.3 Die Feier der Sakramente

Die sakramentalen Vollzüge sind in der Christenheit umstritten. Obwohl ihr ursprünglicher Sinn darin besteht, die Einheit des ›Leibes Christi‹ und die gemeinsame Zugehörigkeit zu ihm erfahrbar zu machen, hat sich gerade an ihnen die Spaltung der Christenheit besonders deutlich manifestiert. Schon die Zahl der Sakramente ist zwischen den verschiedenen Kirchen strittig. Die Konzentration auf zwei Sakramente wird in der evangelischen Kirche mit ihrer Einsetzung durch Christus selbst begründet. Aber auch im Blick auf diese beiden Sakramente sind die Differenzen nach wie vor erheblich. Während die – trinitarisch, also im Namen des dreieinigen Gottes vollzogene – Taufe zwischen den Kirchen in weitem Umfang anerkannt wird, sind ökumenische Offenheit und wechselseitige Gastfreundschaft beim Abendmahl oder gar dessen gemeinsame Feier noch nicht verwirklicht. Insbesondere gilt für das Verhältnis von evangelischer und katholischer Kirche bis zum heutigen Tag, daß eine wechselseitige Gastbereitschaft bei der Feier des Abendmahls noch aussteht. Diese Gastbereitschaft ist auf der Seite der evangelischen Kirche ausdrücklich erklärt; auf katholischer Seite ist das dagegen nicht der Fall. Auch Bemühungen um einen Konsens in der Rechtfertigungslehre[37] führen noch keineswegs zwangsläufig zu größerer sakramentaler Gemeinschaft. Es sind vor allem die Differenzen in der Auffassung vom kirchlichen Amt, die das verhindern.

37 Vgl. Lutherischer Weltbund und Sekretariat für die Einheit der Christen (Hrsg.), Gemeinsame Erklärung zur Rechtfertigungslehre, Genf/Rom 1997. Das einstweilige Mißlingen dieser Bemühungen hängt nicht zuletzt auch mit Differenzen im Kirchenverständnis zusammen.

Aber auch innerhalb der evangelischen Kirchen herrschte bis vor einem Vierteljahrhundert keine Klarheit über Grund und Ausmaß der Abendmahlsgemeinschaft. Als nach dem Zweiten Weltkrieg die Evangelische Kirche in Deutschland (EKD) neu begründet wurde, blieb die Frage der Abendmahlsgemeinschaft zwischen Lutheranern und Reformierten ungeklärt. Erst in den auf den deutschen Bereich beschränkten Arnoldshainer Abendmahlsthesen (1957/1962) und in der Konkordie reformatorischer Kirchen in Europa – der »Leuenberger Konkordie« von 1973 – wurde eine gemeinsame Grundlage erarbeitet, die eine vorbehaltlose Abendmahlsgemeinschaft zwischen lutherischen, reformierten und unierten Kirchen ermöglichte. Inzwischen haben sich Schritte zur Abendmahlsgemeinschaft mit der anglikanischen und der methodistischen Kirche angeschlossen.

Doch all dies vollzieht sich nur langsam. Viele Bemühungen werden darauf verwandt, daß das Ausmaß der gelebten Gemeinschaft zwischen den Kirchen mit der von ihnen vertretenen Lehre vereinbar bleibt. Oft kann man sich fragen, ob die Lehrprobleme auf den Leitungsebenen der Kirchen noch einen Kontakt zu den Lebensproblemen im christlichen Alltag haben. In den Gemeinden und insbesondere von kirchendistanzierten Christen werden die auf kirchenleitender Ebene verhandelten Differenzen kaum mitvollzogen; die Bedeutung, die ihnen zugemessen wird, erscheint vielen als unverständlich. Dieser Einwand ist berechtigt, und es sollte nie vergessen werden, daß kirchliche Leitungsverantwortung im Dienst des christlichen Lebens steht. Aber es sollte auch bedacht werden, was am behutsamen Vorgehen in einer solchen Frage gut begründet ist. Ökumenische Gemeinschaft hat ihr Fundament nicht darin, daß man sich einfach auf einen kleinsten gemeinsamen Nenner verständigt. Ihr Sinn besteht auch nicht darin, daß die einen ihre Besonderheit um der anderen willen aufgeben. Sie lebt vielmehr aus dem gemeinsamen Bekenntnis ebenso wie aus der Vielgestaltigkeit gelebter und gelehrter Traditionen. Sie bedarf deshalb nicht nur des praktischen Wollens; sie muß auch theologisch reflektiert und verantwortet werden.

Ökumenische Bemühungen haben darüber hinaus gerade heute zu berücksichtigen, daß die Beheimatung im Glauben sich nicht auf einer abstrakten ökumenischen Ebene vollzieht, sondern immer in einer konkreten Glaubensgemeinschaft ihren Ort hat. Ökumenischer Kooperation dient es deshalb nicht, wenn das Unterscheidende einfach verschwiegen oder geleugnet wird. Für sie ist vielmehr entscheidend, daß das Verbindende gesucht und bestärkt wird. Gerade bei einem solchen Vorgehen ist allerdings zu hoffen, daß nicht nur die wechselseitige Anerkennung der Taufe, sondern auch die wechselseitige Gastfreundschaft beim Abendmahl schon bald die ökumenische Wirklichkeit bestimmt.

In der evangelischen Tradition steht die Deutung der sakramentalen Vollzüge durch das Wort im Vordergrund. Dadurch soll verhindert werden, daß die sakramentale Handlung als solche mit einer im magischen Sinn mißverständlichen Eigenbedeutung versehen wird. Doch sind in der evangelischen Tradition durch die starke Betonung des interpretierenden Wortes die sakramentalen Vollzüge in ihrem dinglichen Charakter und in ihrer Leibhaftigkeit oft allzu sehr in den Hintergrund getreten. Dadurch ist auch der Gemeinschaftsbezug der Sakramente häufig vernachlässigt worden. Die Erlebbarkeit des Sakraments und seine liturgische Gestaltung wurden in protestantischer Geringschätzung des ›bloßen Ritus‹ häufig vernachlässigt. Taufe und Abendmahl wurden infolgedessen über lange Zeit aus dem sonntäglichen Gottesdienst herausgerückt und entweder im Anschluß an ihn oder in Sondergottesdiensten gefeiert.

Damit verband sich die Gefahr, daß der verbleibende reine Wortgottesdienst von der Lebenswelt der Gemeindeglieder abgesondert wurde. Die Konzentration auf das reine Wort kann einer Virtualisierung der christlichen Religion Vorschub leisten. Die Verbindung des Glaubens mit der eigenen Lebensgeschichte und die Erfahrung lebendiger Gemeinschaft verflüchtigen sich.

Deshalb ist ausdrücklich hervorzuheben, daß die Feier der Sakramente zu den Grundvollzügen kirchlichen Handelns gehört und einen integralen Bestandteil des gemeindlichen Gottesdienstes bilden. Zu den wichtigsten Veränderungen in der evangelischen Gottesdienstpraxis der jüngsten Vergangenheit gehört, daß Taufe und Abendmahl als Teile des Gottesdienstes wahrgenommen und gestaltet werden.

Die Bedeutung dieser Entwicklung läßt sich nochmals an der Übertragung von Gottesdiensten in den audiovisuellen Medien verdeutlichen. Immer wieder wird gefragt, worin der Unterschied zwischen der leibhaften Teilnahme an einem Gottesdienst und seiner Vermittlung durch das Fernsehen besteht. Oder es wird gefragt, warum in einer Zeit, in der das Fernsehen selbst eine ›religiöse‹ Schlüsselbedeutung für die Strukturierung des Lebens gewonnen hat, überhaupt noch Gottesdienste stattfinden sollen, bei denen die Gottesdienstgemeinde leibhaft anwesend ist. Die entscheidende Antwort besteht in dem Hinweis auf den Gemeinschaftscharakter des Gottesdienstes. Er aber findet seinen stärksten Ausdruck in der Feier der Sakramente, insbesondere in der gemeinsamen Feier des Abendmahls.

Gerade in einer Zeit, die durch die Wirklichkeitskonstruktion und -vermittlung des Fernsehens geprägt wird, ist es notwendig, diesen besonderen Charakter gottesdienstlichen Handelns zu betonen. Denn – so hebt Günter Thomas zu recht hervor – »die Faszination und Macht der Fernsehreligion macht [...] deutlich, daß die Stärken und Zukunftschancen der christlichen Religion nicht in der Gestalt einer nur interessanten und unterhaltenden Freizeitreligion liegen können, sondern nur in der konstruktiven Verknüpfung von realer Gemeinschaft und Feier, einer aktiven Zuschreibung und Bewahrung der Würde von Menschen, der Suche nach Gerechtigkeit und einem Gottesdienst, der nicht jenseits, sondern im Alltag der Welt stattfindet.«[38]

Blicken wir nach diesen Überlegungen zum Vollzug sakramentaler Handlungen insgesamt auf die spezifische Bedeutung der beiden Sakramente Taufe und Abendmahl, so läßt sich diese besonders profiliert mit Hilfe zweier Texte von Martin Luther aus dem Jahr 1519 verdeutlichen. Luther versteht die beiden Sakramente als Vorgänge, in denen die christliche Existenz begründet wird. Dabei bezieht er die Taufe auf das individuelle Moment des christlichen Lebens, das Abendmahl dagegen auf dessen gemeinschaftliches Moment.

Die Taufe[39] ist nach Luther die Geburt des neuen Menschen und damit zugleich der Beginn eines lebenslangen Neuwerdens. Sie eignet dem Menschen also diejenige Freiheit zu, die durch keine seiner eigenen Taten erworben oder endgültig verloren werden kann. Sie verbürgt denjenigen gnädigen, tröstlichen Bund Gottes mit jedem Menschen, durch den die gesamte Lebensgeschichte unter das Urteil der göttlichen Barmherzigkeit tritt. Sie eignet dem Menschen die Freiheit von der Sünde zu, wie sie unter den Bedingungen irdischer Existenz nur durch die tägliche Absage an die Sünde beantwortet werden kann, weil sie sich erst in der Zukunft Gottes in ihrer vollen Herrlichkeit zeigen wird. Die Taufe akzentuiert denjenigen Aspekt der Zugehörigkeit zur weltweiten Christenheit, in dem es um die persönliche Zueignung der Gnade, die Aufnahme der unverwechselbaren, individuellen Person in den gnädigen Bund Gottes geht.

38 Thomas, Günther, Die Wiederverzauberung der Welt? Zu den religiösen Funktionen des Fernsehens, in: Bubmann, P./Müller, P. (Hrsg.), Die Zukunft des Fernsehens. Beiträge zur Ethik der Fernsehkultur, Stuttgart u. a. 1996, S. 113–139 (133f.).
39 Luther, Martin, Ein Sermon von dem heiligen hochwürdigen Sakrament der Taufe, in: Ders., Studienausgabe, I, Berlin 1979, S. 385–269.

Dem Täufling eröffnet sich also, symbolisiert im Ritus der Taufe, die Geschichte Gottes mit den Menschen als seine eigene Geschichte. Die Taufe ist folglich ein Ereignis, »in dem sich der Glaube selbst-verständlich macht«[40]. Sie eröffnet einen Weg, auf dem Menschen sich diese Selbst-Verständlichkeit des Glaubens aneignen, sich auf den Glauben an Jesus Christus und die in ihm geschehene Erlösung festlegen lassen und so eine eigene christliche Identität aufbauen. Sie werden dadurch auch für Außenstehende auf ihre christliche Existenz ansprechbar; sie öffnen die eigene Biographie für die gemeinsame Geschichte in der Gemeinschaft der Glaubenden. Die Taufe symbolisiert daher die Individualität aus Glauben. Sie spricht eine Würde zu, die weder durch die eigenen Taten noch durch die Machtansprüche anderer geraubt werden kann.

Das Abendmahl[41] eröffnet nach Luther die Vereinigung und ungeteilte Gemeinschaft der Heiligen. Brot und Wein sind Zeichen der »Einleibung in Christus und seine Heiligen«; sie bezeugen die Zugehörigkeit zu dem geistlichen Körper, den Christus mit allen Heiligen bildet. Das Abendmahl begründet eine Gemeinschaft, in der keiner etwas für sich behält, weil alle geistlichen Güter miteinander geteilt werden; sie sind nicht individuelle, sondern gemeinschaftliche Güter. Das ›Eingeleibtsein‹ in diese Gemeinschaft findet seinen Ausdruck in der vorbehaltlosen, solidarischen Geschwisterlichkeit, von der Jesu Gleichnis vom Weltgericht redet: »Was ihr getan habt einem von diesen meinen geringsten Brüdern, das habt ihr mir getan.«[42] Diese Geschwisterlichkeit zeigt sich darin, daß man den Geringsten zukommen läßt, was ihnen um Christi willen gebührt. Sie zeigt

---

40 Jüngel, Eberhard, Zur Kritik des sakramentalen Verständnisses der Taufe, in: Ders., Barth-Studien, Zürich u. a. 1982, S. 295–314 (310).
41 Luther, Martin, Ein Sermon von dem hochwürdigen Sakrament des heiligen wahren Leichnams Christi und von den Bruderschaften, in: Ders., Studienausgabe, I, Berlin 1979, S. 270–287.
42 Matthäus 25,40, zitiert bei Luther, S. 275.

sich aber auch darin, daß der Leidende seine eigene Hilflosigkeit und Bedürftigkeit in die Gemeinde bringt und Hilfe sucht »bei dem ganzen Haufen des geistlichen Körpers«: »Einer trage des anderen Last, so werdet ihr das Gesetz Christi erfüllen« ist der Grundsatz dieser Sozialität aus Freiheit.[43]

Im Abendmahl wird also das kommunikative Verhältnis, in dem Menschen das Leben miteinander teilen und füreinander eintreten, bestärkt und erneuert. Die Erinnerung an den Tod Jesu und der Zuspruch der Sündenvergebung eröffnen eine erneuerte Gemeinschaft mit Gott wie untereinander. Das Abendmahl akzentuiert denjenigen Aspekt der Zugehörigkeit zur weltweiten Christenheit, in dem es um die gemeinschaftliche Zueignung des Heils, die Prägung der Gemeinde durch den gnädigen Bund Gottes geht. Das Abendmahl symbolisiert die Sozialität aus Glauben. Sie trägt den Charakter vorbehaltloser wechselseitiger Solidarität.

Taufe und Abendmahl als grundlegende Handlungsvollzüge in der Gemeinschaft der Glaubenden symbolisieren die Individualität aus Glauben und die Sozialität aus Glauben in ihrer Gleichursprünglichkeit. Diese Zusammengehörigkeit von Individualität und Sozialität ist, so verdeutlichen diese beiden sakramentalen Handlungen, im Leben und Sterben Jesu Christi begründet. In diesen beiden Handlungen wird die Leiblichkeit des Glaubens erfahren; in ihnen wird zugleich die Leiblichkeit des Lebens anerkannt und gewürdigt: durch das Wasser, das reinigt und den ›alten‹ in einen ›neuen Menschen‹ verwandelt, durch Brot und Wein, in denen das Leben Christi und sein stellvertretendes Sterben in der Gemeinschaft der Glaubenden vergegenwärtigt werden. Die elementaren, sinnlich erfahrbaren und leibhaft spürbaren Vollzüge des Glaubens versinnbildlichen diejenige Freiheit, in der Individualität und Sozialität unlöslich zusammengehören.

---

43 Galater 6,2, ebenfalls bei Luther zitiert, S. 276.

2.4 Gebet

Beten ist das charakteristische Tun aller Glaubenden, keineswegs nur der Christen. Es ist vielmehr die Grundform allen religiösen Handelns. Es ist zugleich die Handlungsform, die Glauben und Glaubenslosigkeit, Gottesbeziehung und Atheismus am klarsten voneinander zu trennen scheint.

Gerade weil der religiöse Glaube die Ausdrucksform des Betens braucht, gilt er vielen als unaufgeklärt und unmündig. »Derjenige, welcher schon große Fortschritte im Guten gemacht hat«, hört auf, »zu beten«, hat Immanuel Kant erklärt.[44] Für einen aufgeklärten Menschen sei es ein »vermessener Wahn, durch die pochende Zudringlichkeit des Bittens zu versuchen, ob Gott nicht von dem Plane seiner Weisheit (zum gegenwärtigen Vorteil für uns) abgebracht werden könne«. Wer das dennoch versucht, wird sich dessen bei genauerem Nachdenken bald schämen. Diese Scham stellt sich nicht nur deshalb ein, weil ein Mensch, der »mit sich selbst laut redend betroffen wird, [...] vorderhand in den Verdacht« kommt, »daß er eine kleine Anwandlung von Wahnsinn habe«. Sondern diese Scham hat ihren Grund vor allem darin, daß das Beten weder mit dem Verständnis des Menschen als eines vernünftigen Wesens noch mit der Idee Gottes vereinbar ist. Denn für das Bewirken des Guten in dieser Welt ist der Mensch als vernünftiges Wesen verantwortlich. Dieses Gute von einem Eingreifen Gottes abhängig zu machen, widerspricht dagegen einer hinreichend aufgeklärten Vorstellung von Gott.[45]

Doch die in einer solchen Gebetskritik vorausgesetzte Selbständigkeit des Menschen erweist sich vielen als Schein. Im

44 Kant, Immanuel, Vom Gebet, in: Ges. Schriften, XIX, Leipzig/Berlin 1934, S. 637.
45 Kant, Immanuel, Die Religion innerhalb der Grenzen der bloßen Vernunft, in: Studienausgabe, hrsg. von Weischedel, W., IV, Darmstadt 1968, S. 871f.

Gebet erkennt der Mensch an, daß er ein Mängelwesen ist; auch hemmungsloses Vertrauen in die Möglichkeiten der Selbstverwirklichung bewahrt keinen Menschen vor Situationen elementarer Bedürftigkeit.[46] Die Gottesbeziehung, die sich in der Sprache des Gebets äußert, bleibt auch in einer vermeintlich aufgeklärten Welt ein universales Phänomen. Luther hat auf diese Universalität knapp und zugespitzt aufmerksam gemacht. In seiner Auslegung der zehn Gebote fragt er im Zusammenhang des ersten Gebots: »Was heißt ›einen Gott haben‹, beziehungsweise was ist ›Gott‹?« und antwortet: »Ein ›Gott‹ heißt etwas, von dem man alles Gute erhoffen und zu dem man in allen Nöten seine Zuflucht nehmen soll. ›Einen Gott haben‹ heißt also nichts anderes, als ihm von Herzen vertrauen und glauben. [...] Woran du nun [...] dein Herz hängst und [worauf du dich] verläßt, das ist eigentlich dein Gott.«[47]

Auf das Beten zu verzichten, ist in dieser Perspektive nicht ein Ausdruck von Aufklärung, sondern eher ein Zeichen für deren Fehlen. Darin zeigt sich nämlich ein Verzicht darauf, ausdrücklich zu benennen, »woran du nun dein Herz hängst und worauf du dich verläßt«. Die Anrufung Gottes im Gebet dient demgegenüber der Klarheit; sie ist ein Akt der Befreiung von unbegriffener Abhängigkeit. In ihr wird der Name dessen genannt, dem das Vertrauen des Menschen gilt; in ihr vollzieht sich ausdrücklich oder unausdrücklich die Absage an all die anderen Mächte, die über das menschliche Herz herrschen und darin an Gottes Stelle treten wollen. Im Gebet erneuert und äußert sich die Gewißheit über den Grund des eigenen Lebens.

Das Gebet als elementare Tat des Glaubens und als Grundform kirchlichen Handelns bringt zugleich die Vielfalt und

---

46 Vgl. Jüngel, Eberhard, Was heißt beten?, in: Ders., Wertlose Wahrheit. Theologische Erörterungen III, München 1990, S. 397–405 (398).
47 Luther, Martin, Großer Katechismus, in: Unser Glaube. Die Bekenntnisschriften der evangelisch-lutherischen Kirche, ³Gütersloh 1991, S. 595f.

Vielschichtigkeit menschlicher Erfahrungen in die Gottesbeziehung ein. Die alttestamentlichen Psalmen sind dafür ein unüberholtes Beispiel. Denn dieses »Gebetbuch der Bibel« ist eine »große Schule des Betens überhaupt«[48]. In unvergleichlicher Weise legen die Psalmen von der Pluralität menschlichen Lebens Zeugnis ab. Nicht nur ihre Bilderwelt ist so bunt wie die Lebenswelten der Menschen, aus denen diese Bilder geschöpft sind; sondern vielfältig sind auch die Formen der Anrufung Gottes. Lob- und Danklieder stehen neben Gebeten, in denen die Not eines einzelnen oder einer ganzen Gemeinschaft beklagt wird. Andere Lieder – wie die Wallfahrtspsalmen – haben ihren Ort in kultischen Begehungen.

Wie schon in der Zeit des alten Israel findet sich auch in der weiteren Überlieferung des Judentums und in der christlichen Tradition eine vielfältige Gebetspraxis. Dabei ergänzen sich das persönliche Gebet, das Gebet in der Gemeinschaft des Hauses und das gemeinsame gottesdienstliche Gebet. Freie Gebete, in denen die Situation des Augenblicks ihren Widerhall findet, stehen neben festen Gebetstexten, in denen die einzelnen in den großen Strom gemeinsamen Betens hineingenommen werden und an überindividuellen Gebetsinhalten teilhaben.

In der Vielgestaltigkeit des Betens wird der gesamte Erfahrungsschatz der Menschen in die Kommunikation mit Gott einbezogen. Das Gebet eröffnet die Möglichkeit, die eigenen Erfahrungen in einen geweiteten, die individuelle wie die gemeinsame Existenz überschreitenden Horizont zu stellen. Das Gebet in diesem Sinn ist mehr als ein innerpsychisches Geschehen, das der Stabilität der individuellen Existenz dient. Es stellt den Menschen in die Beziehung zu Gott und macht diese Beziehung lebendig.

---

48 Vgl. Bonhoeffer, Dietrich, Gemeinsames Leben. Das Gebetbuch der Bibel (Dietrich Bonhoeffer Werke 5), München 1987, S. 40.

Die Vielfalt menschlicher Erfahrungen tritt in das Licht der Gottesbeziehung. Darin liegt das Wesen des Gebets. Dabei ist es im einzelnen vor allem durch drei Momente geprägt: durch die jeweilige Auswahl der benannten Erfahrungen, durch die Neubestimmung der Wirklichkeit im Licht der Gottesbeziehung und durch eine veränderte Selbstwahrnehmung.

Jedes Gebet wählt bestimmte Erfahrungen aus, die zum Thema gemacht werden. Sie geben zu Dank und Lob, zu Klage und Bitte, zu Fürbitte und Stellvertretung Anlaß. Auf die eine oder andere Weise wird in ihnen die Welterfahrung in den Horizont der Gottesbeziehung gerückt.

Damit vollzieht sich eine Neubestimmung der Wirklichkeit. Sie wird nicht als eine geschlossene und in sich selbst verkrümmte Wirklichkeit verstanden. Sie wird als ein Raum wahrgenommen, in dem Veränderung und neue Orientierung möglich sind. Denn das Licht der geglaubten Wirklichkeit leuchtet in die Wirklichkeit der Erfahrung hinein.

Dadurch verändert sich auch die Selbstwahrnehmung. Der Beter läßt die im Gebet erneuerte und vergegenwärtigte Gottesbeziehung für sich selbst gelten. Nicht nur die Wirklichkeit um ihn her erscheint in einem veränderten Licht. Es verändert sich auch die Wahrnehmung seiner selbst. Das ›Amen‹, mit dem das Gebet abschließt, bekräftigt diesen Wandel.

Mit besonderer Deutlichkeit zeigt sich diese Grundstruktur in dem maßgeblichen Gebet der Christenheit, dem ›Vaterunser‹. In ihm werden die Betenden in das Verhältnis hineingenommen, das zwischen Jesus und Gott, zwischen dem Sohn und dem Vater besteht. In der Anrufung Gottes machen sie sich eine Bewegung zu eigen, »in der die Kinder sich ihrem Vater bemerkbar machen und in Erinnerung rufen: offenbar indem sie sich selbst dessen erinnern, daß er ihr Vater ist, sie seine Kinder sind.« Die Anrufung Gottes im Gebet »zielt also auf eine Erneuerung, vielmehr: auf eine Dynamisierung und Aktualisierung eines statisch gewordenen, eines stagnierenden oder eingefrorenen Verhältnisses zu ihm.«[49]

Die ersten Bitten dieses Gebets sind ganz der Wirklichkeit Gottes zugewandt: der Heiligung seines Namens, dem Kommen seines Reiches, dem Geschehen seines Willens. Die menschliche Erfahrungswelt wird in den Horizont dieser endgültigen – ›eschatologischen‹ – Wirklichkeit gestellt; sie wird hineingenommen in den Wandel, der von dieser Wirklichkeit ausgeht. Die Notwendigkeiten, die mit der Fristung des täglichen Lebens verbunden sind, die Schuld, die Menschen voneinander und von Gott trennt, das Böse, das sich dem Gelingen menschlichen Lebens in den Weg stellt, werden benannt und verlieren zugleich den Charakter eines unausweichlichen Fatums. Sie werden hineingenommen in die Gewißheit, daß der Wirklichkeit Gottes eine überlegene Qualität zukommt. In ihren Lobpreis mündet das Gebet.

Daß jedes individuelle Gebet in einen überindividuellen Zusammenhang eingebettet ist, findet im ›Vaterunser‹ seinen sinnenfälligen Ausdruck dadurch, daß es sich an der Gemeinschaft von Betenden orientiert. Das ›Wir‹ derer, die Gott als ›unseren‹ Vater anrufen, bestimmt seinen Ton. Das christliche Beten ist in seinem Kern auf die Gemeinschaft bezogen. Deshalb sind die Fürbitte und die Bereitschaft zur Stellvertretung in ihm unaufgebbar.

Auch vom Gebet gilt, daß das Wort sein Medium ist. Dennoch ist es vielgestaltig. Das stumme oder laut gesprochene Gebet des einzelnen steht neben dem stellvertretend durch einzelne gesprochenen oder dem gemeinsam gesprochenen Gebet der Gemeinde. Neben das gesprochene tritt das gesungene Gebet. Das Lied ist eine besondere Darstellungsform des Glaubens; in ihrem Wesen sind Kirchenlieder Gebete oder Auffor-

---

49 Barth, Karl, Das christliche Leben. Die Kirchliche Dogmatik IV/4. Fragmente, hrsg. von Drewes, H.-A./Jüngel, E., Zürich 1976, S. 136f.

derungen zum Gebet. Das gemeinsame Singen, so sehr es daneben auch in anderen Zusammenhängen seinen Ort hat, gehört unaufgebbar zum gemeinsamen Gottesdienst. Das hat in der Nähe zwischen Gebet und Lied seinen Grund.

2.5 Segen

Christliche – wie auch jüdische – Gottesdienste enden mit dem Gestus des Segens. Er stellt alles menschliche Handeln in den Horizont des Empfangens. Er ordnet alle Aktivität einer überlegenen Passivität ein. Alles Tun des Menschen tritt in einen Rahmen, in dem Ausgang und Eingang von Gott behütet sind. Eine Verheißung wird weitergeben, die auch der nur empfängt, der sie weitersagt.

Der Segen ist eine »Grundgeste der jüdisch-christlichen Tradition«[50]. Der Vorstellung vom selbstgemachten Glück stellt sie das Bild des gesegneten Lebens entgegen. Sie relativiert eine Vorstellung vom Gelingen des Lebens, das nur als Ergebnis eigener Anstrengungen gilt. Sie widerspricht einem Bild vom Menschen, das allein durch den Erfolgreichen, den Überwinder geprägt ist. Sie weckt die Bereitschaft, das Leben anzunehmen: als ein kostbares Geschenk, das der Mensch nicht selbst herstellt, als eine begrenzte Lebenszeit, die gerade in ihren Grenzen sinnvoll und wertvoll ist, als ein Bruchstück der großen Schöpfung Gottes, die in ihrem Sinn jedes kleine Leben unendlich übersteigt, aber auch in sich aufnimmt. Der Segen verbindet alle kleinen Hoffnungen der Menschen mit der großen Hoffnung auf Erlösung.

---

50 Steffensky, Fulbert, Segen: Die Grundgeste der jüdisch-christlichen Tradition, Hannover 1997.

3. Die Erkennbarkeit der Kirche

Die Grundvollzüge christlichen Gemeinschaftshandelns sind
gottesdienstlicher Art. Sie tragen kommunikativen, darstellenden Charakter. Sie zeigen sich exemplarisch in Verkündigung
und Bekenntnis, in der Feier von Taufe und Abendmahl, im
Gebet und im Segen. Aus diesen Grundvollzügen ergibt sich
die spezifische Kompetenz der Kirche. Sie macht die vielfältigen Erfahrungen der Menschen transparent für die Wirklichkeit Gottes. Sie bildet den Raum, in dem sich die Beziehungen
der Menschen zu Gott und untereinander erneuern. Sie ist der
Ort, an dem die Liebe zu Gott und zueinander Gestalt gewinnen kann. Daraus erwächst eine Lebensform, die im Doppelgebot der Liebe – zu Gott und zum Nächsten wie zu sich
selbst[51] – ihren zusammenfassenden Ausdruck findet.

Die in dieser Beschreibung vorgenommene Konzentration
auf die gottesdienstlichen Handlungsformen und ihre unmittelbaren Konsequenzen muß allerdings vor Mißverständnissen
bewahrt werden. Ein Mißverständnis wäre beispielsweise die
Vorstellung, das kirchliche Handeln erschöpfe sich in den ge-
nannten Formen kommunikativen, darstellenden Handelns.
Ein Mißverständnis wäre ebenso der Gedanke, die Kirche sei
einfach identisch mit dem Ort, an dem bevorzugt Gottesdienste gefeiert werden, nämlich der parochial verfaßten Einzelgemeinde.

Denn schon für die einzelne Gemeinde gilt, daß sich ihr
Handeln nicht in den bisher beschriebenen gottesdienstlichen
Vollzügen erschöpft. Zum kirchlichen Handeln gehört vielmehr ein weiterer Kreis von Handlungsvollzügen. Aus dem
kommunikativen, darstellenden Handeln, in dem sich die Kirche immer wieder neu konstituiert, ergeben sich Formen des

51 Matthäus 22, 37–39.

bewirkenden, kooperativen Handelns, in denen sich die Kirche auf die Gesellschaft bezieht, in der sie ihren Ort hat.

3.1 Gottesdienst im Alltag der Welt

Der Zusammenhang zwischen gottesdienstlicher Vergewisserung und dem bewirkenden beziehungsweise kooperativen Handeln in der Gesellschaft bestimmt die individuelle christliche Existenz ebenso wie das gemeinsame Handeln der Kirche. Im Blick auf das christliche Leben ist dieser Zusammenhang in einer klassischen Form im Römerbrief des Paulus zum Ausdruck gekommen. Dort heißt es an einer besonders wichtigen Stelle, nämlich im Übergang zu den ethischen Überlegungen dieses Briefes: »Ich ermahne euch nun, Brüder, kraft der Barmherzigkeit Gottes, eure Leiber als lebendiges, heiliges, Gott wohlgefälliges Opfer darzubringen. Das sei euer vernünftiger Gottesdienst. Paßt euch nicht dieser Weltzeit an, sondern laßt euch umwandeln durch die Erneuerung eures Denkens, damit ihr prüfen könnt, was der Wille Gottes ist: das Gute und Wohlgefällige und Vollkommene.«[52]

Eindringlich wird hier klargestellt, daß das christliche Leben sich nicht in den gottesdienstlichen Vollzügen erschöpft. Das wird dadurch in paradoxer Form hervorgehoben, daß das alltägliche Leben als kultische Handlung, als »Gottesdienst« bezeichnet wird. So wird eine Brücke zwischen den außeralltäglichen und den alltäglichen Dimensionen des christlichen Lebens geschlagen. Sie sind durch den Bezug zu Gott miteinander verbunden; denn es gibt keinen Lebensbereich, der der Gottesbeziehung entnommen wäre. Wenn es demnach nur die eine menschliche Wirklichkeit gibt, die vor Gott gilt, dann verliert jede Trennung zwischen einem sakralen und einem profa-

---

52 Römer 12, 1f.

nen Bereich ihre Grundlage. Auch das alltägliche Bewirken und Kooperieren erhält vielmehr den Charakter des Gottesdienstes. Zugleich verliert das kommunikative, darstellende Handeln in den kultischen Vollzügen jede selbstgenügsame Tendenz. Es ist nicht nur Sammlung auf die Gottesbeziehung, sondern zugleich Sendung in den Alltag der Welt. Aber das gottesdienstliche Handeln und die alltägliche Verantwortung, Außeralltägliches und Alltägliches werden dadurch nicht einfach miteinander identifiziert; vielmehr bleibt in aller inneren Bezogenheit zugleich ihre Differenz erhalten.

Den alltäglichen Gottesdienst charakterisiert die zitierte Stelle aus dem Römerbrief auf zweifache Weise. Vernünftigkeit und Leiblichkeit sind seine Kennzeichen. Die Verwandlung, die den Glaubenden in den Sakramenten von Taufe und Abendmahl als Wiedergeburt im Glauben und als Erneuerung der Christusgemeinschaft zukommt, findet im alltäglichen Gottesdienst ihre Entsprechung in der »Erneuerung« des Denkens. Deshalb ist provokativ vom »vernünftigen« Gottesdienst die Rede. Das christliche Leben wird nicht in einen hinterweltlerischen, irrationalen Bereich verdrängt, in dem es sich unabhängig von allen gesellschaftlichen Realitäten entfaltet. Der Glaube wird vielmehr in seiner inhaltlichen Bestimmtheit zum Thema diskursiver Verständigung. Seine Folgen für die Lösung alltagsweltlicher Probleme bedürfen ebenso der Prüfung, wie die Voraussetzungen der alltäglichen Haltung von Christen in ihren Glaubensüberzeugungen ausdrücklich thematisiert werden müssen. Was im Sinn der Gottesbeziehung das »Gute, Wohlgefällige und Vollkommene« ist, ergibt sich nicht aus einer nur ›nachgebeteten‹ Festlegung anderer, sondern bedarf der eigenen Prüfung. Christlicher Glaube ist demnach eine Lebenshaltung, die verantwortet sein will.

Der Vernünftigkeit tritt die Leiblichkeit zur Seite. ›Leib‹ meint in diesem Zusammenhang mehr als ›Körper‹ oder ›Fleisch‹. In dem Wort ›Leib‹ klingt die Gesamtexistenz eines

Menschen mit all ihren Lebensbezügen an: dem Gottesverhältnis, dem Selbstverhältnis, dem Verhältnis zu anderen Menschen wie zur natürlichen und sozialen Umwelt. All diese Relationen sind gemeint, wenn Paulus einmal im Blick auf den Menschen als ›Leib‹ sagt: »Wißt ihr nicht, daß ihr Gottes Tempel seid und der Geist Gottes in euch wohnt?«[53]

Vernünftigkeit und Leiblichkeit charakterisieren nach der zitierten Stelle aus dem Römerbrief die Gestalt christlichen Lebens im Alltag. Indem sie aber zugleich als »Gottesdienst« bezeichnet wird, wird sie an die kommunikativen und darstellenden Vollzüge gottesdienstlichen Geschehens zurückgebunden. Was sich im Miteinander der Menschen vollzieht, wird ausdrücklich als Dienst gegenüber Gott anerkannt. Es wird als Antwort auf die Anrede Gottes gewertet, deren Menschen im Gottesdienst innewerden. Es wird als verantwortlicher Umgang mit der Freiheit anerkannt, die Menschen in Taufe und Abendmahl wie im Wort der Verkündigung zugeeignet wird. Christliches Leben vollzieht sich als Teilhabe am Leben der Gesellschaft; es ist nicht auf Abgrenzung gerichtet, sondern offen für Begegnung, Dialog und Kooperation. Aber es ist nicht beliebig und konturlos. Sondern es erhält seine Bestimmung daraus, daß es Gottesdienst sein will und sich an dem ausrichtet, was in der Perspektive Gottes als gut, dem Nächsten hilfreich und dem gemeinsamen Leben förderlich gelten kann.

Das Nachdenken über die Maßstäbe für eine solche Gestalt des Lebens gehört deshalb zu den Kernaufgaben der Kirche. Im Dekalog, den zehn Geboten Israels, ist ihr eine Kurzfassung dieses Nachdenkens anvertraut, in der generationen- und kulturübergreifende Einsichten gebündelt sind.[54] Im Doppelgebot der Liebe zu Gott und zum Nächsten wie zu sich selbst[55] wird

53 1. Korinther 3, 16.
54 2. Mose 20, 2–17.
55 Matthäus 22, 37–39.

ein Maßstab formuliert, an dem sich die Wertorientierungen, die im Wandel der Geschichte nach vorn drängen, immer wieder überprüft werden können. In der Goldenen Regel – »Was ihr wollt, daß euch die Leute tun sollen, das tut ihnen auch«[56] – werden gelingende menschliche Beziehungen an den Grundsatz wechselseitiger Anerkennung und Achtung gebunden. Die Grundorientierung christlichen Lebens liegt nicht im Zwielicht, sondern ist klar erkennbar. Diese Orientierung ist angesichts gesellschaftlicher Veränderungen im einzelnen dem Wandel unterworfen; doch dadurch verliert sie keineswegs an Klarheit. Diese Grundorientierung ist nicht in dem Sinn exklusiv, daß Verhaltensweisen, die sich für Christen als gut und vernünftig erweisen, nur bei ihnen selbst vorkommen könnten. Aber sie hat und behält ihr unzweideutiges Profil.

Was hier im Anschluß an Paulus als ›Gottesdienst im Alltag der Welt‹ bezeichnet wurde, erhielt in der Reformation den Namen des ›Berufs‹. Luther bezeichnete damit die Tätigkeiten, in denen Menschen dem Auftrag Gottes zum Dienst am Nächsten nachkommen. In all diesen Formen – und eben nicht nur im ›geistlichen Stand‹ – antworten sie durch ihr Handeln auf eine Berufung durch Gott. Der Begriff des Berufs bezeichnete deshalb ursprünglich alle weltlichen Tätigkeiten, in denen Menschen ihre Kräfte für ihre Mitmenschen einsetzen: Mütter und Väter, die für ihre Kinder da sind, abhängig Beschäftigte, die ihren täglichen Pflichten nachgehen, Selbständige, die eine Existenz aufbauen, politisch Verantwortliche, in deren Händen das Geschick eines ganzen Volkes liegt – sie alle gehen einem Beruf in diesem Sinn nach, wenn sie das, was sie tun, als Dienst am Nächsten gestalten und im Dienst Gottes verstehen.

Der Beruf in diesem Sinn ist also keineswegs auf die Erwerbstätigkeit begrenzt. Erst später hat man den Begriff des Berufs in diesem Sinn verengt. Das geschah in einer Zeit, in der

56 Matthäus 7, 12.

man menschliche Arbeit insgesamt mit Erwerbsarbeit gleichzusetzen pflegte. Diese Zeit ist unweigerlich vorbei. Heute
haben Eigenarbeit und Familienarbeit, soziale und ehrenamtliche Arbeit ein erkennbar wachsendes Gewicht, wenn auch ihre
Gleichrangigkeit mit der Erwerbsarbeit noch längst nicht ausreichend anerkannt wird. In einer solchen Zeit ist es angezeigt,
die ursprüngliche Weite dessen wieder in den Blick zu nehmen,
was mit dem Begriff des Berufs bezeichnet wurde: die Vielfalt
der Formen, in denen Menschen so tätig sind, daß es für sie
selbst sinnvoll und für ihre Mitmenschen hilfreich ist. Die Vielfalt solcher Tätigkeiten ist auch im Blick, wenn Christen – mit
der Formulierung des Paulus – aufgefordert werden, ihr Leben
als ›Gottesdienst im Alltag der Welt‹ zu gestalten.

3.2 Primäre und sekundäre Kennzeichen der Kirche

Was für das Leben der einzelnen Christen gilt, trifft auch für
die Kirche zu. Auch für sie ist der Alltag auf besondere Weise
das Feld der Bewährung. Zwar haben die gottesdienstlichen
Handlungsvollzüge einen so eindeutigen Vorrang, daß in ihnen
die primären Kennzeichen der Kirche zu sehen sind.[57] Doch
ihnen treten sekundäre Kennzeichen zur Seite. Sie beziehen
sich auf diejenigen Formen bewirkenden und kooperativen
Handelns, in denen die Kirche auf die verschiedenen kulturellen, wirtschaftlichen und politischen Öffentlichkeiten ein-
wirkt, in denen das gesellschaftliche Zusammenleben Gestalt
gewinnt. Diese sekundären Kennzeichen ergeben sich aus den
drei Dimensionen, in denen sich christliches Gemeinschafts-
handeln bewährt – dem Leben in der Wahrheit, der wechselsei-

---

57 In diesem Sinn betrachtet das Augsburgische Bekenntnis von 1530 die
Evangeliumsverkündigung und die stiftungsgemäße Feier der Sakramente
als Kennzeichen (*notae*) der Kirche (Unser Glaube. Die Bekenntnisschriften der evangelisch-lutherischen Kirche, [3]Gütersloh 1991, S. 64).

tigen Anerkennung und der Zuwendung zu den Schwächeren. Diesen drei Dimensionen entsprechen die drei maßgeblichen Kennzeichen für das gesellschaftsbezogene Handeln der Kirche: Bildung, Gerechtigkeit und Barmherzigkeit. Im Bemühen um Bildung, im Eintreten für Gerechtigkeit und in der Kultur des Helfens sind die wichtigsten Aufgabe der Kirche gegenüber der Gesellschaft zu sehen.[58]

Bildung

Bildung ist das erste dieser Kennzeichen.[59] Christliche Verkündigung zielt auf das Verstehen des Glaubens und auf die Fähigkeit der Glaubenden zur Verständigung und zur Kommunikation. Glauben ist also immer – unabhängig vom jeweiligen Grad formaler Bildung – ein personales Bildungsgeschehen; darin ist ein Impuls zu Bildungsbemühungen in einem umfassenderen Sinn enthalten. Kirche ist ein Ort und eine Gemeinschaft der Bildung; die Mitwirkung an gesellschaftlichen Bildungsprozessen gehört zu ihren Kernaufgaben.

Die Inhalte und Traditionen des christlichen Glaubens, ihre ethischen Konsequenzen, ihr Verhältnis zu anderen Religionen und Überzeugungen sowie ihre kulturelle Bedeutung gehören zu den wichtigen Grundelementen allgemeiner Bil-

---

58 Vgl. Reuter, Hans-Richard, Die Bedeutung der kirchlichen Dienste, Werke und Verbände im Leben der Kirche, in: Pastoraltheologie 85/1996, S. 33–50 (49). Vgl. Ders., Der Begriff der Kirche in theologischer Sicht, in: Rau, G./Reuter, H.-R./Schlaich, K. (Hrsg.), Das Recht der Kirche, Bd. I, Gütersloh 1997, S. 23–75; Ders., Theologische Aspekte, in: Bock, W./Diefenbacher, H./Krech, V./Reuter, H.-R., Reformspielräume in der Kirche, Heidelberg 1997, S. 71–103. Anders als Reuter spreche ich nicht von ›expliziten‹ und ›impliziten‹, sondern von ›primären‹ und ›sekundären‹ Kennzeichen.

59 Vgl. Evangelische Kirche in Berlin-Brandenburg, Der Bildungsauftrag der Kirche und ihre Mitverantwortung im öffentlichen Bildungswesen, in: Zeitschrift für Evangelische Ethik 39, 1995, S. 302–305.

dung. Deshalb hat der Bildungsauftrag der Kirche seinen Ort nicht nur innerhalb der Gemeinden und kirchlichen Institutionen; er gehört ebenso in die öffentlichen Schulen und in andere öffentliche Bildungseinrichtungen. In einer Zeit, in welcher der Auftrag zu religiöser und ethischer Bildung verstärkt durch die staatlichen Bildungsinstitutionen wahrgenommen werden muß, darf sich die Kirche der Mitverantwortung für diesen Auftrag nicht entziehen; freilich darf ihr der Zugang zu einer angemessenen Mitwirkung auch nicht verweigert werden.

Der Bildungsauftrag der Kirche dient dem Aufbau persönlicher Überzeugungen in Fragen der religiösen und ethischen Orientierung. Er fördert zugleich den Dialog zwischen unterschiedlichen Traditionen und Überzeugungen. Identität und Verständigung sind die beiden Ziele, an denen sich dieser Bildungsauftrag orientiert.[60]

An unterschiedlichen Orten wird über die Grundlagen des christlichen Glaubens, seine kulturellen Wirkungen, sein Verhältnis zu anderen Religionen und Überzeugungen und seine ethischen Konsequenzen für die Gegenwart nachgedacht. Wo immer das geschieht, wird Bildung als ein sekundäres Kennzeichen von Kirche erkennbar. In unterschiedlichen Formen geht es darum, daß die Grundlagen des Christentums und seine historischen Gestaltungsformen auf die gegenwärtige Lebenswirklichkeit bezogen werden. Dadurch vollzieht sich eine doppelte Interpretation: Interpretiert werden nicht nur die geschichtlichen Grundlagen des Christentums, also insbesondere die biblischen Texte; interpretiert wird auch die gegenwärtige Lebenswirklichkeit. Geistige Orientierung ist immer ein derartiger Vorgang einer doppelten Interpretation, in der kultu-

---

60 Vgl. Identität und Verständigung. Standort und Perspektiven des Religionsunterrichts in der Pluralität. Eine Denkschrift der Evangelischen Kirche in Deutschland, Gütersloh 1994.

relle Überlieferungen und gegenwärtige Erfahrungen zueinander in Beziehung gesetzt werden.

Gerechtigkeit

Gerechtigkeit ist das zweite unter den sekundären Kennzeichen kirchlichen Handelns. Gerechtigkeitshandeln beruht auf der Überzeugung von der gleichen Würde menschlicher Personen und dem damit verbundenen Grundsatz wechselseitiger Anerkennung. In allen Bemühungen um Gerechtigkeit geht es darum, gesellschaftliche Bedingungen zu schaffen, in denen die gleiche Würde der Menschen zum Ausdruck kommt und wechselseitige Achtung sich entfalten kann.

Daran beteiligt sich auch die Kirche. Zu ihrer politischen Diakonie gehört es, daß sie an einem gesellschaftlichen Grundkonsens mitwirkt, der auf eine »Zukunft in Solidarität und Gerechtigkeit« ausgerichtet ist.[61] Zu ihrem praktischen Handeln gehört das Bemühen um Einrichtungen und Initiativen, die an einem gerechten Miteinander orientiert sind. Initiativen in der Arbeitswelt, Aktionen zur Verminderung von Arbeitslosigkeit, aber auch die Förderung der Familien und ihrer Rechte, das Eintreten für die Bewahrung und sinnvolle Gestaltung der Sonn- und Feiertage oder das Bemühen um die rechtliche und faktische Lage von Flüchtlingen und Asylsuchenden sind Beispiele für ein solches Gerechtigkeitshandeln der Kirche. Sie bringt das christliche – an der unantastbaren und gleichen Würde der Menschen orientierte – Menschenbild in die Suche nach einem gesellschaftlichen Grundkonsens ein; sie trägt dazu bei, daß Gerechtigkeitsprobleme

---

61 Vgl. Für eine Zukunft in Solidarität und Gerechtigkeit. Wort des Rates der Evangelischen Kirche in Deutschland und der Deutschen Bischofskonferenz zur wirtschaftlichen und sozialen Lage in Deutschland, Hannover/Bonn 1997.

grundsätzlich geklärt und praktisch einer Lösung nähergebracht werden.

Gerechtigkeit ist an der gleichen Freiheit aller Menschen ausgerichtet. Doch die Rechtsordnung einer Gesellschaft steht immer in der Gefahr, bestimmte Gruppen von Menschen nicht ausreichend einzubeziehen. Es gibt immer Menschen ›am Rand‹, denen mit Hilfe von Recht und Gerechtigkeit allein gerade keine wirkliche ›Gerechtigkeit‹ widerfährt. Das haben schon die alttestamentlichen Propheten scharf diagnostiziert. Deshalb hat bereits das alttestamentliche Recht den Gedanken der Gleichheit im Recht mit der Perspektive verbunden, daß die jeweils Schwächeren der besonderen Fürsorge in der Rechtsordnung bedürfen. Waisen, Witwen und Fremde werden immer wieder exemplarisch für die Lage von Menschen genannt, an deren konkreter Lebenssituation sich bemißt, wie es um die Gerechtigkeit in einer Gesellschaft bestellt ist.[62]

Kultur des Helfens

Die Kultur des Helfens ist an der Lage von Menschen orientiert, die gezielter Hilfe bedürfen, um aus Notsituationen befreit zu werden und nicht der eigenen Hilflosigkeit ausgeliefert zu sein, kurzum: um ein Leben in Würde führen zu können. Spezifische Notsituationen erfordern besondere Formen praktizierter Nächstenliebe. Ihnen gegenüber nimmt die Seelsorge der Kirche unter anderem die Gestalt gezielter Beratungsarbeit an. Darüber hinaus gewinnt die Zuwendung zu denen, die konkrete Hilfe benötigen, ihre institutionelle Gestalt in Diakonie und Caritas. Diakonisches Handeln ist eine unaufgebbare

---

62 Zu dem Verhältnis zwischen wechselseitiger Anerkennung auf der Basis von Gleichheit und der Parteinahme für die jeweils Schwächeren im Gerechtigkeitsbegriff vgl. Huber, Gerechtigkeit und Recht.

Lebensäußerung der Kirche. Daß es institutionelle Form annimmt, ist deshalb nötig, weil Hilfe des langen Atems und der Verläßlichkeit bedarf. An der Hilfe für Behinderte und für alte Menschen wird das besonders deutlich.

Barmherzigkeit ist allerdings von Recht und Gerechtigkeit gerade nicht zu trennen. Bedürftige sind nicht als unmündige Hilfeempfänger zu behandeln; sondern der Gerechtigkeitsgrundsatz, der auf gleiche Würde und wechselseitige Anerkennung gerichtet ist, gilt auch für sie. Alle Taten der Barmherzigkeit sind zugleich an Gerechtigkeit, und das heißt an dem Respekt gegenüber dem Mitmenschen und der Anerkennung seiner Würde orientiert.

Die drei sekundären Kennzeichen kirchlichen Handelns – Bildung, Gerechtigkeit und Barmherzigkeit – stehen also nicht isoliert nebeneinander. Ihr innerer Zusammenhang ergibt sich aus dem christlichen Bild vom Menschen. In diesem Bild vom Menschen liegt der entscheidende Beitrag, den die Kirche zur geistigen Orientierung zu leisten hat. Es ist ein Bild, in dem der Mensch sich gerade nicht von Gott löst und absondert, sondern sich als eine Gott entsprechende, antwortfähige und deshalb verantwortliche Person versteht. Freiheit und Verantwortung gehören im christlichen Verständnis des Menschen auf besondere Weise zusammen.

IV. Die Aktualität christlicher Freiheit

1. Freiheit und Verantwortung –
auf dem Weg zu einem neuen gesellschaftlichen
Leitbild

Nach geistiger Orientierung wird neu gefragt. Menschliche
Freiheit ist ihr Schlüsselthema. Doch das Zutrauen zu schran-
kenloser Individualisierung geht zu Ende. Die moralischen
Grundlagen persönlicher und gesellschaftlicher Verantwortung werden wieder ein wichtiges Thema.

Über lange Zeit hatte man sich an eine Denkweise gewöhnt,
in der die gesellschaftliche Entwicklung von moralischen Vorstellungen abgekoppelt war. Das hing mit der Einlinigkeit zusammen, in der die gesellschaftliche Entwicklung insgesamt
mit der Entwicklung von Wissenschaft und Technik ineins gesetzt wurde. Die Technikentwicklung aber folgt, so heißt eine
verbreitete Annahme, ihrer eigenen Logik. Sie richtet sich nach
den Innovationsschüben, die durch wissenschaftliche Erkenntnis und technischen Fortschritt in Gang gesetzt werden. Sie
löst sich damit aus dem Zusammenhang mit den anderen Sphären menschlichen Lebens, auch aus dem Zusammenhang mit
den moralischen Orientierungen der Menschen.

1.1 Jenseits der Trennung von Gesellschaftsentwicklung und Moral

Der Soziologe Max Weber hat zu Beginn des 20. Jahrhunderts für diese Verselbständigung der großen gesellschaftlichen Bereiche den starken Ausdruck der ›Eigengesetzlichkeit‹ geprägt. Solche Eigengesetzlichkeit kann sich bis zum vollständigen Gegensatz steigern. Einen derartigen Gegensatz hat Weber zwischen dem Bereich des denkenden Erkennens und dem Bereich religiöser und ethischer Orientierung gesehen. Zweckrationalität und Wertrationalität, rational empirisches Erkennen und die Vorstellung von der Welt als einem ethisch sinnvoll geordneten Kosmos traten für ihn völlig unverbunden und unverbindbar gegeneinander. »Wo immer [...] rational empirisches Erkennen die Entzauberung der Welt und deren Verwandlung in einen kausalen Mechanismus konsequent vollzogen hat, tritt die Spannung gegen die Ansprüche des ethischen Postulates: daß die Welt ein gottgeordneter, also irgendwie sinnvoll geordneter Kosmos sei, endgültig hervor.«[1] Aus der Perspektive zweckrationalen Denkens, das die Welt entzaubert und zu einem kausalen Mechanismus macht, muß nach Webers Auffassung wertrationales Denken als irrational erscheinen, weil es nicht auf die Wirkungen des Handelns, sondern auf dessen Eigenwert gerichtet ist.

Erst gegen Ende seines Lebens hat Max Weber einen Versuch unternommen, im Begriff der Verantwortungsethik doch noch eine Brücke zwischen zweckrationalem und wertrationalem Handeln zu schlagen.[2] Das Postulat einer individuellen Verantwortung für die voraussehbaren Folgen des eigenen – zweck-

1 Weber, Max, Gesammelte Aufsätze zur Religionssoziologie, I, ⁶Tübingen 1972, 564.
2 Weber, Max, Politik als Beruf, in: Ders., Wissenschaft als Beruf, 1917/1919. Politik als Beruf, 1919, Tübingen 1994 (Max Weber-Studienausgabe der Gesamtausgabe I/17), S. 79 ff.

rationalen – Handelns ist die entscheidende Brücke. Doch diese verantwortungsethischen Andeutungen haben die These nicht wirklich erschüttert, daß wir es in der modernen Gesellschaft mit unterschiedlichen Lebenssphären zu tun haben, die jeweils ihrer Eigenlogik folgen.

Diese These ist seitdem vielfach in den Vorstellungen von einer Ausdifferenzierung der modernen Gesellschaft aufgenommen worden. Tonangebend ist in diesem Differenzierungsprozeß die wissenschaftlich-technische Entwicklung und ihre ökonomische Verwertung. Gegenüber diesen eigentlich systemprägenden Faktoren gehört die Moral, also die Wertorientierung, bestenfalls in die gesellschaftliche Umwelt des Systems. Der gesellschaftliche Differenzierungsprozeß verweist Fragen der Wertorientierung in eine Randposition. Mit der Dominanz der Technikentwicklung verbindet sich also, so heißt eine verbreitete Diagnose, eine Marginalisierung der Moral.

In den letzten Jahrzehnten hat sich eine gegenläufige Entwicklung angebahnt. Verstärkt wird geltend gemacht, daß die durch Wissenschaft und Technik bestimmte Gesellschaftsentwicklung wieder auf moralische Grundfragen zurückbezogen werden muß. Exemplarisch ist das in dem verantwortungsethischen Vorstoß geschehen, den der Philosoph Hans Jonas mit seinem »Prinzip Verantwortung« unternommen hat. Bei aller Kritikwürdigkeit im einzelnen hat sein dringlicher Appell noch heute prinzipielle Gültigkeit. Durch die moderne Hochtechnologie, so argumentiert Jonas, entsteht ein »Neuland kollektiver Praxis«, das ethisch betrachtet als »Niemandsland« bezeichnet werden muß.[3] Dieses Vakuum kann nur durch eine Ethik ausgefüllt werden, die sich an den Zukunftswirkungen gegenwärtiger Handlungen ausrichtet. Da diese Wirkungen in aller Regel nicht eindeutig bestimmbar sind, muß sie sich an einer »Heuristik der Furcht« orientieren und nicht nur die mit

3 Jonas, Hans, Das Prinzip Verantwortung, Frankfurt a. M. 1979, S. 7.

Gewißheit prognostizierbaren, sondern auch die möglichen Folgen des Handelns einbeziehen.[4] Die Reaktion auf solche Folgen muß sich an dem Imperativ messen: »Handle so, daß die Wirkungen deiner Handlung verträglich sind mit der Permanenz echten menschlichen Lebens auf Erden.«[5]

Der darin geforderte Respekt vor dem Leben aber ist, so fügt Jonas hinzu, vielleicht überhaupt nur aufzubringen, wenn wir der Kategorie des Heiligen, dieser durch wissenschaftliche Aufklärung und technischen Fortschritt so gründlich vertriebenen Kategorie, wieder Raum geben. So führt die Überlegung von Hans Jonas an die Grenze, an der nicht nur der Zusammenhang von Gesellschaftsentwicklung und Moral, sondern darüber hinaus der Zusammenhang von Gesellschaftsentwicklung und Religion neu thematisiert werden muß. Die Suche nach dem »Prinzip Verantwortung« führt mit innerer Notwendigkeit auf die Frage, »ob wir ohne die Wiederherstellung der Kategorie des Heiligen, die am gründlichsten durch die wissenschaftliche Aufklärung zerstört wurde, eine Ethik haben können, die die extremen Kräfte zügeln kann, die wir heute besitzen und dauernd hinzuerwerben und auszuüben beinahe gezwungen sind.«[6]

Gerade kirchliche Beiträge zu gesellschaftlichen Orientierungsproblemen, so muß man aus dieser Überlegung folgern, greifen zu kurz, wenn sie sich auf die ethische Beurteilung gegenwärtiger Entwicklungen und auf moralische oder gar moralisierende Forderungen beschränken. Vielmehr kommt es darauf an, den alle Moral überschreitenden Gehalt des christlichen Glaubens in seiner Bedeutung für die Orientierungsprobleme der Gegenwart zu verdeutlichen; denn nur dann werden auch die moralischen Fragen an den ihnen gebührenden Platz gerückt.

4 Ebd., S. 63.
5 Ebd., S. 36.
6 Ebd., S. 57.

Ethik und Moral haben es mit der Frage des menschlichen Handelns und Verhaltens zu tun. Religion macht deutlich, daß der Mensch vor allem Handeln Empfangender ist; das schließt ein, daß menschliches Handeln nur dann verantwortet werden kann, wenn der Handelnde sich seiner Grenzen bewußt ist. Die Kategorie des Heiligen verweist auf solche Grenzen. Sie benennt eine dem Menschen überlegene Wirklichkeit, die unantastbar ist. Sie benennt den Ursprung des Glanzes in der Welt, den durch sein Handeln nicht zu verdunkeln die vielleicht höchste Verantwortung ist, die sich dem Menschen stellt.

Die Überlegungen von Hans Jonas sind ein Beispiel für die sich ausbreitende Einsicht, daß sich die vollständige Abkoppelung der Gesellschaftsentwicklung von Fragen der Moral nicht mehr aufrechterhalten läßt. Vielmehr stellt sich für jede und jeden einzelnen angesichts der Handlungsmöglichkeiten und der Herausforderungen in der Gesellschaft die Frage nach dem verantwortlichen Gebrauch der eigenen Freiheit. Daß ein individualistisches Verständnis der Freiheit deren verantwortlichen Gebrauch nicht mehr zureichend anzuleiten vermag, liegt am Tage. Der Sache nach angemessen und den Herausforderungen unserer Zeit gemäß ist allein ein neuer Begriff kommunikativer und kooperativer Freiheit. Deshalb wenden wir uns der Frage zu, worin der Beitrag des christlichen Freiheitsverständnisses zu der anstehenden Neubestimmung des Begriffs der Freiheit liegt.

1.2 Der Sinn christlicher Freiheit

Ernst-Wolfgang Böckenförde hatte zwar auch den christlichen Glauben im Blick, als er vor mehr als einem Vierteljahrhundert erklärte: »Der freiheitliche, säkularisierte Staat lebt von Voraussetzungen, die er selbst nicht garantieren kann.«[7] Doch auch wenn man im Freiheitsverständnis des christlichen Glaubens einen Beitrag zu solchen Voraussetzungen sieht, bleibt die Frage offen, ob der Sinn der christlichen Freiheit in einem derartigen Beitrag aufgeht. Zwar legen manche zeitgenössischen Versuche, das Programm einer liberalen Theologie zu erneuern, diese Folgerung nahe. Sie klingen so, als erschöpfe sich der Sinn des christlichen Glaubens darin, eine mit dem Staat des Bonner Grundgesetzes kongruente Weltanschauung aufzubauen. Doch wenn nicht mehr gesagt wird, bleibt der Sinn christlicher Freiheit eindeutig unterbewertet.

Unter drei Gesichtspunkten soll das besondere Profil des christlichen Freiheitsverständnisses erläutert werden. Diese Gesichtspunkte sind der persönliche Charakter der Freiheit, der Gabecharakter der Freiheit und die Bedeutung menschlicher Endlichkeit und Schuld.

Persönliche Freiheit

Unter der Perspektive gesellschaftlicher Freiheit gehören individuelle Freiheit und politische Freiheit unlöslich zusammen. Die Freiheit der einzelnen ist zu ihrer Sicherung auf entsprechende politische Ordnungsverhältnisse angewiesen. Unter der Perspektive des christlichen Glaubens ist der persönliche Aspekt der Freiheit aber radikaler gefaßt. Diese Radikalität ist im Blick, wenn Dietrich Bonhoeffer ausgerechnet im Gefängnis »Stationen auf dem Weg zur Freiheit« aufzeichnet.[8] Dieselbe Radikalität klingt an, wenn Schiller in seinen »Worten des

---

7 Böckenförde, Ernst-Wolfgang, Die Entstehung des Staates als Vorgang der Säkularisation, in: Ders., Recht, Staat, Freiheit. Studien zur Rechtsphilosophie, Staatstheorie und Verfassungsgeschichte, ²Frankfurt a. M. 1992, S. 92–114 (112).
8 Bonhoeffer, Widerstand und Ergebung, S. 403.

Glaubens« sagt: »Der Mensch ist frei geschaffen, ist frei, und würd' er in Ketten geboren.«[9] Nicht Gleichgültigkeit gegenüber der äußeren Unfreiheit spricht aus solchen Worten; vielmehr wird die persönliche Freiheit als eine Instanz in Anspruch genommen, die auch durch äußere Unfreiheit nicht außer Kraft gesetzt wird. Gerade deshalb ermächtigt und verpflichtet sie zum Widerspruch gegen alle Formen äußerer Unfreiheit.

An zwei historischen Höhepunkten christlichen Freiheitsverständnisses, bei Paulus und bei Luther, läßt sich das verdeutlichen.

Paulus hat Leben, Tod und Auferweckung Christi insgesamt als Eröffnung von Freiheit interpretiert. Er hat das Evangelium als den an jeden Menschen ergehenden Ruf zur Freiheit gedeutet und die Taufe als die jeden Menschen leibhaft ergreifende Zueignung der Freiheit verstanden.

Diese Berufung zur Freiheit darf jedoch nicht individualistisch mißverstanden werden. Das läßt sich am Beispiel des Paulus denkbar einfach deutlich machen, beispielsweise durch den Hinweis auf seine Aussage: »Zur Freiheit seid ihr berufen, Brüder; deshalb sorgt dafür, daß die Freiheit nicht eurer Selbstsucht die Bahn freigibt, sondern dient einander in der Liebe.«[10] Freiheit wird also in der wechselseitigen Zuwendung bewahrt. Freiheit sondert die Menschen nicht so voneinander ab, wie das im Gerechtigkeitsgrundsatz Kants sogar zur Pflicht gemacht wird: »Tritt in einen Zustand, worin jedermann das Seine gegen jeden andern gesichert sein kann.«[11] Freiheit ist mehr als ein Zustand, in dem man das Seine *gegen* jeden andern gesichert weiß; sie ist ein Prozeß, in dem das Leben *mit* anderen gelingt. Freiheit verwirklicht sich nach christlichem Verständnis in der

---

9 Schiller, Friedrich, Die Worte des Glaubens, in: Ders., Sämtliche Gedichte, Erster Teil (dtv Gesamtausgabe 1), München 1965, S. 183.
10 Galater 5, 13.
11 Kant, Immanuel, Metaphysik der Sitten. Rechtslehre, in: Studienausgabe, hrsg. von Weischedel, W., IV, Darmstadt 1968, S. 344.

Gemeinschaft von Menschen, die einander in vorbehaltloser Anerkennung und Liebe begegnen. Freiheit hat ihren genuinen Ort in Gemeinschaft und wechselseitiger Verständigung; sie trägt also kommunikativen Charakter.

Derselbe Grundzug läßt sich auch bei Luther beobachten, der darin unmittelbar an Paulus anknüpft. Die berühmte Doppelthese des Traktats über die Freiheit eines Christenmenschen von 1520 schärft auf ihre Weise ein, daß die Freiheit zuallererst an der Person haftet: »Ein Christenmensch ist ein freier Herr über alle Dinge und niemandem untertan. Ein Christenmensch ist ein dienstbarer Knecht aller Dinge und jedermann untertan.«[12] Luthers These bringt in ihrer Doppelstruktur den Grundgedanken kommunikativer Freiheit auf eine knappe Formel. Wenn die Freiheit des Christen sich in der Unabhängigkeit von fremden Verfügungsansprüchen zeigt, dann ist damit herausgestellt, in welchem Sinn sie an der Person hängt, die durch Gott mit einer unverfügbaren Würde ausgestattet ist. Wenn sich diese Freiheit aber nur im Dienst gegenüber dem Mitmenschen voll verwirklicht, dann ist der Freiheit selbst ein Impuls eingestiftet, der jeder Selbstabschließung vorbeugt. Freiheit und Verantwortung werden nicht – im Sinne Kants – so miteinander verknüpft, daß die Selbstbestimmung des Individuums und die Bindung an die Allgemeinheit der Vernunft als zusammengehörig erwiesen werden. Die christliche Tradition sieht die menschliche Person vielmehr als eine Person-in-Beziehung; menschliche Selbstbestimmung wird deshalb als Bindung an Gott und zugleich als Bindung an die Person des oder der andern verstanden. Die freiwillige Selbstzurücknahme um der andern willen erscheint nicht als Einschränkung der Freiheit, sondern als deren Ausdruck. Selbstbestimmung und Anerkennung des andern, Liebe zu sich selbst und Liebe zum Nächsten gehören zusammen.

12 Luther, Martin, Von der Freiheit eines Christenmenschen, Studienausgabe, II, Berlin 1982, S. 265.

Dies hängt freilich mit einem zweiten Charakteristikum der christlich verstandenen Freiheit zusammen, nämlich mit ihrem Gabecharakter. Als Gabe versteht der Christ die Freiheit im Blick auf die dreifache Weise, in welcher Gott ihm begegnet: als Schöpfer, Versöhner und Erlöser.

Schöpfung ist ihrem ursprünglichen biblischen Sinn gemäß ein Vorgang, der den Menschen als Geschöpf inmitten der Schöpfung mit der Möglichkeit freier Aktivität ausstattet. Es reicht deshalb nicht hin, wenn der Gedanke der Schöpfung so aufgefaßt wird, als stehe dem aktiven Schöpfergott das passive menschliche Geschöpf gegenüber. Vielmehr verbindet die Schöpfungsvorstellung die anfangende und hervorbringende schöpferische Aktivität Gottes mit vielfältigen Eigenaktivitäten des Geschöpfes Mensch: Er benennt die Dinge, eignet sie sich an, unterwirft sie seiner Herrschaft, bebaut und bewahrt sie. »Die Eigenaktivität des Geschöpflichen ist konstitutiv eingebunden in den Schöpfungsvorgang.«[13] Schöpfung ist demgemäß nicht nur ein aus Freiheit entspringender, sondern auch ein auf Freiheit angelegter Vorgang. Die Freiheit des Geschöpfes antwortet auf die Freiheit des Schöpfers; gerade darin ist der Mensch das dem Schöpfer entsprechende, das Gott in Freiheit antwortende Geschöpf. Doch die geschöpfliche Freiheit ist eine mit dem Leben mitgegebene Gabe; sie ist Folge des göttlichen Handelns und gerade darin ein konstitutives Moment des geschöpflichen Daseins. Sie trägt also von allem Anfang an einen relationalen Charakter. Sie entstammt der Beziehung des Geschöpfes zu seinem Schöpfer. Und sie gewinnt darin Gestalt, wie der Mensch selbst die Beziehung zu Gott, zu seinen Mitgeschöpfen, unter ihnen insbesondere den anderen Menschen, und zu sich selbst mit Leben erfüllt.

13 Welker, Michael, Schöpfung und Wirklichkeit, Neukirchen 1995, S. 24.

Doch die geschöpfliche Freiheit ist gefährdet. Von dieser Gefährdung handelt die biblische Urgeschichte in exemplarischer Weise. Sie schildert die Verkehrung im Verhältnis des Menschen zu Gott, zu seinem eigenen Bruder, zu der Natur, aus deren Ertrag er sein Leben fristet, und schließlich auch zu seinen kulturellen Hervorbringungen.[14] Menschliche Geschichte ist nicht nur eine Geschichte der Freiheit, sondern auch ihrer Verkehrung. Sie führt in die Abgründe der Orientierungslosigkeit, für die der Begriff der Sünde steht. Die menschliche Freiheit ist deshalb auf die Möglichkeit des Neubeginns angewiesen. Im Zentrum des christlichen Glaubens steht die Gewißheit, daß die Gabe der Freiheit nicht unwiderruflich verloren ist, sondern erneuert wird.

Dieser Kern des christlichen Freiheitsverständnisses läßt sich wiederum in besonders prägnanter Form an Paulus und Luther verdeutlichen. Die Botschaft des Paulus ist ganz und gar davon bestimmt, daß diese erneuerte Freiheit nicht ein Resultat menschlichen Handelns, sondern ein Widerfahrnis ist: »Zur Freiheit hat uns Christus befreit«, heißt die schlechthin entscheidende Aussage des Paulus.[15] Leben, Tod und Auferweckung Jesu Christi zielen auf nichts anderes als auf die Freiheit. Sie besteht in der Überwindung jedes Versuchs, in der Gestalt des eigenen Lebens zugleich dessen letzten Sinn zu verwirklichen und somit die eigene Freiheit aus eigener Macht herzustellen. Christus befreit gerade darin von der Macht des Todes, daß er den Menschen von dem Zwang erlöst, den Tod aus eigener Macht überwinden zu wollen.

Auch dieser Grundzug des paulinischen Freiheitsverständnisses findet bei Luther sein Echo. Kaum ein Theologe hat nachdrücklicher als er darauf beharrt, daß die Freiheit nicht das Resultat menschlichen Handelns ist. Die Machtentfaltung der

14 Vgl. 1. Mose 1–11.
15 Galater 5,1.

Kirche kann ebensowenig Freiheit verbürgen, wie dies staatlicher Macht möglich ist. Es gibt keine andere Freiheit als die, die aus der freisprechenden Gnade Gottes kommt. Jede andere Vorstellung menschlicher Freiheit beruht nach Luthers Überzeugung auf dem anmaßenden Gedanken, der Mensch könne aus eigener Kraft den Graben überspringen, der ihn von Gott trennt.

Endlichkeit und Schuld

Doch läßt sich diese These Luthers aufrechterhalten? Läßt sich weiterhin behaupten, daß Freiheit nur dann zureichend begriffen ist, wenn sie als reine Gabe verstanden wird? Zwingend ist diese Aussage nur, wenn anerkannt wird, daß das Verständnis der Freiheit im Gottesverhältnis des Menschen zu verankern, also nicht auf sein Selbstverhältnis zu beschränken ist. Diese Folgerung kann aber nur nachvollziehen, wer das entscheidende Hindernis der Freiheit nicht einfach in freiheitswidrigen äußeren Umständen, sondern in der inneren Orientierungslosigkeit des Menschen, also in seiner Sünde sieht.

Eben darin ist das neuzeitliche Freiheitsverständnis dem Vorbild Luthers in aller Regel nicht gefolgt – mit wichtigen Ausnahmen wie derjenigen Hegels. Er hatte ein klares Bewußtsein davon, daß das Christentum ohne die Lehre von der Sünde nicht die Religion der Freiheit wäre.[16] In Hegels Deutung entbehrt der Mensch in seinem natürlichen Zustand gerade der Freiheit, weil er nicht bloßer Geist ist. Deshalb hat die Lehre, daß er von Natur aus böse sei, mehr für sich als die andere, die ihn für von Natur aus gut hält. Gerade dadurch, daß das Chri-

16 Vgl. Ebeling, Gerhard, Der kontroverse Grund der Freiheit. Zum Gegensatz von Lutherenthusiasmus und Lutherfremdheit in der Neuzeit, in: Ulrich, H.G. (Hrsg.), Freiheit im Leben mit Gott. Texte zur Tradition evangelischer Ethik, Gütersloh 1993, S. 213–226 (213).

stentum sich dieser Naturverfassung des Menschen stellt, wird es zur Religion der Freiheit.[17]

Als Erbe lutherischer Tradition erweist Hegel sich in dieser Überlegung dadurch, daß er einen Begriff der Sünde verwendet, der diese keineswegs auf den Aspekt der moralischen Verfehlung reduziert. Er versteht vielmehr Sünde als eine Orientierungslosigkeit, die mit der natürlichen Verfassung des Menschen mitgegeben ist. Wenn es so ist, kann ihm eine tragfähige Orientierung auch nicht einfach aus seiner Natur, also aus seinem Selbstverhältnis zuwachsen und durch eigenes Handeln zustande gebracht werden. Auch aus Hegels Argumentation ergibt sich, daß dem Menschen Freiheit nur kraft eines Geistes zukommen kann, über den er nicht selbst verfügt.

Doch diese Auffassung vom Menschen ist im neuzeitlichen Freiheitsverständnis keineswegs unumstritten. Vielmehr hat der bisweilen bis zur Fremdheit gesteigerte Konflikt zwischen Theologie und Philosophie in der Tiefe mit der Frage nach der Bedeutung der Sünde für die Freiheit des Menschen zu tun. Allerdings hat dieser theologisch-philosophische Konflikt über die Sündenthematik auch fatale Folgen gehabt. Er hat nämlich zu einer Konfrontation zweier Freiheitsauffassungen geführt. Die eine sucht die Ursache menschlicher Unfreiheit außerhalb des Menschen und die Kraft zu ihrer Überwindung in ihm, während die andere die Ursache menschlicher Unfreiheit in ihm und die Kraft zu ihrer Überwindung außerhalb von ihm zu finden glaubt.

Doch damit wird eine irreführende Alternative aufgebaut. Aus theologischer Perspektive kommt es gerade darauf an, die Ursache der Unfreiheit, die in der *conditio humana* selbst liegt, von den Ursachen der Unfreiheit zu unterscheiden, die in gesellschaftlichen Bedingungen ihren Grund haben und durch

17 Hegel, Georg W. F., Grundlinien der Philosophie des Rechts, 18. Zusatz, (1821) Frankfurt a. M. 1970.

menschliches Handeln veränderbar sind. Eine theologische Begründung menschlicher Unfreiheit im Faktum der Sünde braucht keineswegs zu einer Gleichgültigkeit gegenüber den Ursachen von Unfreiheit zu führen, die in den gesellschaftlichen Bedingungen liegen. Im Gegenteil: Die Wahrnehmungsfähigkeit für die Sünde als Ursache der Unfreiheit schärft auch die Aufmerksamkeit für die gesellschaftliche Willkür, die Menschen in vermeidbarer Unfreiheit hält. Und ebenso kann ein theologisches Freiheitsverständnis das grundlegende Geschehen der Befreiung, dessen Urheber Gott ist, von denjenigen Befreiungshandlungen unterscheiden, zu denen Menschen in der Lage sind. Ein umfassendes theologisches Freiheitsverständnis ist gerade dadurch gekennzeichnet, daß es die zugesagte Freiheit des Glaubens und die Verantwortung für die Freiheit in Gesellschaft und Staat voneinander unterscheidet und zugleich miteinander verknüpft.

Die Schöpfung haben wir in dieser Betrachtung unter dem Gesichtspunkt betrachtet, daß mit ihr die Gabe der Freiheit ihren Anfang nimmt. In Anschluß daran haben wir die Versöhnung als das Geschehen erläutert, in dem sich die Gabe der Freiheit erneuert. Von der Erlösung ist aus der Perspektive des christlichen Glaubens schließlich deshalb zu reden, weil in ihr die Gabe der Freiheit zur Vollendung kommt. Der Begriff der Erlösung bezeichnet die endgültige Rettung von der Macht des Todes, auf die alle Kreatur hofft. An keiner Stelle redet Paulus hymnischer von der Freiheit als dort, wo er die Hoffnung der Schöpfung im ganzen besingt: »Die Schöpfung ist ja unterworfen der Vergänglichkeit – ohne ihren Willen, sondern durch den, der sie unterworfen hat –, doch auf Hoffnung; denn auch die Schöpfung wird frei werden von der Knechtschaft der Vergänglichkeit zu der herrlichen Freiheit der Kinder Gottes.«[18] Erlösung: das ist die »herrliche Freiheit der

18 Römer 8, 20f.

Kinder Gottes«, in der alle Teile der Schöpfung frei sind von der Macht des Todes.

Daran haben die Christen kraft des Glaubens an die Auferstehung Jesu Anteil, doch auf Hoffnung hin. Dem Tod, dem »hoffnungslosen Fall«, der Beziehungen abbricht und Beziehungslosigkeit an ihre Stelle setzt[19], ist schon jetzt die letzte Macht genommen. Einstweilen hat die Erlösung vom Tode noch die Gestalt, daß sie dazu befreit, mit dem Leben wie mit dem Sterben umzugehen. Darin meldet sich die Verheißung auf eine letztgültige Zukunft an, in der es für den Tod schlechthin keinen Raum mehr gibt. Glaube an die Auferstehung heißt: den letzten Horizont der Zukunft nicht als Bedrohung, sondern als Verheißung sehen und deshalb schon jetzt der Macht des Todes gegenüber eine innere Freiheit gewinnen zu können. Auch in der Perspektive der Erlösung erweist sich Freiheit als eine Gabe, die schon jetzt die Gestalt des Lebens prägt.

1.3 Kommunikative und kooperative Freiheit

Das spezifische Profil eines christlichen Freiheitsverständnisses zeigt sich im kommunikativen und zugleich kooperativen Charakter der Freiheit. Nachdem in der bisherigen Überlegung bereits vom kommunikativen Aspekt der Freiheit die Rede war, soll in einem nächsten Schritt der Begriff der Kooperation näher erläutert werden.

19 Vgl. Jüngel, Eberhard, Tod, ⁵Gütersloh 1993, S. 101.

Der neuzeitliche Begriff der Kooperation hat einen theologischen Hintergrund. Grundlegend wird Kooperation in der Geschichte der christlichen Theologie als das Zusammenwirken von menschlichem Willen und göttlicher Gnade gedacht. Martin Luther hat diesem Zusammenwirken im Rahmen seiner Rechtfertigungslehre eine Fassung gegeben, die jedem ›Synergismus‹ – *synergeia* ist das griechische Äquivalent zum lateinischen *cooperatio* – entgegengesetzt war. Zwar sprach er ausdrücklich auch von einer Zusammenarbeit des Menschen mit Gott. Doch er verstand diese *cooperatio hominis cum deo* als eine nachfolgende Mitwirkung des Menschen am Schöpferwerk Gottes, die von allen Spuren der Selbstrechtfertigung frei ist.

Doch in der Neuzeit entwickelte sich der Begriff der Kooperation immer stärker zu einem rein ökonomischen Begriff, der bestimmte Formen der Arbeitsorganisation charakterisieren sollte. An ihn knüpfen sich Definitionen wie etwa die folgende: »Die Form der Arbeit vieler, die in demselben Produktionsprozeß oder in verschiedenen, aber zusammenhängenden Produktionsprozessen planmäßig neben- und miteinander arbeiten, heißt Kooperation.«[20] Diese Ökonomisierung des Begriffs verschärft sich durch die Auffassung, daß ökonomisches Handeln ohne Rückbezug auf moralische Grundlagen – nämlich ausschließlich nach zweckrationalen Gesichtspunkten – zu organisieren ist. Zugleich aber wird der Anwendungsbereich dieses Verständnisses von kooperativem Handeln entgrenzt. Anders als in den Zeiten der industriellen Revolution wird Kooperation nicht länger als auf den Produktionsprozeß beschränkt gedacht. Vielmehr vollzieht sich kooperatives Han-

---

20 Marx, Karl, Das Kapital, zitiert in: Landwehrmann, F., Kooperation, in: Historisches Wörterbuch der Philosophie, IV, Basel 1976, S. 1091.

deln überall dort, wo mindestens zwei Individuen so interagieren, »daß der Zielerreichungsprozeß mindestens eines Individuums A vom Verhalten mindestens eines anderen Individuums B abhängt.«[21]

Ein solcher zugleich ökonomisierter und entgrenzter Begriff der Kooperation ist aber nur solange folgerichtig, wie man von der Entkoppelung zwischen den Eigengesetzlichkeiten zweckrationalen und wertrationalen Handelns ausgeht. Diese Entkoppelung ist jedoch, wie wir sahen, nicht aufrechtzuerhalten. Damit wird auch kooperatives Handeln als eine Handlungsform wiederentdeckt, die strategisches Handeln und kommunikatives Handeln miteinander verbindet. Kooperatives Handeln ist zum einen wie strategisches Handeln zweckorientiert; es übersteigt das reine zweckrationale Handeln jedoch darin, daß es auf Intersubjektivität aufbaut. Damit gewinnt es gegenüber dem strategischen Handeln eine eigene Handlungsrationalität. Kooperatives Handeln ist aber zum andern vom kommunikativen Handeln darin unterschieden, daß nicht die intersubjektive Verständigung als solche im Vordergrund steht. Vielmehr ist sie eine Voraussetzung für eine intersubjektiv geteilte Zweckorientierung. Der spezifische Charakter kooperativen Handelns liegt also in der Verbindung von Zweckorientierung und Intersubjektivität. Kooperatives Handeln verknüpft Zweckrationalität und Wertrationalität miteinander.

Abschied vom Individualismus

Der Blick auf die eigenständige Bedeutung kooperativen Handelns erleichtert die Revision eines rein individualistisch gefaßten Freiheitsverständnisses. Parallel zur gesellschaftlichen In-

---

21 Kliemt, Hartmut, Kooperation, in: Enderle, G. u. a. (Hrsg.), Lexikon der Wirtschaftsethik, Freiburg i. Br. 1993, S. 568.

dividualisierung wurde in den zurückliegenden Jahrzehnten auch der Begriff der Freiheit weithin als Selbstbestimmung des Individuums gedeutet und der Sozialität des Menschen entgegengesetzt. In dem Maß, in dem die Ambivalenz der Individualisierung wahrgenommen wird, tritt auch die Wechselbeziehung zwischen Individualität und Sozialität des Menschen neu ins Bewußtsein. Und in dem Maß, in dem die Entkopplung zwischen Zweckrationalität und Wertrationlität problematisch wird, eröffnet sich ein neuer Zugang zum eigenständigen Charakter von kooperativem Handeln. Beide Entwicklungslinien verknüpfen sich im Gedanken kommunikativer und kooperativer Freiheit als der moralischen Grundlage persönlicher und gesellschaftlicher Verantwortung. Das christliche Freiheitsverständnis kann zu einem solchen Leitbild kommunikativer und kooperativer Freiheit Spezifisches beitragen.

Der christliche Glaube versteht den Menschen, wie wir gesehen haben, als ein Wesen, das seine Freiheit wie sein Leben als Geschenk empfängt und deshalb für den Gebrauch seines Lebens wie seiner Freiheit rechenschaftspflichtig ist. Diese Zusammengehörigkeit prägt das Verhältnis zum Mitmenschen. Denn der Sinn der Freiheit besteht nicht darin, sie gegen den andern durchzusetzen, sondern sie im Aufbau eines gemeinsamen Lebens einzusetzen. Beide Aspekte – Rechenschaftspflicht und Fürsorge für ein gemeinsames Leben – verbinden sich auf denkbar elementare Weise im Doppelgebot der Liebe. In ihm bildet die Gottesbeziehung des Menschen den Ausgangspunkt dafür, daß Selbstachtung und Achtung des Mitmenschen in der Gestalt des eigenen Lebens zusammengehören. »Du sollst den Herrn, deinen Gott, lieben von ganzem Herzen, von ganzer Seele und von ganzem Gemüt. Dies ist das höchste und größte Gebot. Das andere aber ist dem gleich: Du sollst deinen Nächsten lieben wie dich selbst.«[22]

22 Matthäus 22, 37–39.

Freiheit verwirklicht sich nach christlichem Verständnis demnach in der Gemeinschaft von Menschen, die einander in vorbehaltloser Anerkennung und Liebe begegnen. Freiheit hat ihren genuinen Ort in wechselseitiger Verständigung und gemeinsamem Handeln; sie trägt also den Charakter kommunikativer und kooperativer Freiheit. Kommunikative Freiheit meint dabei eine Freiheit, die ihre Erfüllung in der zweckfreien Verständigung und Gemeinschaft findet. Kooperative Freiheit dagegen ist diejenige Freiheit, in der zweckrationale Kooperation sich auf der Grundlage intersubjektiver Verständigung und damit in der freien Übereinstimmung der Beteiligten vollzieht.

Das christliche Freiheitsverständnis ist dadurch bestimmt, daß Freiheit zuerst nicht ein Resultat menschlichen Handelns, sondern ein Geschenk ist. Die Befreiung, die Menschen widerfährt, besteht zuallererst in der Überwindung jedes Versuchs, in der Gestalt des eigenen Lebens zugleich dessen letzten Sinn verwirklichen zu wollen. Wenn der Zwang nicht mehr herrscht, die eigene Freiheit aus eigener Macht herstellen zu müssen, kann die persönliche Freiheit in den Dienst gemeinsamer Freiheit treten. Die Distanz gegenüber der Vorstellung, die eigene Freiheit in einem letztgültigen Sinn selbst verwirklichen zu müssen, befähigt dazu, Freiheit und Verantwortung miteinander zu verbinden. Aus christlicher Perspektive beruht die Möglichkeit zu Kommunikation und Kooperation folglich nicht nur auf moralischen, sondern in einem strikten Sinn auf religiösen Voraussetzungen.

Wenn wir Freiheit als kommunikative und kooperative Freiheit verstehen, können wir die Anwendung dieses Freiheitsbegriffs nicht auf die mit uns gleichzeitig lebenden Menschen beschränken. Vielmehr müssen wir ihn auch für die Angehörigen künftiger Generationen gelten lassen. Auf exemplarische Weise zeigt sich das in der Verhältnisbestimmung zwischen der Würde von Gliedern heutiger und künftiger Generationen. Der Würde des Menschen wird nur gerecht, wer bereit ist, seine heutigen Entscheidungen vor der Würde künftiger Generationen zu verantworten. Der Gedanke menschlicher Würde hat zur Folge, daß wir den Gliedern künftiger Generationen mindestens die Freiheit einräumen müssen, die wir für uns selbst in Anspruch nehmen. Ihr Freiheitsraum darf durch unsere Entscheidungen nicht kleiner werden als der Freiheitsraum, der uns selbst zukommen soll. Wir dürfen ihr Leben nicht determinieren. Das muß der leitende Grundsatz für die Abschätzung künftiger Wirkungen gegenwärtigen Handelns sein.

Aus der Orientierung an dem Begriff kommunikativer und kooperativer Freiheit ergibt sich, daß gelebte Freiheit die knappe Ressource Solidarität nicht aufzehren muß, sondern erneuern kann. In kommunikativem Handeln erleben Menschen, wie die gemeinsame Freiheit die je individuelle Freiheit verwandelt, übersteigt und erneuert. In kooperativem Handeln tritt der Interaktionspartner nicht nur als Konkurrent, als Faktor in der Kostenrechnung, als Adressat von Marketingmaßnahmen in den Blick. Durchsetzung gegenüber dem anderen ist nicht das einzige Handlungsziel; denn persönliche Freiheit wird nicht ausschließlich als individuelle Freiheit verstanden. Der Interaktionspartner erscheint deshalb als Gegenüber, das die eigene Kreativität herausfordert und beflügelt. Individualität findet ihre Verwirklichung nicht außerhalb von Gemeinschaften, sondern die Erfahrung von Gemeinschaft wird zum Konstitutionsgrund von Individualität, wie auch Individualität als Bedingung von Gemeinschaft wahrnehmbar wird. Die Wechselwirkung von Selbstbestimmung und Kooperation wird zur Basis gelingenden Lebens.

Nicht darum geht es, die Individualisierungsprozesse der Gegenwart im Sinn einer Verfallstheorie zu dämonisieren. Sondern es geht darum, angesichts der gegenwärtigen gesellschaftlichen Entwicklungsdynamik Individualität und Sozialität, Selbstbestimmung und Solidarität in eine neue Balance zu brin-

gen. Darin liegt das entscheidende kulturelle Verständigungs-
problem unserer Zeit.

1.4 Wechselseitige Verantwortung

Das Konzept kommunikativer und kooperativer Freiheit hilft
bei der Klärung dessen, was heute unter ›Verantwortung‹ zu
verstehen ist.

Der Begriff der Verantwortung trägt eine Doppelstruktur.
Der Aspekt der ›Verantwortung für‹ verbindet sich in ihm mit
dem Aspekt der ›Verantwortung vor‹.[23] Die Frage, vor wem
Rechenschaft abzulegen ist, gehört mit der anderen Frage,
wem unsere Fürsorge gilt, zusammen. Die Zusammengehörigkeit beider Aspekte erklärt sich aus der theologischen Herkunft des Begriffs. Gott ist die Instanz, der wir Rechenschaft
über unser Leben schulden; um dieses Verantwortungshori-
zonts willen reicht unsere Verantwortung weiter, als um des
individuellen Lebens willen notwendig wäre. Eine Fürsorge
für den Nächsten, die über das Eigeninteresse hinausgeht, hat
in der so verstandenen Rechenschaftspflicht für unser Leben
ihren Grund.

Hans Jonas hat versucht, einen Begriff der Verantwortung
zu entwickeln, der von diesem theologischen Horizont absieht.
Deshalb wendet er sich nicht der Frage zu, *vor* wem Menschen
Verantwortung tragen; er beschränkt sich vielmehr ganz auf die
Frage, *für* wen sie Verantwortung zu übernehmen haben. Von
dem Doppelsinn des Wortes ›Verantwortung‹ bleibt bei ihm
nur die Fürsorge zurück.

Das hat schwerwiegende Folgen. Sie zeigen sich zunächst in
der übersteigerten Vorstellung, unsere Verantwortung beziehe

---

23 Vgl. Picht, Georg, Der Begriff der Verantwortung, in: Ders., Wahrheit,
    Vernunft, Verantwortung, Stuttgart 1969, S. 318–342.

sich auf einen ›indefiniten‹ Bestand der Menschheit.[24] Zu dieser Vorstellung kommt es, weil nicht zwischen Gott und Mensch unterschieden wird. Deshalb wird eine Eigenschaft, die nur Gott zukommen kann, nämlich die Ewigkeit, in Gestalt der Vorstellung von einem ›indefiniten Bestand‹ auf den Menschen übertragen. Die Folgen zeigen sich sodann im Begriff der Verantwortung. Jonas sieht Verantwortung als ein Herrschaftsverhältnis, in dem Gegenseitigkeit nicht aufkommen kann. Gewiß gegen seine Intention gewinnt das ethische Konzept, für das er sich einsetzt, ein elitäres, tendenziell undemokratisches Gefälle. Das zeigt sich besonders deutlich, wenn er von der ›Totalität‹ der Verantwortung spricht, die Eltern oder Politiker wahrzunehmen haben, und das folgendermaßen erläutert: »Damit meinen wir, daß diese Verantwortungen das totale Sein ihrer Objekte umspannen, das heißt, alle Aspekte derselben, von der nackten Existenz bis zu den höchsten Interessen.«[25]

Einer solchen Totalisierung des Verantwortungsbegriffs kann man nur entgehen, wenn man Verantwortung dialogisch begreift. Daß der Mensch Verantwortung trägt, ist nicht das erste, was über ihn zu sagen ist; dem geht schon immer voraus, daß er angeredet wird und darauf zu antworten lernt. Angesprochen wird er von Menschen, mit denen ihn gemeinsames Leben verbindet. Aber seine Antwort wird auch hervorgerufen von der außermenschlichen Natur, die seine Wahrnehmung wachruft, wie von dem göttlichen Geist, der ihm zum Bewußtsein seiner Würde verhilft.

Hans Jonas hat Verantwortung im wesentlichen als einseitige Fürsorge verstanden und an den Rollen des Staatsmannes und des Familienvaters erläutert.[26] Demgegenüber verbindet sich

24 Jonas, Das Prinzip Verantwortung, S. 36.
25 Jonas, Das Prinzip Verantwortung, S. 189.
26 Vgl. zur Kritik Huber, Wolfgang, Konflikt und Konsens. Studien zur Ethik der Verantwortung, München 1990, S. 135ff.

der Begriff der kommunikativen und kooperativen Freiheit mit einem Verständnis von Verantwortung, das sich auf Wechselseitigkeit aufbaut. Die Bereitschaft, füreinander einzutreten, schließt die Bereitschaft ein, wechselseitige Verbindlichkeiten zu schaffen und anzuerkennen.

Dabei wird nicht geleugnet, daß es unterschiedliche Zuständigkeiten und Verantwortlichkeiten gibt. Doch auch demjenigen, der in der jeweils schwächeren Position ist, wird die Fähigkeit zu eigenständigem und verantwortlichem Handeln zugetraut. Keiner wird auf die Rolle fixiert, ausschließlich Adressat und Empfänger der Fürsorge anderer zu sein. Auch in den Grenzfällen schwerer Krankheit oder Behinderung, in denen Verantwortung nur noch einseitig als Fürsorge praktiziert werden kann, bleibt das Bewußtsein erhalten, daß der andere ein mit Würde begabtes und deshalb zur Verantwortung berufenes Wesen ist. Auch dort, wo Verantwortungsrollen ungleich verteilt sind, wird die gleiche Würde der Menschen nicht aufgehoben. Wo unterschiedliche Rollen sich in einem Autoritätsgefälle – von Vorgesetzten und Untergebenen, Lehrenden und Lernenden, Eltern und Kindern – ausdrücken, bleibt die Wechselseitigkeit der Verantwortung dann am ehesten bewahrt, wenn sie in einer Kultur gegenseitiger Achtung und Achtsamkeit zum Ausdruck kommt.

Von Verantwortung kann nur dort die Rede sein, wo Verläßlichkeit oder Erwartungssicherheit nicht an eine übergeordnete Instanz delegiert, sondern von den Kooperationspartnern selbst gewährleistet wird. Daß die beteiligten Personen selbst für die Verläßlichkeit ihrer Vereinbarungen und Verabredungen einstehen, bildet ein notwendiges Gegengewicht gegen die zunehmende Verrechtlichung menschlicher Beziehungen und lebensweltlicher Verhältnisse. Wenn Individualisierung in eine solche Verrechtlichung umschlägt, sollen Rechtstitel die Erwartungssicherheit ersetzen, die wegen wachsender Bindungsdistanz von den Beteiligten selbst nicht mehr hervorgebracht wird. Dabei bleibt häufig unbeachtet, daß sich mit einer solchen Verrechtlichung auch die Beziehungskulturen verändern. Aus einer möglichen Kultur des Konflikts wird eine Kultur des Rechtsstreits; dessen Perspektive ist aber nicht die Konfliktlösung, sondern die Auflösung von Beziehungen.

Rechtssicherheit ist ein hohes Gut; aber sie kann persönliche Verläßlichkeit nicht ersetzen. Die Vorstellung, das Recht könne als eine übergeordnete Instanz wirken, welche die Orientierungs- und Sicherheitsbedürfnisse der einzelnen weitgehend zu befriedigen vermag, überlastet deshalb das Recht. Verantwortung hat es gerade damit zu tun, daß die einzelnen sich nicht auf das beschränken, wozu sie rechtlich verpflichtet sind. Das Recht kann wechselseitige Anerkennung und damit wechselseitige Verantwortung ermöglichen und schützen, aber nicht ersetzen.[27] Eben deshalb ist es nötig, ein gesellschaftliches Leitbild kommunikativer und kooperativer Freiheit zu entwickeln, aus dem sich Strukturen wechselseitiger Verantwortung begründen lassen.

1.5 Der Rahmen eines Lebens aus Freiheit

Fragt man nun nach dem Rahmen, in dem ein solches Leben aus Freiheit Gestalt gewinnen kann, so bieten die ethischen Weisungen der biblischen Überlieferung eine höchst aufschlußreiche Antwort. Im Neuen Testament kehrt die Frage mehrfach wieder, worin sich die Weisungen des Alten Testaments, das ›Gesetz‹ also, zusammenfassen lassen. Eine der Antworten auf diese Frage findet sich im bereits zitierten Doppelgebot der Liebe, eine weitere in der ›Goldenen Regel‹, nach der man anderen zukommen lassen soll, was man für sich selbst erwartet.[28] An

27 Vgl. Huber, Gerechtigkeit und Recht, S. 48ff.
28 Matthäus 7, 12.

einer anderen Stelle charakterisiert Jesus das Wichtigste im Gesetz mit den drei Begriffen Gerechtigkeit, Barmherzigkeit und Glauben und fügt hinzu: »Man muß das eine tun, ohne das andere zu lassen.«[29]

Betrachtet man die alttestamentlichen Weisungen, die ›Tora‹, auf diesem Hintergrund, so findet man in der Tat diese Trias in der Struktur der altisraelitischen Gesetzescorpora wieder. Behandelt werden in ihnen zunächst Fragen des Glaubens, also der Wahrheitsorientierung menschlichen Lebens. Zum Thema werden sodann Fragen der Gerechtigkeit, also der wechselseitigen Anerkennung von Personen. Die Aufmerksamkeit richtet sich schließlich auf Fragen der Barmherzigkeit, also einer Fürsorge für sozial Marginalisierte, die über bloße Gerechtigkeitsforderungen hinausgeht. Die drei Kennzeichen, die uns schon bei der Erörterung der Frage nach der gesellschaftlichen Verantwortung der Kirche begegneten[30], bilden also auch den Rahmen eines Lebens aus Freiheit.

Freiheit und Wahrheit

Es gibt eine verbreitete Neigung, im Namen des gesellschaftlichen Pluralismus Wahrheitsfragen aus dem öffentlichen Diskurs auszuschließen. Die pluralistisch verstandene Freiheit hat dann zur Folge, daß nach verbindlicher Wahrheit nicht mehr gefragt wird. Damit wird eine grundlegende Dimension menschlichen Lebens ausgespart. Danach, woran Menschen »ihr Herz hängen«, was also »ihr Gott« ist, kann dann nicht mehr gefragt werden. Religiöse Überzeugungen gelten allenfalls noch als ›private‹ Meinungen, über die eine diskursive Ver-

29 Matthäus 23, 23.
30 S. o., S. 115f.

ständigung nicht möglich ist. Die These von der ›Religion als Privatsache‹ wird dadurch bestätigt, daß von ihr öffentlich nicht mehr die Rede ist.

Richtig ist: Alle öffentliche Kommunikation über die Frage nach verbindlicher Wahrheit ist an die Voraussetzung der Religionsfreiheit und damit an die Bedingung der Toleranz gebunden. Doch Toleranz verkommt zur bloßen Indifferenz, wenn nach der Wahrheit religiöser oder weltanschaulicher Überzeugungen gar nicht mehr gefragt und über sie nicht mehr gestritten wird. Der Wahrheitsbezug menschlichen Lebens erfordert, daß Menschen sich immer wieder um ihre religiöse Identität bemühen und Antworten auf die Frage zu geben suchen, woran sie ihr Herz hängen, was also ihr Gott ist. Der Wahrheitsbezug menschlichen Lebens muß aber auch in öffentlichen Diskursen zum Thema werden.

Das setzt freilich voraus, daß die Frage nach der Wahrheit der Religion überhaupt diskursiver Verständigung zugänglich ist. Dem tritt die Überzeugung entgegen, daß Glaube und Vernunft unvereinbar sind. Die These von der Irrationalität des Glaubens läßt den Versuch der Verständigung über ihn als überflüssig und vergeblich zugleich erscheinen.

Gegen diese These hat sich Friedrich Schleiermacher in einem klassisch gewordenen Text gewandt. Anonym veröffentlichte er 1799 eine Schrift mit dem unerreicht treffenden Titel. »Über die Religion. Reden an die Gebildeten unter ihren Verächtern.« Seine Überlegungen wenden sich gerade an jene, die Vernunft und Glauben als unvereinbare Größen betrachten: »Das ist das große Übel, daß die guten Leute glauben, ihre Tätigkeit sei universell und die Menschheit erschöpfend, und wenn man tue, was sie tun, brauche man auch keinen Sinn als nur für das, was man tut. Darum verstümmeln sie alles mit der Schere. [...] Möchten sie doch einmal einsehn, daß man jedes Ding, um es als Element des Ganzen anzuschauen, notwendig in seiner eigentümlichen Natur und in seiner höchsten Vollendung muß betrachtet haben.«[31] Das einzelne läßt sich als Element des Ganzen nur anschauen, wenn es überhaupt eine ›Anschauung des Ganzen‹, des Universums gibt. Eben darin sieht Schleiermacher das Wesen der Religion. Sie ist weder ins Denken noch ins Handeln hinein auflösbar. Vielmehr ist sie eine Anschauungsweise eigener Art. »Ihr Wesen ist weder Denken noch Handeln, sondern Anschauung und Gefühl. Anschauen will sie das Universum, in seinen eigenen Darstellungen und Handlungen will sie es andächtig belauschen, von seinen unmittelbaren Einflüssen will sie sich in kindlicher Passivität ergreifen und erfüllen lassen.«[32]

Die Religion läßt sich ins Denken so wenig auflösen wie ins Handeln. Dennoch stehen Religion und Denken, Glaube und Bildung nicht beziehungslos nebeneinander. Kaum eine Sorge hat Schleiermacher stärker umgetrieben als die Furcht davor, daß der Glaube mit der Unbildung, die Bildung aber mit der Gottlosigkeit sich verbünden werde.[33] Was später als ›Kulturprotestantismus‹ bezeichnet wurde, war in seinem Ursprung ein wirkungsmächtiger Versuch, Glaube und Bildung, Frömmigkeit und Kultur, Spiritualität und Weltgestaltung miteinander zu verknüpfen. In der Kühnheit dieses Versuchs ist das Erbe Schleiermachers unaufgebbar.

31 Schleiermacher, Friedrich D. E., Über die Religion. Reden an die Gebildeten unter ihren Verächtern, ⁶Göttingen 1967, S. 111.
32 Ebd., S. 49.
33 Vgl. Schleiermacher, Friedrich D. E., Zweites Sendschreiben an Lücke, in: Bolli, H. (Hrsg.), Schleiermacher-Auswahl, München/Hamburg 1968, S. 140–175 (146): »Soll der Knoten der Geschichte so auseinander gehn: das Christentum mit der Barbarei, und die Wissenschaft mit dem Unglauben?«

Freiheit und Gerechtigkeit werden oft als einander ausschließende Perspektiven betrachtet. Im Namen der Freiheit wird dann allenfalls noch *eine* Form der Gerechtigkeit, nämlich die legale Gerechtigkeit, die Gerechtigkeit vor dem Gesetz, anerkannt. Soziale Gerechtigkeit dagegen gilt als Einschränkung der Freiheit. Zusätzlich wird auf die ideologische Anfälligkeit und mißbräuchliche Verwendbarkeit des Begriffs der Gerechtigkeit hingewiesen. In der Tat sind die größten Grausamkeiten des 20. Jahrhunderts im Namen der Gerechtigkeit verübt wurden. Sie wurden stets damit legitimiert, daß damit ›jedem das Seine‹ geschehe, also das Grundprinzip der Gerechtigkeit verwirklicht werde.

Das geschah insbesondere in Deutschland durch die Ideologie und Praxis des Nationalsozialismus. Seine antisemitische Agitation beruhte auf der Behauptung einer angeblich biologisch begründeten Überlegenheit der arischen Rasse. Die sozialdarwinistische Vorstellung von der Überlegenheit des Stärkeren verband sich mit den überlieferten Ressentiments gegen die Juden. Die These, daß die Zugehörigkeit zur arischen Rasse Voraussetzung für die Zugehörigkeit zum deutschen Volk und damit auch für den Anspruch auf staatsbürgerliche Rechte sei, fand damals breite Resonanz. Der Widerstand gegen sie beschränkte sich auch im Bürgertum auf eine Minderheit. Diese These aber wurde zur Grundlage für die Vorbereitung eines Angriffs- und Vernichtungskriegs, dem mehr als 55 Millionen Menschen zum Opfer fielen – im Namen einer vermeintlich überlegenen Gerechtigkeit. Der Vorstellung von Gerechtigkeit, die hier zum Zuge kam, lag eine Anthropologie der Ungleichheit zugrunde. Sie begründete den Ausschluß großer Menschengruppen vom Recht auf Leben und Freiheit. Sie begründete den Genozid.

Auch ein zur Ideologie gewordener Gleichheitsgedanke

kann in radikale Ungleichheit umschlagen. Die Praxis politischer ›Säuberungen‹ großen Stils berief sich im 20. Jahrhundert ausgerechnet auf die kommunistische Idee, also auf die Idee radikaler Gleichheit. Wer immer sich dem aus dieser Idee entwickelten politischen Konzept widersetzte oder entzog, mußte in der Zeit des Stalinismus mit persönlicher Vernichtung rechnen. Das Überwachungssystem, das in stalinistischer Zeit in der Sowjetunion wie in ihren Satellitenstaaten errichtet wurde, diente dem Zweck, Gleichheit als Uniformität auszugestalten. Wer sich dieser Uniformität nicht fügen wollte, lebte gefährlich. Individualität wurde gefährlich. Millionen von Menschen wurden zu Opfern dieser Gefahr.

Als Uniformität verstandene Gleichheit bildet auch den Hintergrund der neuen Formen von Unmenschlichkeit, die sich auf dem europäischen Kontinent nach 1989 herausgebildet haben. In neuen Formen suchen Teile Europas nach ihrer Identität und glauben, sie in ethnischer oder nationaler Homogenität finden zu können. ›Ethnische Säuberungen‹ wie im zerfallenen Jugoslawien werden als Mittel eingesetzt, um die eigene Identität abzusichern. Gewalt wird in neuer Weise zum Mittel der politischen Selbstbehauptung.

Identität durch Abgrenzung ist ein Grundmuster der individuellen wie der politischen Orientierung im 20. Jahrhundert. Dieses Grundmuster hat unvorstellbare Grausamkeiten, ja Genozide legitimiert. Es wurde im Namen einer angeblich höheren, überlegenen Gerechtigkeit exekutiert. Die Entrechtung der einen um der Identität der anderen willen galt als ein Ausdruck von Gerechtigkeit. Indem die einen ihre Entfaltungsmöglichkeiten dadurch sicherten, daß sie die anderen ausgrenzten oder gar vernichteten, sahen sie den Grundsatz verwirklicht: ›Jedem das Seine‹. Das 20. Jahrhundert hat auf erschreckende Weise gezeigt, in welchem Ausmaß diese Grundformel der Gerechtigkeit mißbraucht werden kann.

Was heißt Gerechtigkeit? Die griechische Philosophie, Aristoteles voran, hat unseren Sprachgebrauch geprägt und uns gelehrt, zwischen austeilender und ausgleichender Gerechtigkeit zu unterscheiden. Die zweite betrachtet alle Beteiligten als gleich, die erste anerkennt die angeborenen oder erworbenen Unterschiede zwischen den Gesellschaftsgliedern. Doch wo liegt die Grenze? Wo endet die Gleichheit, von wann an darf Ungleichheit Berücksichtigung finden? Die Tradition des griechisch-römischen Rechtsdenkens gibt auf diese Frage keine eindeutige Antwort. Sie klärt nicht, bis wohin nach Gesichtspunkten der Gleichheit zu verfahren ist und wann die empirisch vorhandene Ungleichheit unter den Menschen Berücksichtigung finden soll.

Das Gerechtigkeitsdenken der Bibel geht einen anderen Weg. Im Blick auf diese Tradition des Nachdenkens über Gerechtigkeit kann man in Abwandlung eines berühmten Pauluswortes sagen: Die Gerechtigkeit kommt aus dem Hören.[34] Sie entsteht aus einer kommunikativen Kompetenz, die sich zuerst nicht im Vorbringen der eigenen Sache, sondern im Hören auf die Anliegen anderer zeigt. Dieser Fähigkeit zum Hören entspricht sodann eine Reziprozität des Füreinander-Handelns. Gerechtigkeit entsteht dadurch, daß Menschen füreinander eintreten. Und schließlich gehört zur Gerechtigkeit die Solidarität des Herzens, die anderen gönnt, wessen sie bedürfen. Man kann das Gerechtigkeitsverständnis, das sich aus einem solchen Ansatz ergibt, mit Jan Assmann als »konnektive Gerechtigkeit« bezeichnen.[35]

Für das biblische Gerechtigkeitsdenken ist es kennzeichnend, daß die Verknüpfungen, in denen ›konnektive Gerechtigkeit‹ gedacht wird, ausdrücklich auf Gott als den Geber der Gerechtigkeit zurückbezogen werden. Er wendet sich den

---

34 Vgl. Römer 10,17: »Der Glaube kommt aus dem Hören«.
35 Assmann, Jan, Ma'at. Gerechtigkeit und Unsterblichkeit im Alten Ägypten, München 1990, S. 60ff.

Menschen durch seine Weisung, durch die Tora, zu. Sie aber ist der Inbegriff der Gerechtigkeit, die unter den Menschen gilt. Gottesgerechtigkeit, Tora und menschliche Gerechtigkeit gehören unlöslich zusammen.

Aus dieser unauflöslichen Verbindung aber ergibt sich ein Gerechtigkeitskriterium von besonderer Eindeutigkeit. Es ist die Lage der Schwächsten, an der sich entscheidet, ob von Gerechtigkeit die Rede sein kann. Gerechtigkeit ist nur verwirklicht, wenn den Schwächsten die gleiche Würde zuerkannt wird wie den Stärksten. Wieweit Ungleichheit anerkannt werden kann, bemißt sich an der Lage der Schwächsten in einer Gesellschaft. Wenn ihre Lage durch die Besserstellung der Stärkeren verbessert wird, läßt sich diese Besserstellung vertreten.

Im alten Israel wurde dieser Maßstab in der Form eingeschärft, daß die Lage der von Rechtlosigkeit Bedrohten – der Witwen, Waisen und Fremden vor allem – zum Maßstab für die Gerechtigkeit der Gesellschaft im ganzen erklärt wurde. Im neutestamentlichen Gleichnis vom Weltgericht[36] kehrt derselbe Gedanke wieder, wenn das Verhalten gegenüber den Schwachen – den Hungernden, den Fremden, den Obdachlosen, den Kranken, den Inhaftierten – zum Prüfstein dafür wird, ob der Wille Gottes das Leben eines Menschen prägt. Bis in die modernsten Gerechtigkeitstheorien wirkt sich dieser Impuls aus. Daß einzelne in einer Gesellschaft besser gestellt werden – so argumentiert etwa der Amerikaner John Rawls[37] –, läßt sich dann hinnehmen, wenn diese Besserstellung auch noch für die schwächsten Gesellschaftsglieder von Vorteil ist.

Ein willkürlicher Umgang mit den Grundsätzen der Gerechtigkeit – so läßt sich folgern – ist nur dann ausgeschlossen,

---

36 Matthäus 25, 31–46.
37 Rawls, John, Eine Theorie der Gerechtigkeit, Frankfurt a. M. 1975; vgl. Bedford-Strohm, Heinrich, Vorrang für die Armen. Auf dem Weg zu einer theologischen Theorie der Gerechtigkeit, Gütersloh 1993, S. 204ff.; Huber, Gerechtigkeit und Recht, S. 186ff.

wenn die gleiche Würde aller Menschen als grundlegender Maßstab einer humanen Gesellschaft anerkannt wird. Es kommt also darauf an, Freiheit und Gerechtigkeit im Begriff der Menschenwürde miteinander zu verbinden. In der Orientierung an der gleichen Würde aller Menschen muß der Anthropologie der Ungleichheit eine Anthropologie der Gleichheit entgegengesetzt werden. Sie negiert die Ungleichheiten zwischen den Menschen nicht. Sondern sie sieht in der gleichen Würde aller Menschen die entscheidende Grundlage legitimer Ungleichheit. Diese legitime Ungleichheit äußert sich in der unaufhebbaren Individualität, also in der Unterschiedlichkeit der Menschen. Doch die gleiche Würde aller Menschen ist zugleich die entscheidende Schranke der Ungleichheit. Nur diejenigen Formen der Ungleichheit sind akzeptabel, die mit der gleichen Würde der Menschen vereinbar sind.

Die europäische Aufklärung hat die Würde des Menschen aus seiner Autonomie begründet und in ihm ein Wesen gesehen, das kraft der Selbstgesetzgebung der Vernunft ein Zweck an sich selbst ist und sich deshalb jeglicher Instrumentalisierung entzieht. Die so verstandene Würde zeigt sich vor allem in der individuellen Freiheit jeder menschlichen Person, die deshalb gegen Übergriffe und Beeinträchtigungen geschützt werden muß.

Der christliche Glaube begreift die Würde des Menschen radikaler. Er verankert sie nicht bloß in der Selbstgesetzgebung der menschlichen Vernunft, sondern in der Gottesbeziehung des Menschen. Das kommt darin zum Ausdruck, daß der Mensch als ›Bild Gottes‹ – als das Wesen, das Gott entspricht – verstanden wird. Radikal ist die menschliche Würde erst gedacht, wenn sie aus der Selbsttranszendenz des Menschen begründet wird. Der Mensch ist das Wesen, das in keiner vorfindlichen Gestalt seines Lebens aufgeht, sondern über alle gegebenen Bedingungen, Definitionen oder Leistungen des eigenen Lebens hinausweist. Darin ist die Würde des Menschen mit der Würde aller Geschöpfe verbunden. Denn die Schöpfung im ganzen verweist auf den Schöpfer, dem sie sich verdankt. Der Mensch jedoch ist das Wesen, das sich diese Selbsttranszendenz bewußt machen kann. Er kann ihr entsprechen oder widersprechen; er kann sich reflexiv zu ihr verhalten. Es gehört zum Besonderen der menschlichen Würde, daß der Mensch sie verfehlen kann. Gleichwohl hat keine weltliche Instanz das Recht, einem Menschen seine Würde abzusprechen. Zur Menschenwürde gehört es, daß wir zwischen der Person und ihren Taten unterscheiden. Auch aus würdelosem Handeln kann nicht das Recht abgeleitet werden, einen Menschen als würdelos zu behandeln. Ebenso unvereinbar ist es mit dem Begriff menschlicher Würde, wenn diese im Rahmen einer Anthropologie der Ungleichheit nur für einen Teil der Menschheit reserviert wird.

Zum Erbe des 20. Jahrhunderts gehört beides: die Schrecken einer Politik der Ungleichheit und die Neuentdeckung der gleichen Würde aller Menschen. Diese Neuentdeckung hat ihr Zentrum in der Formulierung universaler Menschenrechte. Die Auseinandersetzung darüber ist noch keineswegs am Ende. Vielmehr ist seit Beginn der neunziger Jahre eine neue Debatte über die Universalität der Menschenrechte in Gang gekommen. Sie wird von manchen im Zeichen von ethischem Relativismus und kulturellem Regionalismus bestritten. Proklamiert wird damit aufs neue eine Rückkehr zur ›Anthropologie der Ungleichheit‹.

Wer dem wehren will, muß die guten Gründe dafür geltend machen, warum von menschlicher Würde erst dann die Rede ist, wenn sie allen Menschen in gleichem Maß zuerkannt wird. Die radikale Begründung der gleichen Würde aller Menschen darf dabei nicht verschwiegen werden.

Es bleibt deshalb eine entscheidende Aufgabe der Christen und der Kirchen, sich für eine solche Anthropologie der gleichen Freiheit einzusetzen und ihre Begründung in der radikal gedachten menschlichen Würde zur Geltung zu bringen. Zugleich aber gilt es, über die Grenzen der christlichen Kirchen hinauszugehen und mit anderen Religionen und säkularen Humanismen eine Verständigung über die heute vordringlichen Prinzipien eines planetarischen Ethos zu erreichen. Dabei ist auf den Überschneidungsbereich zu achten, in dem ethische Überzeugungen unterschiedlicher Kulturen und Religionen sich treffen. Verfehlt aber wäre es, um einer vermeintlichen Harmonie willen die Differenzen in dem jeweiligen Bild vom Menschen auszusparen oder zu umgehen. Das Verhältnis von Freiheit und Gerechtigkeit erweist sich dabei als eine Schlüsselfrage.

Freiheit und Solidarität

Schon der Hinweis auf Jesu Gleichnis vom Weltgericht hat gezeigt: Die auf Ausgleich und wechselseitige Anerkennung gerichtete Gerechtigkeit kann nicht unabhängig von solidarischem, helfendem Handeln verstanden und gelebt werden. Nicht nur Gerechtigkeit, sondern auch Barmherzigkeit gehört zu den Grundelementen gelebter Freiheit.

Unter den Bedingungen der Moderne hat Barmherzigkeit den Namen ›Solidarität‹ erhalten. Die Solidarisierung mit denen, die an den Rand der gesellschaftlichen Entwicklung geraten, beruht auf zwei Voraussetzungen. Sie ist praktizierte Verbundenheit *trotz* vorhandener Unterschiede; Solidarität überbrückt Statusunterschiede in der Gesellschaft. Und sie ist praktizierte Verbundenheit *wegen* vorhandener Unterschiede; sie widersteht der ungleichen Beeinträchtigung elementarer menschlicher Rechte und Interessen.[38] Solidarität trägt den Charakter grenzüberschreitender Anteilnahme.

Solidarisches Handeln setzt die Fähigkeit und Bereitschaft

38 Vgl. Hondrich, Karl-Otto/Koch-Arzberger, Claudia, Solidarität in der modernen Gesellschaft, Frankfurt a. M. 1992, S. 13.

voraus, den eigenen Standpunkt zu verlassen und sich auf die Lebensbedingungen und die Lebenswelt anderer einzulassen. Solidarisches Handeln gelingt nicht ohne die Bereitschaft, die Relativität der eigenen Perspektive zu erkennen und in freier Selbstzurücknahme die Lebensperspektive anderer in den Blick zu nehmen. Darin geht Solidarität über Gerechtigkeit hinaus.

Die Barmherzigkeit hat in der Rechtstradition Israels eine besondere Stellung. Begründet wird sie darin, daß das Erbarmen Gottes als eine das ganze Volk verbindende Erfahrung in Anspruch genommen wird. Die Grunderfahrung ist das Erbarmen Gottes mit seinem unter der Sklaverei in Ägypten leidenden Volk; sie wiederholt sich in der Erfahrung der Fremdlingschaft im babylonischen Exil. In diesen beiden grundlegenden Geschichtserfahrungen begegnet das Erbarmen Gottes als rettendes und befreiendes Eingreifen in die Geschichte. Barmherzigkeit im Umgang der Menschen miteinander ist nichts anderes als eine Antwort auf diese Erfahrung.

Deshalb meint Barmherzigkeit unter den Menschen mehr als eine gelegentliche Guttat, auf die aber kein Verlaß ist. Gemeint ist vielmehr eine verläßliche Zuwendung zu denen, die am Rand der Gesellschaft stehen, von elementarer wirtschaftlicher Not betroffen sind oder nicht gleichberechtigt am gesellschaftlichen Leben teilnehmen können. Wer sich in einer solchen Situation befindet, ist auf Menschen oder Institutionen angewiesen, die ihm zumindest elementare Existenzmöglichkeiten eröffnen. Davon handeln die erbarmensrechtlichen Bestimmungen des alttestamentlichen Gesetzes. Barmherzigkeit soll den Übergang von Rechtlosigkeit zu einer Stellung im Recht ermöglichen. Markant wird dieser Anstoß von den alttestamentlichen Propheten aufgenommen. Nach deren Botschaft ist das Schicksal des ganzen Volkes davon abhängig, wie das Volk und insbesondere die einflußreiche Oberschicht mit rechtlos gewordenen Menschen umgehen.

Barmherzigkeit in diesem Sinn ist auch in der Geschichte des

Christentums immer wieder als ein Grundzug christlichen Lebens hervorgetreten. Die Bettelorden sind besonders herausragende Beispiele für eine spezifische Verbindung von Freiheit und Solidarität, nämlich für die freiwillig übernommene Solidarität mit den Armen. Im 20. Jahrhundert hat diese Grundlinie der biblischen Botschaft und christlichen Denkens zu einer neuen Sichtweise geführt. In Lateinamerika wurde sie zum ersten Mal in der Forderung ausgedrückt, das christliche Leben und das Handeln der Kirche müßten durch eine ›vorrangige Option für die Armen‹ geprägt sein.

Diese Forderung hatte ihren Hintergrund in einer gesellschaftlichen Situation, in der Freiheit ein Privileg kleiner Minderheiten bildete. Daß Freiheit für alle gelten müsse, war der Grundimpuls der ›Theologie der Befreiung‹; in der ›vorrangigen Option für die Armen‹ fand sie ihre wichtigste Konkretion. Den Armen, die sowohl unter strukturellen als auch unter persönlichen Bedrückungen zu leiden haben, galt deshalb eine besondere Aufmerksamkeit. Aber diese Zuwendung zu den Armen steht im Dienst einer umfassenden Zielsetzung. Das umfassende Ziel der Solidarität mit den Armen liegt in der Gerechtigkeit für alle. Solidarität bleibt, richtig verstanden, an die Maßstäbe der Gerechtigkeit gebunden. Sie tut mehr, als die Gerechtigkeit verlangt. Aber sie tut es um der Gerechtigkeit willen.

2. Freiheit in der Gesellschaft

2.1 Demokratischer Kommunitarismus

Die Debatte über das Verhältnis zwischen Individuum und Gemeinschaft ist in ein neues Stadium eingetreten. Ein Wandel, der sich in den Vereinigten Staaten von Amerika schon länger abzeichnet, erreicht auch Europa. Aus der Debatte zwischen ›Liberalismus‹ und ›Kommunitarismus‹ ergeben sich weiterführende Einsichten.

›Liberalismus‹ und ›Kommunitarismus‹ sind die Namen für zwei Denkrichtungen, die für die sozialphilosophische und sozialethische Diskussion in den Vereinigten Staaten in den letzten beiden Jahrzehnten prägend waren. Während der ›Liberalismus‹ vom Vorrang des Individuums vor den Ansprüchen der Gesellschaft ausgeht, verweist der ›Kommunitarismus‹ auf die Einbettung der einzelnen in ein größeres Ganzes: Entwicklung und Orientierung jedes menschlichen Selbst sind angewiesen auf verbindliche Lebensgemeinschaften und übergeordnete Lebenszusammenhänge.

Der jahrelange Streit zwischen diesen beiden Denkrichtungen hat sich gelohnt. Wie so oft steht auch in diesem Fall am Ende die Einsicht, daß zusammengehört, was zunächst als Alternative auseinandertrat. Unter der Bezeichnung ›demokratischer Kommunitarismus‹ zeichnet sich ein neues Leitkonzept für die Gestalt moderner Gesellschaften ab.[39]

›Demokratischer Kommunitarismus‹ ist keine Kompromißformel, welche die Gegensätze zwischen den beiden zugrundeliegenden Konzeptionen verkleistern soll. Vielmehr trägt die mit diesem Begriff bezeichnete Konzeption dem Tatbestand Rechnung, daß die Freiheit der menschlichen Person und ihre Verantwortung gegenüber einer Gemeinschaft unlöslich zusammengehören. Rechte der einzelnen können nur solange bewahrt werden, wie auch für die Erhaltung und Weiterentwicklung der Gemeinschaft im ganzen Verantwortung übernommen wird.

Wer Freiheit in dem hier entfalteten Sinn als kommunikative

---

39 Vgl. Bellah, Robert N., Community Properly Understood. A Defense of ›Democratic Communitarianism‹, in: The Responsive Community. Rights and Responsibilities 6, 1995/96, S. 49–54 im Anschluß an Jonathan Boswell.

und kooperative Freiheit auslegt, bringt einen weiterführenden Vorschlag in die Debatte um einen ›demokratischen Kommunitarismus‹ ein. Diese Konzeption ist nur tragfähig, wenn sie in einem starken Begriff menschlicher Freiheit begründet ist. Der Gedanke kommunikativer und kooperativer Freiheit ist eine solche Grundlage. Er verankert die Gleichursprünglichkeit von Individualität und Sozialität, von Selbstbestimmung und Solidarität im Begriff der Freiheit selbst.

Robert N. Bellah stellt vier Prinzipien eines ›demokratischen Kommunitarismus‹ in den Vordergrund: den Wert und die Unantastbarkeit der einzelnen menschlichen Person, die zentrale Bedeutung von Solidarität, die gesellschaftliche Notwendigkeit unterschiedlicher Gemeinschaften und Assoziationsformen, schließlich die Betrachtung von Partizipation als Recht und Pflicht zugleich.[40] Der ›demokratische Kommunitarismus‹ macht auf diese Weise deutlich, daß sowohl eine Ablehnung der für alle gültigen Normen, wie sie etwa in den Menschenrechten formuliert werden, als auch ein Absehen von gelebten ethischen Traditionen in ihrer unterschiedlichen Ausprägung eine Verkürzung darstellt. Nur wenn man universalistische Normen auf der einen Seite und besondere Lebensformen auf der anderen Seite gleichermaßen in den Blick nimmt, wird man der Vielschichtigkeit menschlichen Zusammenlebens gerecht. Das Verständnis der Gesellschaft als einer ›Gemeinschaft von Gemeinschaften‹ wird damit zum programmatischen Ausgangspunkt weiterer Überlegungen.[41]

Wenn man den durch solche Überlegungen gebahnten Weg weitergehen will, muß man die Form genauer zu beschreiben versuchen, in der eine Gesellschaft Freiheit ermöglicht.

---

40 Bellah, Community Properly Understood, S. 49–54.
41 Vgl. Walzer, Michael, Sphären der Gerechtigkeit. Ein Plädoyer für Pluralität und Gleichheit, Frankfurt a. M./New York (1992) 1994.

2.2 Gesellschaftliche Freiheit

Sowohl in empirischer als auch in normativer Hinsicht kann heute keine Gesellschaftsdiagnose auf den Begriff der Freiheit verzichten. Denn ›Freiheit‹ ist heute gleichzeitig ein Leitbegriff, um den gesellschaftlichen Wandel zu beschreiben, wie er *ist*, und die grundlegende normative Kategorie dafür, wie die Gesellschaft sein *soll*.

Freiheit und Sicherheit

So sehr bestimmt Freiheit die Dynamik der gesellschaftlichen Entwicklung, daß manche Sozialwissenschaftler die gegenwärtigen Generationen als ›Kinder der Freiheit‹ bezeichnen. Wer seinen Ort in der Gegenwartsgesellschaft finden will, hat auf die eine oder andere Weise mit der Frage nach der Gestaltung der Freiheit zu ringen: »Wie kann das Verlangen nach Selbstbestimmung mit dem ebenso wichtigen Verlangen nach wechselseitiger Abhängigkeit in Einklang gebracht werden; wie kann man zugleich individualistisch sein und sich an der Gruppe orientieren; wie sich um sich selbst kümmern und sich zugleich um andere kümmern und sorgen; wie die eigenen Möglichkeiten ausnutzen und zugleich Erfüllung jenseits der eigenen Ansprüche finden?«[42]

Der Zuwachs an individueller Freiheit gehört zu den Kennzeichen der Gegenwartsgesellschaft. Doch dieser Freiheitsgewinn erweist sich als ambivalent. Er eröffnet nicht nur neue Gestaltungsmöglichkeiten, sondern schlägt sich auch in neuen Unsicherheitserfahrungen nieder. Die Dynamisierung der Ge-

---

42 Wilkinson, Henry, Kinder der Freiheit. Entsteht eine neue Ethik individueller und sozialer Verantwortung?, in: Beck, U. (Hrsg.), Kinder der Freiheit, Frankfurt a. M. 1997, S. 85–123 (88).

sellschaft und die mit ihr verbundene ›Gegenwartsschrumpfung‹[43] führen – als Kehrseite der Freiheitsmedaille – ein neues Aufmerken auf innere oder äußere Unsicherheit herauf. Wo immer Menschen das Gefühl haben, daß ihr persönlicher Lebensrhythmus nicht mit der Dynamik des gesellschaftlichen Wandels Schritt hält, breitet sich ein Gefühl der Unsicherheit aus. Es entsteht der sehnsüchtige Blick in die Vergangenheit, die als Zeit ungleich größerer Sicherheit erscheint. Damit verbindet sich der Wunsch, ein Stück der Freiheit für eine größere individuelle wie gesellschaftliche Sicherheit eintauschen zu können.

Die Spannung zwischen Freiheit und Sicherheitsbedürfnis prägt die gesellschaftliche Lage. Felipe Gonzales, der frühere spanische Ministerpräsident, hat dafür folgende Formulierung gefunden: »Freiheit ist im allgemeinen kein vorrangiges Streben der Menschen, sondern etwas, wonach man sucht, wenn sonstige Bedürfnisse abgedeckt sind. [...] Ich meine, daß das vorrangige Gefühl die Sicherheit ist, damit stehen wir dem Instinkt der Tiere näher. [...] Wenn die Sicherheit verloren geht, wird das Gefühl der Freiheit schwach und brüchig.«[44]

Eine Lösung des damit angezeigten Problems erreicht man freilich nicht, wenn man je nach ›Sicherheitslage‹ das Pendel mehr in der Richtung der Freiheit oder der Sicherheit ausschlagen läßt. Klarheit gewinnt man vielmehr erst, wenn man Ansätze entwickelt, in denen Sicherheit selbst als Aspekt der Freiheit und Freiheit als Aspekt der Sicherheit verstanden wird. Genau dies aber ist der entscheidende Anspruch, der mit dem Konzept einer freiheitlichen Gesellschaft verbunden ist.

Die Gestaltung der Freiheit ist gewolltes Schicksal. Das zeigt

---

43 Lübbe, Hermann, Erfahrungen von Orientierungskrisen in modernen Gesellschaften, in: Weidenfeld, W./Rumberg, D. (Hrsg.), Orientierungsverlust – Zur Bindungskrise der modernen Gesellschaft, Gütersloh 1994, S. 13–29 (19ff.).
44 Gonzales, Felipe, Süddeutsche Zeitung, 28.9.1995; zitiert bei Beck, Ulrich, Kinder der Freiheit. Wider das Lamento über den Werteverfall, in: Ders., Kinder der Freiheit, S. 9–33 (21).

sich besonders deutlich in den Ländern, die sich im zurückliegenden Jahrzehnt der westlichen Gesellschaftsform zugewandt haben. Die Menschen in der ehemaligen DDR, in Polen, in Rußland und anderen Ländern haben sich für die ›riskanten Freiheiten‹ der Moderne auch deshalb geöffnet, weil sie sich davon größere Sicherheit erhofften. Dabei ersehnten sie nicht nur die größere Sicherheit eines höheren wirtschaftlichen Wohlstands, sondern ebenso größere Sicherheit vor willkürlicher Drangsalierung des persönlichen Lebens durch staatliche Eingriffe – und in diesem Sinne: größere Freiheit.[45]

In spezifischer Weise gilt das für den Osten Deutschlands. Fragt man sich im Rückblick, welche Antriebskräfte im Lauf der achtziger Jahren erst kleine Gruppen von Bürgerrechtlern, dann viele Bürgerinnen und Bürger zum Widerspruch gegen das SED-Regime und auf die Straße gebracht haben, so erweist sich die Freiheit als zentrales Motiv.[46] In den kirchlichen Diskussionen, die zusammenfassend als ›konziliarer Prozeß‹ bezeichnet wurden, hatte dieser Widerspruch einen seiner Orte; aber in der Forderung des konziliaren Prozesses nach »Gerechtigkeit, Frieden und Bewahrung der Schöpfung« fehlte ein entscheidendes Stichwort: eben die Freiheit.[47]

Zu den bleibenden Lernerfahrungen der Moderne gehört, daß gesellschaftliche Freiheit einer freiheitlichen Gesellschaft bedarf. In einer solchen Gesellschaft erscheint Freiheit vorrangig unter vier Blickwinkeln. Sie lassen sich als wirtschaftlicher, politischer, kultureller und persönlicher Aspekt der Freiheit

45 Diesen inneren Zusammenhang von Freiheit und Sicherheit in der Wende von 1989 verkennen Beck und Beck-Gernshein in ihrer stilisierten Beschreibung der ›riskanten Freiheit‹ als eines Abschieds von allen Sicherheiten; vgl. Beck, U./Beck- Gernsheim, E., Individualisierung in modernen Gesellschaften – Perspektiven und Kontroversen einer subjektorientierten Soziologie, in: Dies. (Hrsg.), Riskante Freiheiten, S. 10–39 (11).
46 Vgl. Neubert, Ehrhart, Eine protestantische Revolution, Berlin 1990, S. 73.
47 Vgl. die Dokumentation: Ökumenische Versammlung für Gerechtigkeit, Frieden und Bewahrung der Schöpfung, Berlin 1990.

unterscheiden. Diese Aspekte sind auf vielfältige Weisen miteinander verflochten. Doch sie sind nicht einfach aufeinander zurückzuführen; insofern eignet jedem von ihnen eine relative Autonomie.

Wirtschaftliche Freiheit

Unter wirtschaftlichem Aspekt erscheint Freiheit als Wirtschaftsfreiheit. Die Marktwirtschaft hat sich als Wirtschaftssystem deshalb durchgesetzt, weil sie Effizienz und Freiheitsorientierung miteinander verbindet. Damit sie allerdings mit der gleichen Freiheit aller vereinbar wird, muß die Marktwirtschaft als Wirtschaftssystem in die Rahmenbedingungen einer Wirtschaftsordnung eingefügt werden, die einen ausreichenden Schutz der jeweils Schwächeren bewirkt und den Mißbrauch wirtschaftlicher Macht verhindert.

Darauf zielt die Wirtschaftsordnung der sozialen Marktwirtschaft. Sie befindet sich derzeit – nicht nur in Deutschland – in einer kritischen Phase. Dauerhaft hohe Arbeitslosigkeit zehrt genauso an ihren Grundfesten, wie die damit verbundenen Erosionsschäden den Sozialstaat gefährden. Neuorientierungen grundsätzlicher wie praktischer Art sind notwendig. Der Übergang vom Wohlfahrtsstaat zur Wohlfahrtsgesellschaft wird proklamiert.[48] Diese Forderung soll deutlich machen, daß auch soziale Sicherheit von der Eigeninitiative und Eigenbeteiligung der Bürgerinnen und Bürger abhängig und in diesem Sinn ein Resultat des Gebrauchs individueller Freiheit ist. Erfolgreich kann ein solcher Weg allerdings nur beschritten werden, wenn er nicht zu einer Schwächung, sondern zu einer

---

48 Vgl. Dettling, Warnfried, Politik und Lebenswelt. Vom Wohlfahrtsstaat zur Wohlfahrtsgesellschaft, Gütersloh 1995; von Soosten, Joachim, Stichwort: Wohlfahrtspluralismus. Das soziale Kapital der Gesellschaft und der Formwandel der Solidarität, in: Zeitschrift für Evangelische Ethik 41, 1997, S. 40–48.

Stärkung der sozialen Kohäsion führt. Eine Umorientierung in dieser Richtung findet derzeit allerdings nicht in ausreichendem Maß statt; das ist in dem Konsultationsprozeß der beiden großen Kirchen zur wirtschaftlichen und sozialen Lage deutlich zum Ausdruck gekommen.[49]

Politische Freiheit

Unter politischem Aspekt nimmt die Freiheit die Gestalt von Menschen- und Bürgerrechten an. Auf deren Anerkennung und Schutz ist der demokratische Verfassungsstaat aufgebaut. Die Menschen- und Bürgerrechte schützen auf der einen Seite die Freiheit der Bürgerinnen und Bürger gegen freiheitsfeindliche Eingriffe der staatlichen Gewalt; sie eröffnen ihnen andererseits spezifische Gestaltungsmöglichkeiten und Mitwirkungsrechte. Die Menschen- und Bürgerrechte bilden die Grundlage für eine Rechtsordnung, die auf der wechselseitigen Anerkennung der Bürgerinnen und Bürger als freie und gleiche Personen beruht. Die Abwehr ungerechtfertigter Freiheitsbeschränkungen, die demokratische Mitgestaltung der politischen und gesellschaftlichen Verhältnisse und die wechselseitige Anerkennung auf der Grundlage prinzipieller Gleichheit sind die drei entscheidenden Kennzeichen für den Status der einzelnen Person im demokratischen Verfassungsstaat.

Die Demokratie bildet die politische Form, die dem Gedanken politischer Freiheit am besten entspricht. Denn sie erkennt nur diejenige Gestalt politischer Herrschaft an, die durch freie Zustimmung der Bürgerinnen und Bürger, insbesondere durch Wahlen, zustande kommt. Da nicht damit zu rechnen ist, daß alle Bürgerinnen und Bürger die gleiche Regierung wünschen, und da nicht alle Gewählten die gleichen Entscheidungen für

49 Vgl. Für eine Zukunft in Solidarität und Gerechtigkeit.

richtig halten, ist die Mehrheitsentscheidung der Königsweg der Demokratie als einer auf der Freiheit aufgebauten Form politischer Herrschaft.

Grundrechtsgewährleistung und Rechtsstaatlichkeit sind notwendige Voraussetzungen für den freiheitsgewährenden und freiheitsschützenden Charakter der politischen Ordnung. Eine rechtliche und politische Gestalt kann Freiheit dabei auf Dauer nur dann finden, wenn nicht nur die je eigene Freiheit gefordert, sondern auch die gleiche Freiheit der anderen anerkannt wird. Selbstbegrenzung um der Freiheit anderer willen ist deshalb selbst ein Ausdruck der Freiheit.

Eine durch Ermöglichung und Schutz gleicher Freiheit bestimmte politische Form kann aber auf Dauer nur bewahrt werden, wenn eine ausreichend große Zahl von Menschen dazu bereit ist, für die Institutionen des gemeinsamen Lebens Verantwortung zu übernehmen. Wenn diese Institutionen dagegen nur in Anspruch genommen werden, ohne daß Menschen sich für ihre Bewahrung und Erneuerung einsetzen, werden die Voraussetzungen eines Lebens in Freiheit aufgezehrt. Deshalb ist gerade unter politischem Gesichtspunkt ein gesellschaftliches Leitbild notwendig, in dem sich Freiheit und Verantwortung miteinander verbinden.

Notwendig ist es dafür, daß Bürgerinnen und Bürger sich mit der öffentlichen Dimension des Gemeinwesens identifizieren können. Die Möglichkeiten zu solchen Identifikationen werden jedoch ausgehöhlt, wenn politische Entscheidungen nur noch als anonyme Prozesse erscheinen, wenn die Gestaltungskraft der Politik unter dem Primat wirtschaftlicher Interessen und Entscheidungen erlahmt und wenn auf diese Weise die gesellschaftlich prägenden Steuerungsprozesse der individuellen Wahrnehmung entzogen werden.[50]

---

50 Vgl. Grunenberg, Antonia, Der Schlaf der Freiheit. Politik und Gemeinsinn im 21. Jahrhundert, Reinbek 1997, S. 26ff.

Politische Beteiligung setzt Wahrnehmbarkeit der politischen Entscheidungen voraus. Es ist kein Zufall, daß Prozesse der wirtschaftlichen Globalisierung mit politischen Regionalisierungstendenzen beantwortet werden. Die Unzugänglichkeit wirtschaftlicher Macht soll mit der Erreichbarkeit politischer Macht beantwortet werden. Doch wenn solcher Regionalismus in neuen Nationalismus, in ethnische Absonderungsbewegungen und in eine Mentalität der Ausgrenzung umschlägt, entsteht daraus eine unmittelbare Gefahr für die Freiheit. Das Erstarken rechtsextremer Positionen und die Ausbreitung nationalistischen Denkens insbesondere in der jungen Generation sprechen hier eine deutliche Sprache. Im Zeitalter der Globalisierung wird es deshalb zu einer vordringlichen Aufgabe, die öffentliche Dimension des Gemeinwesens zu stärken und den politischen Sinn der Freiheit erfahrbar zu machen. Die Kompatibilität von wirtschaftlicher und politischer Freiheit wird zum Schlüsselproblem. Gelöst werden kann es aber nur auf dem Hintergrund einer kulturellen Kommunikation darüber, was Freiheit ist.

Kulturelle Freiheit

Unter den Bedingungen gesellschaftlicher Pluralität kann ein politisches Gemeinwesen, das der Freiheit Gestalt gibt, nur aus dem Dialog der Bürgerinnen und Bürger entstehen. Die Dialogfähigkeit und Dialogbereitschaft der Bürgerinnen und Bürger wird zu einer entscheidenden Bedingung der Freiheit.[51] Verständigungsprozesse dieser Art brauchen einen öffentlichen Bezug und einen öffentlichen Raum.[52] Sie vollziehen sich

51 Vgl. Taylor, Charles, Multikulturalismus und die Politik der Anerkennung, Frankfurt a. M. 1993, S. 21.
52 Vgl. Arendt, Hannah, Vita Activa oder Vom tätigen Leben, München 1989, S. 49ff.

in symbolischer Gestalt, tragen also den Charakter kultureller Verständigung. Kultur – also das Gewebe symbolischer Kommunikationsformen, einschließlich Kunst und Religion – ist weit mehr als nur ein Überbau über der wirtschaftlichen und politischen Infrastruktur einer Gesellschaft. Kultur bildet den entscheidenden Verständigungsraum, in dem die Debatten über das Zukunftsbild der Gesellschaft ausgetragen werden und in dem sich gesellschaftliche Kohäsionskräfte bilden. Die Erosion der kulturellen Kommunikation – beispielsweise durch rein passiven Medienkonsum – ist deshalb für eine Gesellschaft ebenso gefährlich wie der Schwund politischer Beteiligung. Dialogverweigerung in der Alltagskultur – durch die Ausgrenzung des Fremden – bildet eine unmittelbare Gefahr für die politische Kultur. Zwischen kultureller Freiheit und politischer Freiheit besteht also ein intensives Wechselverhältnis.

Unter kulturellem Aspekt zielt die Freiheit auf einen gesellschaftlichen Diskurs, der für die Teilnahme aller Bürgerinnen und Bürger offen ist. Kulturelle Freiheit braucht Freiräume der symbolischen Kommunikation, die nicht staatlich reglementiert, aber staatlich geschützt sind. Die Freiheit der Meinungsäußerung und die freie Entfaltung von Religion, Kunst und Wissenschaft sind dafür ebenso wichtig wie die staatsunabhängige Organisation der Zivilgesellschaft. Damit ist insbesondere das Ensemble intermediärer Institutionen gemeint, die zwischen den Individuen und dem Gemeinwesen vermitteln. Diese Bedeutung der Zivilgesellschaft ist erst in den letzten Jahren als eine der wesentlichen Bedingungen der Freiheit wiederentdeckt worden.[53] Daß die Institutionen der Zivilgesellschaft gestärkt werden und daß die Motivation der Bürgerinnen und Bürger wächst, diese Institutionen mitzugestalten und mit Leben zu erfüllen, bildet eine – in ihrem Gewicht noch immer unterschätzte – Voraussetzung einer freiheitlichen Gesell-

53 Vgl. Kap. VI.

schaft. In Deutschland trägt insbesondere eine tief verankerte Staatsgläubigkeit dazu bei, den Beitrag der kulturellen Kommunikation zu den Existenzbedingungen einer freiheitlichen Gesellschaft zu unterschätzen. An dieser Stelle ist deshalb eine Kurskorrektur besonders dringlich.

Persönliche Freiheit

Freiheit ist immer persönliche Freiheit. Träger der Freiheit ist die einzelne menschliche Person. Dieser individuelle Charakter der Freiheit darf weder durch die – notwendige – Kritik am Individualismus noch durch das – ebenso notwendige – Achten auf die gesellschaftlichen Bedingungen der Freiheit verdunkelt werden.

In unterschiedlichen Formen zielen alle modernen Freiheitstheorien darauf, diesen individuellen Charakter der Freiheit hervorzuheben. Die einzelne menschliche Person tritt in ihnen als das Wesen in den Blick, das Handlungen bewußt aus eigenem Willen beginnen und die Maximen für diese Handlungen selbst wählen kann. Der persönliche Aspekt der Freiheit kommt in der Selbstbestimmung des Menschen zum Ausdruck. Doch alles Nachdenken über menschliche Selbstbestimmung stößt alsbald auf das Problem, wie die eigene Freiheit mit der Freiheit anderer vereinbar ist. Wo immer ein starker Begriff von sittlicher Freiheit formuliert wird, ist zugleich auch der Zusammenhang von Freiheit und Verantwortung im Blick.

In elementarer Form läßt sich das an der Freiheitstheorie Immanuel Kants verdeutlichen. Wenn Kant als Freiheit die Fähigkeit des Menschen bezeichnet, einen Zustand von selbst, also von sich aus anzufangen[54], dann verbindet sich damit so-

54 Kant, Immanuel, Kritik der reinen Vernunft B 476, in: Studienausgabe, hrsg. von Weischedel, W., II, Darmstadt 1968, S. 430.

fort die Frage, wie der eigene Gebrauch dieser Freiheit mit der gleichen Freiheit anderer vereinbar ist. Die entscheidende Frage an jede Theorie der Autonomie heißt also, wie denn die Autonomie des einen mit der Autonomie des andern korreliert. Kant beantwortet diese Frage auf zwei Ebenen: Auf der Ebene des Rechts wird ein der Legalität gemäßes Verhalten gefordert, kraft dessen jedermann das Seine gegen jeden andern gesichert weiß; diese Sicherung der äußeren Freiheit durch das Recht ist die Gewähr dafür, daß die Freiheit des einen nicht mit der Freiheit des andern kollidiert. Auf der Ebene der Sittlichkeit fordert Kant, daß die freie Selbstbestimmung sich dergestalt vollzieht, daß die einzelnen sich aus Freiheit dem allgemeinen Sittengesetz unterwerfen: »Handle so, daß die Maxime deines Willens jederzeit zugleich als Prinzip einer allgemeinen Gesetzgebung gelten könne.«[55]

Nicht nur für Kants Freiheitstheorie gilt, daß sie Freiheit klar von Willkür unterscheidet. Aber bei Kant ist die Orientierung des Freiheitsgebrauchs an der Vernunfteinsicht und damit an einem für alle geltenden Gesetz besonders deutlich ausgeprägt. Das Verständnis von Freiheit als Autonomie ist also einer rein individualistischen Konzeption, die sich nur am individuellen Vorteil oder an persönlichen Präferenzen orientiert, deutlich entgegengesetzt. Auch eine Freiheitskonzeption, die den entscheidenden Maßstab persönlicher Freiheit im subjektiven Genuß oder in der subjektiven Erlebnisqualität sieht, bleibt hinter grundlegenden Einsichten zurück, wie sie uns exemplarisch in Kants Freiheitsverständnis entgegentreten. Ein starker Begriff persönlicher Autonomie im Sinne Kants läßt sich dagegen durchaus mit derjenigen Konzeption verbinden, die hier als ›demokratischer Kommunitarismus‹ bezeichnet wird. Auch ein starker Begriff persönlicher Autonomie fügt

55 Kant, Immanuel, Kritik der praktischen Vernunft, in: Studienausgabe, hrsg. von Weischedel, W., IV, Darmstadt 1968, S. 140.

sich so in das Konzept einer freiheitlichen Gesellschaft ein, die nicht nur Freiheit gewährt, sondern zugleich die Verantwortungsbereitschaft ihrer Glieder weckt und in Anspruch nimmt.

3. Freiheit im Verhältnis zur Natur

Neben der Gestaltung gesellschaftlicher Freiheit ist der Umgang mit den Auswirkungen des wissenschaftlich-technischen Fortschritts die zweite Testfrage für einen Begriff der Freiheit, der angesichts der Herausforderungen der Gegenwart als zureichend gelten soll. Denn nur dasjenige Verständnis von Freiheit kann als überzeugend gelten, das eine Antwort auf das ethische Grundproblem des naturwissenschaftlich-technischen Zeitalters enthält.

Dieses Grundproblem läßt sich folgendermaßen beschreiben: Die Entwicklung von Wissenschaft und Technik erweitert die Lebens- und Handlungsmöglichkeiten der Menschen in zuvor ungeahnter Weise, doch sie enthält zugleich ein hohes Gefahrenpotential für die nichtmenschliche Natur wie für die Lebensbedingungen jetziger und künftiger menschlicher Generationen. Eine ethische Antwort auf das damit beschriebene Dilemma läßt sich nur geben, wenn die Eindämmung der Gefahrenpotentiale und die Verhinderung der zerstörerischen Folgen von Wissenschaft und Technik aus Freiheit möglich sind. Ein ethisches Konzept, das den Leitgedanken menschlicher Autonomie mit dem Anspruch auf eine unumschränkte Herrschaft über die Natur verknüpft, reicht dafür nicht hin. Es muß in ein Konzept überführt werden, das auch die Selbstbegrenzung im Blick auf die Verfügungsansprüche gegenüber der Natur als notwendige Form menschlichen Freiheitsgebrauchs anerkennt. Auch im Blick auf das Naturverhältnis des Menschen gilt, daß Selbstbegrenzung ein Ausdruck menschlicher Freiheit ist.

3.1 Selbstbeherrschung und Selbstbegrenzung

Dieser Gedanke läßt sich am einfachsten dadurch genauer entfalten, daß wir an die klassische Vorstellung davon anknüpfen, wie sich menschliche Selbstbegrenzung vollzieht – nämlich als Selbstbeherrschung.

In der Tradition der Ethik hat der Begriff der Selbstbeherrschung (griechisch *enkrateia*) zunächst eine eng umgrenzte Bedeutung.[56] Gemeint ist damit das Zurückdrängen aller Arten von unvernünftigem Begehren. Grenzüberschreitungen werden vermieden, die gegen die menschliche Natur sind und der Vernunft widersprechen. In einem weiteren Sinn läßt sich der Begriff der Selbstbeherrschung aber auch mit der Tugend verknüpfen, die von den Griechen ›Besonnenheit‹ *(sophronsyne)* genannt wird. Besonnenheit als eine der vier Kardinaltugenden meint ursprünglich nicht in einem allgemeinen Sinn das vernünftig abwägende Verhalten im Gegensatz zu einem distanzlos unvermittelten Ausleben der eigenen Affekte. Sondern gemeint ist damit die Tugend des rechten Maßes im Verhältnis zu den natürlichen Bedingungen menschlichen Lebens und den damit verbundenen leiblichen Begierden.

Vorausgesetzt ist in dieser Vorstellung von Selbstbeherrschung die Überordnung der Seele über den Leib. Die Seele ist nach dieser Denkweise die Instanz, die für die Herrschaft des vernünftig-überlegenden Teils im Menschen über das blinde Begehren und den Drang der Leidenschaften verantwortlich

---

56 Vgl. Pieper, Josef, Zucht und Maß, [8]München 1960; Forschner, Maximilian, Besonnenheit, in: Höffe, O. (Hrsg.), Lexikon der Ethik, München 1977, S. 20f.

ist. Nur in dem Maß, in dem eine solche Selbstbeherrschung gelingt, bewahrt der Mensch die Offenheit und Empfänglichkeit für die Welt der Ideen. Besonnenheit – so hat Aristoteles, in diesem Fall durchaus an Plato anknüpfend, gesagt – ist die Tugend der Mäßigkeit im Essen, Trinken und Zeugen, die richtige Mitte zwischen dem Zuviel und dem Zuwenig gegenüber leiblicher Begierde und Lust, die Tugend einer vernunftgeleiteten Ordnung natürlichen Begehrens und Genießens.[57] Selbstbeherrschung in diesem weiten Sinn umfaßt also beides: das Zurückdrängen aller unvernünftigen und widernatürlichen Bestrebungen in sich selbst und den maßvollen Umgang mit den naturalen Bedingungen menschlichen Lebens.

In der neuzeitlichen Ethik taucht der Gedanke der Selbstbeherrschung in veränderter Gestalt auf. Er begegnet nun in der Vorstellung von der Selbstgesetzgebung der menschlichen Vernunft. Autonomie wird zum Leitbegriff der Ethik.[58] Die als Selbstbestimmung begriffene Freiheit wird zum anthropologischen Schlüsselbegriff. Die Unabhängigkeit von allen Fremdbestimmungen naturaler, sozialer und politischer Art macht nach dieser Vorstellung die spezifische Würde menschlicher Existenz aus. Deshalb soll der Mensch sich keinen anderen Gesetzen unterwerfen müssen als denen, die er von sich selbst aus, kraft seiner eigenen Vernunft als notwendig erkennen und anerkennen kann. Diesen Gedanken hat vor allem Immanuel Kant ausgearbeitet. Dabei besteht seine spezifische Leistung, wie wir sahen, darin, daß er diese Vorstellung von Selbstbeherrschung als Selbstbestimmung von jedem Anklang an willkürliche Anarchie abgrenzt, indem er auf der Allgemeinheit der menschlichen Vernunft beharrt. Nur derjenige Vernunftgebrauch ist legitim, der sich gegenüber der Allgemeinheit der

57 Aristoteles, Nikomachische Ethik, Buch III, 13–15.
58 Vgl. zur Begriffsgeschichte die bahnbrechende Untersuchung von Feil, Ernst, Antithetik neuzeitlicher Vernunft. ›Autonomie – Heteronomie‹ und ›rational – irrational‹, Göttingen 1987, S. 35ff.

Vernunft ausweisen kann. Nur diejenigen Maximen des eigenen Handelns können wirklich dem Anspruch der Selbstbestimmung genügen, von denen ich zugleich wollen kann, daß ihnen allgemeine Gültigkeit zukommt.

Die gerade skizzierte Tradition begründet die Leitvorstellung der Selbstbeherrschung im Verhältnis des Menschen zu sich selbst: in der Überordnung der Seele über den Leib, in der notwendigen Beherrschung der naturalen Antriebe und Begierden, in der Verantwortung des eigenen Freiheitsgebrauch vor den Maßstäben der Vernunft. In der von den biblischen Überlieferungen ausgehenden Traditionslinie dagegen wird die Notwendigkeit der Selbstbeherrschung nicht nur im Verhältnis des Menschen zu sich selbst, sondern zugleich im Verhältnis zum Mitmenschen und darüber hinaus im Gottesverhältnis begründet.

Jede Begründung der Menschenwürde ist unzureichend, die sie von menschlichen Eigenschaften oder Leistungen abhängig macht. Denn aus solchen Leistungen oder Eigenschaften kann sich stets nur eine ungleiche Würde ergeben. Radikal ist die menschliche Würde erst gedacht, wenn sie in der Gottesbeziehung des Menschen verankert ist: »Was ist der Mensch, daß du seiner gedenkst?« Diese Frage des 8. Psalms ist der Ausgangspunkt für ein radikales und konsequentes Verständnis der menschlichen Würde.

Die Antwort dieses Psalms ist erstaunlich genug: »Was ist der Mensch, daß du seiner gedenkst, und des Menschen Kind, daß du dich seiner annimmst? Du hast ihn wenig niedriger gemacht als Gott, mit Ehre und Herrlichkeit hast du ihn gekrönt. Du hast ihn zum Herrn gemacht über deiner Hände Werk, alles hast du unter seine Füße getan: Schafe und Rinder allzumal, dazu auch die wilden Tiere, die Vögel unter dem Himmel und die Fische im Meer und alles, was die Meere

59 Psalm 8, 5–9.

durchzieht.«[59] Die Herrschaftsbefugnisse, die dem Menschen hier zuerkannt werden, gründen nicht in seiner eigenen Leistung, sondern in Gottes Schöpferwillen. Sie sind deshalb auch nicht im Sinne hemmungsloser Ausbeutung, sondern in verantwortlicher Fürsorge wahrzunehmen.

Selbstbeherrschung erscheint hier als freiwillige Selbstzurücknahme um des und der anderen willen. Die Zehn Gebote kann man als Inbegriff der Regeln einer solchen freiwilligen Selbstzurücknahme um der anderen willen verstehen.[60] Das Verhältnis der Generationen zueinander, die Ehe, die körperliche Integrität, der gute Ruf und das Eigentum sind diejenigen Lebensbezüge, um deren Achtung es geht. Um ihretwillen werden Akte der freiwilligen Selbstzurücknahme, also bewußte Selbstbegrenzungen geboten. Dem ist vorangestellt der Katalog derjenigen Selbstbegrenzungen, die um der Ehre Gottes willen notwendig sind: Die Einzigkeit Gottes, seine Differenz gegenüber jedem Gottesbild, die Heiligkeit seines Namens und die Anerkennung der von ihm geheiligten und zur Ruhe bestimmten Zeit sind die Themen, an denen das verdeutlicht wird.

Die Ehre Gottes und die Integrität des Mitmenschen sind die beiden Bezugspunkte einer Selbstbeherrschung, die den Charakter der Selbstbegrenzung annimmt. Im Doppelgebot der Liebe wird diese Selbstbegrenzung als Element einer positiven Beziehung – der Liebe zu Gott und zum Mitmenschen – beschrieben. In sie ist ein positives Verhältnis des Menschen zu sich selbst ausdrücklich eingeschlossen.

Die neuere Ethik hat der Selbstbestimmung des einzelnen weithin den Vorrang eingeräumt und die freiwillige Selbstzurücknahme um der Integrität der anderen und um der Ehre Gottes willen in den Hintergrund treten lassen oder sogar ganz

---

60 Vgl. Crüsemann, Frank, Bewahrung der Freiheit. Das Thema des Dekalogs in sozialgeschichtlicher Perspektive, München 1983; sowie zum Begriff der ›Selbstzurücknahme‹ Welker, Michael, Das Reich Gottes, in: Evangelische Theologie 52, 1992, S. 497–512.

aus dem Bewußtsein verdrängt. Zugleich hat sie die Selbstbestimmung des Menschen mit dem Anspruch auf seine unumschränkte Herrschaft über die Natur verbunden, die er als »Meister und Besitzer der Natur«[61] den eigenen Ansprüchen und Interessen dienstbar machen darf.

Beide Grundpositionen sind in unserer Gegenwart in eine Krise geraten. Zum einen zeigt sich, daß eine rein individualistische Auffassung von Selbstbestimmung (oder Selbstverwirklichung) die Ressourcen aufzehrt, auf die das gemeinsame Leben angewiesen ist. Die freiwillige Selbstzurücknahme im Verhältnis zu den Mitmenschen wird auf neue Weise zum Thema. Dem ist zum andern die Erfahrung zur Seite getreten, daß die Herrschaft des Menschen über die Natur sich in eine Gefährdung der Natur verwandeln kann, daß die vollständige Unterwerfung der Natur unter die Verfügungsinteressen des Menschen in Destruktion umzuschlagen vermag. Das hat eine Debatte darüber ausgelöst, ob der Herrschaft des Menschen über sich selbst nicht eine Selbstbegrenzung seiner Verfügungsansprüche über die Natur entsprechen muß. Die Selbstbegrenzung im Verhältnis zur Natur wird zum Thema.

3.2 Verantwortung für die Zukunft des Lebens

Gegenwärtig vollziehen sich also zwei Prozesse ethischer Revision. Ein ethischer Individualismus wird durch Überlegungen zur Gemeinschaftsfähigkeit und Gemeinschaftsbedürftigkeit des Menschen korrigiert. Eine Ethik der Herrschaft über die Natur wird durch eine Ethik der Verantwortung für die Natur korrigiert. Die zweite dieser beiden Revisionen soll noch etwas genauer betrachtet werden.

---

61 Die berühmte Formel findet sich bei Descartes, Discours de la méthode, Hamburg 1960, S. 100.

Heute müssen Menschen sich mit ihren eingelebten, mehr oder minder beharrlichen ethischen Einstellungen in einer gesellschaftlichen und politischen Wirklichkeit orientieren, die in den Strudel rasanter Veränderungen geraten ist. Deren Tempo und Richtung wird vor allem anderen durch wissenschaftliche Entdeckungen und technische Innovationen bestimmt. Noch immer nimmt die Geschwindigkeit zu, mit der sich die Lebensumstände auf dem Globus insgesamt, aber insbesondere in den hochentwickelten Ländern umstülpen. Nuklearenergie, Gentechnologie, moderne Kommunikationstechniken, Digitalisierung, künstliche Intelligenz und künstliche Reproduktion: so heißen die Signalworte für einen Wandel, der in seiner Rasanz und in seinen Ausmaßen von den meisten Menschen weder intellektuell noch moralisch bewältigt werden kann.

Die großen Erfolge technologischer Entwicklung und gesellschaftlichen Aufschwungs sind mit negativen Auswirkungen scheinbar unlöslich verquickt: mit Zerstörungen in der natürlichen Umwelt wie in der Sozialökologie der Menschen; mit der Gefährdung individueller Biographien, für die Rauschgiftkonsum und Alkoholismus als Indikatoren gelten können; mit dem Zerbrechen menschlicher Beziehungen, das durch die wachsenden Scheidungsraten nur zum Teil erfaßt wird. Auf der einen Seite werden die Lebenschancen und Lebenserwartungen gesteigert; zugleich aber wachsen damit auch die Gefährdungen. Der Zuwachs an Lebensmöglichkeiten, so scheint es, ist ohne den Zuwachs an Risiken nicht zu haben.

Kollektive Lebensrisiken sind das unmittelbare Produkt der technologischen Entwicklung. Soweit sie sich direkt aus wirtschaftlichem Handeln ergeben, wird ihre Unvermeidbarkeit aus Notwendigkeiten der Effizienz und der Wettbewerbsfähigkeit begründet. Viele Umweltgefährdungen entstehen freilich nicht aus einzelnen wirtschaftlichen Maßnahmen, sondern sind das nicht intendierte Resultat kollektiven Handelns. Von diesen Risiken gilt deshalb, daß für sie das Verursacherprinzip

216

nicht greift. Die Luftverschmutzung ist dafür ein eindrückliches Beispiel. Die gesellschaftliche Debatte gilt immer wieder neu der Frage, welche Risiken dieser Art im Zusammenhang mit technischen Entwicklungen vertretbar und hinnehmbar sind, wie also das Grenzrisiko technischer Entwicklungen zu definieren ist. Darüber besteht häufig ebenso wenig Konsens wie über die Frage, ob die Risiken bestimmter Technologien tatsächlich über dieses Grenzrisiko hinausgehen.[62]

Die Gefährdungen, die sich aus der heutigen Entwicklung von Wissenschaft, Technik und Konsum ergeben, sind dadurch bestimmt, daß sie sich zum Teil erst zeitversetzt auswirken. Man kann dies als intergenerationelle Verschiebung bezeichnen. Gefahrenprognosen, die sich auf eine entferntere Zukunft beziehen, sind jedoch nur schwer dazu geeignet, eine Umorientierung im Denken und Handeln einzuleiten. Denn die meisten Menschen sind eher bereit, auf gegenwärtige Gefahren zu reagieren, als ihr Handeln an möglichen künftigen Gefahren zu orientieren. Doch ein derartiges reaktives Handlungsmuster ist offenkundig unzureichend. Es stellt sich vielmehr die Frage, ob die Menschheit die Fähigkeit zu antizipierendem Handeln entwickeln kann.

Die heute verfügbaren Technologien schließen die Möglichkeit der kollektiven Selbstvernichtung ein. Das ist in der Angst vor einer nuklearen Katastrophe zum Bewußtsein gekommen. Mit dem Ende des Ost-West-Konflikts ist diese Angst in den Hintergrund gerückt. Bei manchen ist die Sorge, durch genetische Manipulation am Menschen könne eine posthumane Stufe der Evolution eingeleitet werden, an ihre Stelle getreten. Grundfragen des Menschenbildes stehen auf dem Spiel. Denn offenkundig ist die Möglichkeit geklonter Menschen mit dem

---

62 Zur Terminologie vgl. die Allgemeinen Leitsätze für das sicherheitsgerechte Gestalten technischer Erzeugnisse. Begriffe der Sicherheitstechnik. Grundbegriffe (DIN VDE 31000, Teil 2), Berlin 1994.

Gedanken menschlicher Individualität und mit der Vorstellung von der Unverfügbarkeit menschlichen Lebens und menschlicher Würde nicht vereinbar.

Solche Entwicklungen haben dazu Anlaß gegeben, die ethische Frage radikaler zu stellen, als das zuvor geschehen ist. Manche Ethiker erklären kühl, es sei das Recht jeder menschlichen Generation zu beschließen, die letzte zu sein.[63] So wie der individuelle Suizid als mögliches Resultat menschlicher Selbstbestimmung anerkannt werden müsse, so sei auch der kollektive Suizid als denkbares Ergebnis der gemeinsamen Selbstbestimmung der Menschheit gerechtfertigt. Andere sagen, jede Generation trage von nun an Mitverantwortung dafür, daß menschliches Leben auch über die eigene Lebensspanne hinaus möglich bleibe. Die Verpflichtung für die Permanenz menschlichen Lebens und für die Lebensbedingungen künftiger Generationen werde zum Maßstab menschlicher Verantwortung angesichts wissenschaftlich-technischer Entwicklungen. Eine dritte Gruppe schließlich sieht auch in dieser Betrachtungsweise noch eine Form der Anthropozentrik am Werk, die als nicht zureichend anzusehen sei. Eine freiwillige Selbstzurücknahme um des Lebens und der Lebensbedingungen künftiger Generationen willen reiche nicht aus; Eingriffe in die Natur hätten nicht nur an den Lebensbedingungen künftiger Generationen, sondern auch an den Rechten beziehungsweise der Eigenwürde der Natur eine Grenze.

Am leichtesten ist es, der ersten Position zu widersprechen. Nicht nur im Blick auf die gleichzeitig mit uns Lebenden, sondern auch im Blick auf künftige Generationen gilt: Wer Selbstbestimmung – und das heißt: Freiheit – als Ziel und Sinn menschlichen Lebens anerkannt wissen will, der muß nicht nur sich selbst darum bemühen, sein eigenes Leben nach den

63 Ackerman, Bruce, Social Justice in the Liberal State, New Haven, Conn. 1980, S. 216.

Grundsätzen sittlicher Autonomie zu führen; er muß auch darauf verzichten, sich das Verfügungsrecht über fremdes Leben anzumaßen. Als universales Moralprinzip wird Selbstbestimmung nur dann anerkannt, wenn wir zur Selbstbegrenzung in der Lage sind. Humanität zeigt sich in der Fähigkeit, das Interesse am eigenen Leben und die Achtung vor fremdem Leben miteinander zu verbinden. Nichts anderes sagt der Grundsatz der jüdischen und christlichen Ethik, der die Liebe zum andern und die Liebe zum eigenen Leben auf eine Stufe stellt. Dieser Grundsatz ist keineswegs auf den Nahbereich menschlichen Handelns beschränkt, sondern bezeichnet eine notwendige Voraussetzung für jeden menschlichen Freiheitsgebrauch. Freiheit zeigt sich gerade darin, daß Menschen das Interesse am eigenen Leben mit demjenigen an fremdem Leben verbinden, daß sie die Durchsetzung eigener Lebensinteressen aus Achtung vor fremdem Leben begrenzen.

Für die jüdisch-christliche Tradition ist der Gedanke menschlicher Selbstbegrenzung in besonderer Weise im Schöpfungsgedanken verankert. Er schließt einen Begriff Gottes als des Schöpfers ein, der seine schöpferische Freiheit in einem Akt der Selbstbegrenzung verwirklicht.[64] Denn in der Schöpfung wählt der Schöpfer unter den möglichen Welten eine aus. Als Schöpfer steht er den Geschöpfen gegenüber, begrenzten, endlichen Wesen, die in ihrer Begrenztheit dennoch an einer unbegrenzten Würde Anteil haben: der Würde nämlich, Gottes Geschöpfe zu sein. Inmitten dieser Geschöpfe findet der Mensch sich vor, begrenzt und endlich auch er, und doch dazu befähigt, Gott aus eigenem Entschluß zu antworten: das Gott entsprechende Wesen, der zum Bild Gottes erschaffene Mensch. Der Schöpfer aber bindet sich an diese seine Geschöpfe. Die Schöpfung selbst ist durch Selbstbegrenzung, durch die Selbstzu-

---

64 Vgl. Jonas, Hans, Der Gottesbegriff nach Auschwitz. Eine jüdische Stimme, Frankfurt a. M. 1987, S. 15ff.

rücknahme aus Freiheit gekennzeichnet. Deshalb ist die Selbstbegrenzung des Menschen eine Handlungsweise, die der Schöpfung gemäß ist.

Ungleich plausibler als die Vorstellung von einem Recht der Menschheit auf einen kollektiven Suizid ist die These von der Verantwortung jeder Generation für die Permanenz menschlichen Lebens auf der Erde, wie sie von Hans Jonas entwickelt wurde.[65] Seinem Imperativ, daß gegenwärtiges Handeln künftige Möglichkeiten menschlichen Lebens nicht zerstören dürfe, kann Jonas auch die Fassung geben: »Gefährde nicht die Bedingungen für den indefiniten Fortbestand der Menschheit auf Erden.« Er führt diesen Imperativ als Axiom ein und fügt hinzu, vielleicht sei dieser Imperativ »ohne Religion überhaupt nicht zu begründen«.[66] In der Tat: Ein ›indefiniter‹, also unbegrenzter Fortbestand kann der Menschheit nur zugesprochen werden, wenn ihr eine Zukunft verheißen ist, die weiter reicht als die Aussichten menschlicher Geschichte selbst, die wir als unendliche ja gerade nicht zu denken vermögen. Jonas, der Anti-Utopiker, der unerbittliche Kritiker des ›Prinzips Hoffnung‹, setzt mit seinem ›Prinzip Verantwortung‹ selbst eine Zukunft voraus, über welche die Menschen nicht verfügen, vor der sie sich aber zu verantworten haben. Er, der alle religiösen Argumente aus seiner Ethik fernhalten will, sieht schließlich doch keinen Weg, wie er die Kategorie des Heiligen umgehen kann.[67]

Das ist begreiflich. Denn wenn Menschen eine unbegrenzte Zukunft endlichen Lebens denken sollen, dann setzt dies einen ex-zentrischen Begriff dieses Lebens selbst voraus. Ex-zentrisch – das soll heißen: nicht um sich selbst zentriert, nicht in sich selbst ruhend, sondern auf anderes bezogen. Der Grund-

65 Vgl. Jonas, Das Prinzip Verantwortung.
66 Ebd., S. 36.
67 S. o., S. 166ff.

satz christlicher Ethik, an den heute wieder zu erinnern ist, heißt: Ich bin nur Leben, wenn ich auf fremdes Leben bezogen bin, auf Leben, das über mein Leben hinausgeht und es zugleich begrenzt. Radikal ist dieser Charakter alles Lebens im Gottesbewußtsein gedacht: Ich bin Leben, weil ich mich Gott verdanke und aus seinem Geist lebe.

Ein im Gottesgedanken begründetes Freiheitsverständnis schließt die Rücksicht auf anderes Leben ein. Darin hat eine Kultur des Zusammenlebens ihre Grundlage, die sich als ›Kultur der Achtsamkeit‹ bezeichnen läßt. Diese ›Kultur der Achtsamkeit‹ gilt nicht nur unter gleichzeitig Lebenden. Sie anerkennt vielmehr auch die Möglichkeiten künftigen Lebens als Schranke für heutige Handlungen. Gerade Jonas' Versuch, das ›Prinzip Verantwortung‹ aus einer säkularen Metaphysik zu begründen, drängt auf das Resultat hin: Nur das Gottesbewußtsein ist stark genug, den Verfügungsansprüchen der Menschen Grenzen zu setzen. Weil der Mensch schon angesprochen ist, bevor er zu antworten weiß, bildet die Selbstbegrenzung die erste Pflicht seiner Freiheit.

Welche Rücksichten kommen ins Spiel, wenn wir fragen, wo der menschlichen Entfaltung Grenzen zu ziehen sind? Die dritte Position erklärt, es reiche nicht, menschliche Verantwortung auf die Zukunft menschlichen Lebens auszurichten. Es gehe vielmehr darum, eine eigenständige Würde der Natur als Grenze solchen Handelns anzuerkennen.

Diese Position geht über die geläufige Anthropozentrik im Verständnis menschlicher Verantwortung hinaus. Auch dort, wo in der ethischen Debatte ausdrücklich von Selbstbegrenzung die Rede ist, wird sie in aller Regel anthropozentrisch begründet: Die Freiheit der anderen Menschen bildet die Grenze meiner Freiheit. Auch Hans Jonas argumentiert so, zieht die Linien der Rücksichtnahme auf fremdes menschliches Leben aber in die Zukunft hinein: Der künftige Bestand menschlichen Lebens setzt heutigem Handeln Grenzen.

Die Anthropozentrik, die auch noch aus dieser Forderung spricht, prägt nicht nur die ethischen Debatten, sondern ebenso das praktische Verhalten gegenüber der Natur. Sie wird in aller Regel nur als Grundlage menschlichen Lebens wahrgenommen und anerkannt. Noch der rechtliche Schutz von Landschaften, Tieren und Pflanzen erfolgt meistens vorrangig unter der Perspektive menschlicher Interessen. Nur zaghaft bricht sich allmählich die Einsicht Bahn, daß der Schutz der natürlichen Lebensgrundlagen nicht nur an den Interessen gegenwärtig lebender und künftiger menschlicher Generationen sein Maß hat.[68] Aber allmählich vollzieht sich eine kritische Revision der überlieferten Anthropozentrik. Den Schlüssel für eine biozentrische Auffassung menschlicher Verantwortung bildet die Einsicht, daß der Respekt vor der Würde der Natur den Menschen auch unabhängig von ihrem Eigennutz Grenzen setzt. Die Verantwortung für die Zukunft des Lebens ist nicht auf menschliches Leben beschränkt. Vielmehr bildet das Leben in der Vielfalt seiner Formen den Bezugsrahmen menschlicher Verantwortung. Je tiefer wissenschaftliche Erkenntnis in das Geheimnis des Lebens eindringt und es technisch verfügbar macht, desto weiter reicht auch die Verantwortung für das Leben. Je größer die Handlungsmöglichkeiten werden, desto dringlicher wird es, in der Selbstbegrenzung eine Ausdrucksform menschlicher Freiheit zu sehen.

---

68 Der neu in das Grundgesetz eingefügte Artikel 20a heißt: »Der Staat schützt auch in Verantwortung für die künftigen Generationen die natürlichen Lebensgrundlagen im Rahmen der verfassungsmäßigen Ordnung durch die Gesetzgebung und nach Maßgabe von Recht und Gesetz durch die vollziehende Gewalt und die Rechtsprechung.« Zumindest in dem Wörtlein »auch« meldet sich ein Wissen um den weiteren Horizont menschlicher Verantwortung. Vgl. Huber, Gerechtigkeit und Recht, S. 301ff.

V. Die Zukunft der Kirche

1. Kirche in der Krise – sieben Aspekte

In Deutschland durchlaufen die großen Kirchen eine tiefe Krise. Sie macht sich in der evangelischen Kirche noch massiver bemerkbar als in der katholischen. Nirgendwo in der Welt ist die Lage der Kirchen in vergleichbarer Weise durch einen Prozeß von Säkularisierung und Entkirchlichung geprägt wie in der Mitte Europas. Nirgendwo ist die bisherige institutionelle Gestalt der Kirchen stärker in Frage gestellt als hier. Von einem »Katastrophengebiet für die Kirche« hat Peter L. Berger im Blick auf die Lage der Kirchen in Mittel- und Westeuropa gesprochen.[1] Der rasante Prozeß der Entkirchlichung, der sich hier vollzogen hat, kennt in anderen Bereichen des Globus keine Parallele.

Säkularisierung, Individualisierung und Wertewandel – davon war ausführlich die Rede[2] – verändern die Erwartungen an die Kirchen wie deren Wirkungsmöglichkeiten. Die gesellschaftlichen Voraussetzungen für kirchliches Handeln sind in

---

1 Berger, Peter L., An die Stelle von Gewißheiten sind Meinungen getreten.
2 Vgl. Kap. II.

223

Deutschland durch zweierlei zugleich gekennzeichnet: durch einen hohen Säkularisierungsgrad und durch den Wandel vom kirchlichen Duopol zu einer multireligiösen Situation. Die Jahrhunderte, in denen die beiden ›großen‹ Kirchen auf der Grundlage der Parität das religiöse Leben im Lande weitgehend allein prägten, gehören der Vergangenheit an. Die Vorstellung, evangelische und katholische Kirche bildeten zusammen mit dem Staat den Bereich derjenigen öffentlichen Hoheitsmächte, die das Gemeinwohl repräsentieren, hat ihre Selbstverständlichkeit eingebüßt. Der Pluralisierungsprozeß hat auch den Bereich der Religion erfaßt. Die deutsche Gesellschaft ist nicht nur säkularer geworden. Deutschland wird zugleich ein multikonfessionelles und multireligiöses Land.

Die Entkirchlichung – der eine Aspekt dieses Wandels – zeigt sich im Osten Deutschlands besonders massiv. So offenkundig der Anteil der Religionspolitik der SED an diesem Befund ist, so verfehlt wäre es doch, diese Lage allein auf die kommunistische Religionspolitik zurückzuführen. Es gibt andere mittel- und osteuropäische Länder, die eine noch weit restriktivere staatliche Religionspolitik erlebt haben und dennoch in geringerem Maß entkirchlicht sind, als dies im Osten Deutschlands der Fall ist.[3]

In Deutschland traf die Religionspolitik der SED auf eine Situation, in der die Entkirchlichung der evangelischen Bevölkerung schon seit dem 19. Jahrhundert im Gang war. Dieser Entkirchlichungsprozeß hat sich insbesondere in der Zeit des Nationalsozialismus kräftig fortgesetzt. An ihn konnte die SED anknüpfen. Doch auch wenn man diesen weiteren Horizont vor Augen hat, ist es übertrieben, wenn man – wie Gerhard Schmidtchen – daraus folgert: »Schon lange vor der Ankunft

3 Vgl. Tiefensee, Eberhard, Umfassende Identitätskrise. Zur geistigen Situation in Deutschland Ost, in: Herder-Korrespondenz 52, 1998, S. 184–189.

Ulbrichts und der Sprengung der Pauliner-Kirche in Leipzig im Jahre 1968 waren die Gebiete östlich von Elbe und Saale faktisch unkirchlich.«[4] Ebenso einseitig ist es, wenn Kurt Nowak den eigentlichen Kollaps der Kirchlichkeit im Osten Deutschlands als bereits in der ersten Hälfte des 20. Jahrhunderts vollzogen betrachtet.[5] Denn von den gewaltigen zusätzlichen Schüben der Entkirchlichung, von der weiteren Ausbildung eines Gewohnheitsatheismus unter den Bedingungen der DDR kann man bei einer nüchternen Betrachtung der kirchlichen Lage am Übergang zum 21. Jahrhundert nicht absehen.

Die Veränderung der Erscheinungsweisen von Religion ist der andere Aspekt des Wandels. In erheblichem Maß wandert die Religiosität aus den Kirchen aus. Sie führt ein vagabundierendes Eigenleben. Sie kann dabei esoterische oder mystische, charismatische oder sektiererische Züge annehmen. Religion begegnet in den unterschiedlichsten Formen. Die Kirchen haben darauf keinen Monopolanspruch. Die gesellschaftliche Bedeutung der ›großen‹ Kirchen und die gesellschaftliche Funktion von Religion treten in erheblichem Umfang auseinander.

In dem Vakuum, das der schwindende Einfluß der Kirchen hinterläßt, breiten sich teilweise problematische Erscheinungsweisen von Religion aus. Nicht jede Form von Religion ist lebensfördernd, der Wahrheit verpflichtet und mit der Würde der menschlichen Person vereinbar. Es gibt Ausprägungen der Religiosität, in denen Menschen abhängig gemacht oder in Abhängigkeit gehalten, in ihrer Würde eingeschränkt und in ihrer Freiheit eingeengt werden. Den Kirchen kann es nicht gleichgültig sein, wenn Menschen in den Sog solcher religiöser Formen geraten.

4 Schmidtchen, Wie weit ist der Weg nach Deutschland?, S. 151.
5 Nowak, Kurt, Staat ohne Kirche?, in: Kaiser, G./Frie, E. (Hrsg.), Christen, Staat und Gesellschaft in der DDR, Opladen 1996, S. 23–41.

Ebenso wenig kann es ihnen gleichgültig sein, wenn Menschen sich im Vorhandenen einrichten, ohne von der Gottesfrage auch nur berührt zu sein, ohne die Endlichkeit menschlichen Lebens begreifen und nach Schuld und Vergebung fragen zu wollen. Die Selbstabschließung vieler Menschen gegenüber der Frage nach einem das eigene Leben übersteigenden Sinn bildet die spezifische missionarische Herausforderung, vor der die Kirchen in Mitteleuropa stehen.

Diese missionarische Aufgabe stellt sich in einer multikonfessionellen und multireligiösen Situation. Die verschiedenen orthodoxen Kirchen Osteuropas bilden inzwischen in Deutschland die drittgrößte christliche Konfessionsfamilie. Die Bedeutung von Freikirchen und charismatischen Gruppierungen wächst. Der Islam ist zahlenmäßig die zweitgrößte Religion im Lande; er ist allerdings in einer unüberschaubaren Vielfalt von Verbänden, Moscheevereinen und Koranschulen organisiert. Die jüdischen Gemeinden spielen vielerorts eine Rolle von wachsendem Gewicht. Die bestimmende Bedeutung des christlichen Glaubens versteht sich nicht mehr von selbst. Seine kulturelle Prägekraft wirkt nicht ohne weiteres fort. Sie kann nur in dem klaren Bewußtsein in Anspruch genommen und zur Geltung gebracht werden, daß Religionsfreiheit immer auch die Freiheit der Andersglaubenden ist.

Die Kirchen verstärken ihre ökumenische Zusammenarbeit. Die Einsicht gewinnt an Boden, daß die Zukunft der Kirchen gerade in Europa eine ökumenische sein wird. Ihre Zusammenarbeit beschränkt sich nicht auf öffentliche Stellungnahmen zu gesellschaftlichen und politischen Problemen. Sie hat ihre Basis vielmehr im Miteinander der Christen vor Ort, vor allem im gemeinsamen Leben von Familien, in denen sich verschiedene Konfessionen verbinden. Sie findet ihren wichtigsten Ausdruck darin, daß Christen aus verschiedenen Kirchen miteinander Gottesdienst feiern. Die Grenzen der ökumenischen Gemeinschaft werden deshalb auch dort am schmerzlichsten empfunden, wo die uneingeschränkte gottesdienstliche Gemeinschaft – die gemeinsame Feier des Abendmahls eingeschlossen – noch nicht möglich ist.

Doch Heimat finden Menschen nicht in der ökumenischen Gemeinschaft als solcher. Zugehörigkeit entwickelt sich nur in bestimmten Gemeinden, in konkreten Kirchen, dort, wo die Wahrheit des christlichen Glaubens eindeutige Gestalt annimmt. In dem Maß, in dem die Kirchen ihre missionarische Aufgabe neu erkennen und wahrnehmen, verstärkt sich auch die Notwendigkeit dazu, sich das jeweils eigene Profil zu vergegenwärtigen und es anderen zu verdeutlichen. Ein klares Bewußtsein der eigenen Identität und ökumenische Offenheit schließen einander nicht aus, sondern gehören heute zusammen. Auch öffentlich müssen sich die Kirchen dadurch kenntlich machen, daß sie nicht nur zu aktuellen gesellschaftlichen Problemen Stellung nehmen, sondern das Glaubensthema zu ihrer Sache machen – die Einsicht also, daß der Mensch den Sinn und die Erfüllung seines Lebens gerade dann findet, wenn er der Wirklichkeit Gottes im eigenen Leben Raum gibt.

Eine Trendwende ist zu spüren. Auch im Osten Deutschlands stellen die Kirchen sich der veränderten Situation und beziehen auch in der Öffentlichkeit erkennbar Position. An der Entwicklung in der Evangelischen Kirche in Berlin-Brandenburg läßt sich das illustrieren. Die Zahl der Kirchenaustritte geht zurück; die Zahl der Eintritte in die Kirche steigt an. In Berlin wird der Versuch unternommen, durch zentrale Kircheneintrittsstellen diese Tendenz zu verstärken. »Evangelisch aus gutem Grund« ist der Titel einer Kommunikationsinitiative, die von der Evangelischen Kirche in Hessen und Nassau ausging und von der Evangelischen Kirche in Berlin-Brandenburg übernommen wurde. Daß Mitglieder und Mitarbeiter der Kirche zur Auskunft darüber bereit und fähig sind, was ihnen an ihrem Glauben wichtig ist, bildet das Ziel dieser Initiative; es geht in ihr zugleich darum, daß die evangelische Kirche in der Öffentlichkeit deutlicher erkennbar und wahrnehmbar wird. »Wachsen gegen den Trend – Auf dem Weg zu einer missionarischen Kirche« heißt ein weiteres Vorhaben in der Evangelischen Kirche in Berlin-Brandenburg, um das sich eine Vielzahl missionarischer Vorhaben gruppieren soll. »Dorfkirchensommer« ist der Name eines Versuchs, im Brückenschlag zwischen Stadt und Land den Reichtum des der Kirche anvertrauten kulturellen Erbes bewußter wahrzunehmen. Die Beispiele lassen sich vermehren.

Daß sich neues Leben in den Kirchen regt, ist deutlich zu spüren. Eine wachsende Vielgestaltigkeit des kirchlichen Lebens verbindet sich mit einer neuen Konzentration auf die Mitte der kirchlichen Botschaft. Aber trotz dieser Trendwende ist es nach wie vor richtig, von einer Krise der Kirche zu sprechen. Die Reformansätze müssen verstärkt werden. Dazu ist ein nüchterner Blick auf die entscheidenden Krisenaspekte vonnöten. Im Blick auf die evangelische Kirche sollen sieben Aspekte dieser Krise hervorgehoben werden.[6]

1.1 Mitgliederkrise

Äußerlich betrachtet handelt es sich zunächst um eine Mitgliederkrise. Der Mitgliederbestand der beiden großen Kirchen ist nach wie vor erheblich; doch die abnehmende Mitgliedschaft ist ein Alarmzeichen. Zwar gehen die Kirchenaustrittszahlen zurück; doch übersteigen sie die Kircheneintrittszahlen noch immer bei weitem. Bei erheblichen regionalen Schwankungen haben die deutschen evangelischen Landeskirchen im Schnitt der neunziger Jahre ungefähr ein Prozent ihrer Mitgliedschaft verloren. Kirchenaustritte, die durch Kircheneintritte nicht

---

6 In zum Teil ähnlicher Weise wird die institutionelle Krise der evangelischen Kirche beschrieben bei Schwöbel, Christoph, Kirche als Gemeinschaft. Überlegungen zur Zukunftsgestalt der Kirche, in: Deutsches Pfarrerblatt 2/97, S. 58–61.

kompensiert werden, Sterbefälle, die durch die Zahl der Taufen nicht ausgeglichen werden, der Rückgang der deutschen Wohnbevölkerung und die Tatsache, daß zuziehende Bevölkerungsgruppen in aller Regel nicht evangelischer Konfession sind, tragen dazu bei. Im Jahr 1996 ist diese Verlustquote auf 0,9 Prozent zurückgegangen; sie ist damit geringer als in vielen anderen gesellschaftlichen Verbänden. Bei 28 Millionen Menschen, die der evangelischen Kirche angehören, bedeutet aber auch dies den Verlust von ungefähr 250000 Menschen in einem Jahr.

1.2 Finanzkrise

Mit der Mitgliederkrise verbindet sich eine Finanzkrise. Die Abnahme der Mitgliedschaft und ihr hoher Altersdurchschnitt, die Auswirkungen einer anhaltend hohen Arbeitslosigkeit in Deutschland und die Folgen steuerpolitischer Entscheidungen bewirken gemeinsam seit 1994 einen erheblichen Rückgang des Kirchensteueraufkommens. Er ist regional unterschiedlich ausgeprägt; in der Evangelischen Kirche in Berlin-Brandenburg erreichte er im Jahr 1997 die beunruhigende Höhe von 13,7 Prozent. Nachdem über Jahrzehnte hinweg kirchliche Aufgaben zum allergrößten Teil aus Kirchensteuermitteln finanziert wurden, reduziert sich die Leistungsfähigkeit dieses kirchlichen Finanzierungsweges. Kein Bereich kirchlicher Arbeit bleibt von den Auswirkungen verschont; sie zeigen sich auch im Bereich der kirchlichen Diakonie, obwohl diese in besonders hohem Maß aus Pflegesätzen, aus staatlichen Zuschüssen und aus Spenden finanziert wird. Die Kirchensteuer bleibt auch weiterhin für die Finanzierung der kirchlichen Arbeit entscheidend. Aber sie bedarf in wachsendem Maß der Ergänzung durch andere Finanzierungswege. Diese sind jedoch noch nicht in zureichendem Maß entwickelt.

1.3 Mitarbeiterkrise

Die Finanzkrise bewirkt eine Mitarbeiterkrise. Der bisherige Umfang bezahlter beruflicher Arbeit in der Kirche läßt sich nicht aufrechterhalten. In den westdeutschen Kirchen läßt sich der Abbau der Mitarbeiterschaft über einen längeren Zeitraum strecken. Doch auch wenn er mit den Mitteln der ›natürlichen Fluktuation‹ – also durch den Eintritt in den Ruhestand oder den Wechsel des Arbeitsplatzes – bewerkstelligt werden kann, bleibt es beschwerlich, daß künftig berufliche Arbeit in der Kirche nur noch in deutlich geringerem Umfang als in den zurückliegenden Jahrzehnten möglich sein wird. Das beeinträchtigt die Motivation der Mitarbeiterschaft und die Arbeitsatmosphäre. Daß man in der Kirche um knappe Arbeitsplätze konkurriert, ist mit der Tradition kirchlicher Berufe und dem Selbstverständnis der Mitarbeiterschaft nur schwer vereinbar. Die Auseinandersetzung mit diesen neuen Gegebenheiten verursacht entsprechend große Irritationen.

In weit stärkerem Maß als für den Westen Deutschlands gilt das für die ostdeutschen Kirchen mit ihrem ohnehin geringeren und zugleich teilweise schneller sinkenden Kirchensteueraufkommen. Denn hier kann der aus finanziellen Gründen nötige Abbau der Mitarbeiterschaft mit den Mitteln der ›natürlichen Fluktuation‹ allein nicht bewerkstelligt werden. Zusätzliche Maßnahmen – Verkürzung der Arbeitszeit, Teilen von Arbeitsplätzen, vorgezogener Ruhestand, Wartestand für Pfarrerinnen und Pfarrer, deren Stelle aufgehoben wird, Auflösung des Arbeitsverhältnisses beziehungsweise betriebsbedingte Kündigung bei Mitarbeiterinnen und Mitarbeitern im Angestelltenverhältnis – werden unausweichlich. Daß die Kirche die Fürsorge für Mitarbeiterinnen und Mitarbeiter, die teilweise zur Zeit der DDR unter völlig anderen Bedingungen in den kirchlichen Dienst eingetreten sind, nicht aufrechterhalten und entsprechende Erwartungen nicht erfüllen kann, löst in vielen

Fällen massive Vertrauenskrisen aus. Es ist schwer, aus einer solchen Situation heraus neue Zielsetzungen für das kirchliche Handeln zu entwickeln und die Mitarbeiterschaft dafür zu motivieren.

1.4 Vereinigungskrise

Der Hinweis auf die unterschiedliche Situation der Kirchen im Osten und im Westen Deutschlands macht darauf aufmerksam, daß der Vereinigungsprozeß zwischen Ost und West wie im staatlichen und gesellschaftlichen Bereich so auch in den Kirchen noch keineswegs abgeschlossen ist. In der evangelischen Kirche boten sich für den Prozeß der Vereinigung relativ günstige Voraussetzungen: Die besondere kirchliche Gemeinschaft war in der Zeit der deutschen Teilung niemals aufgegeben worden; die gemeinsame, durch Bibel, Bekenntnis und Gesangbuch geprägte Sprache war nicht verloren gegangen; die kirchlichen Strukturen waren einander sehr ähnlich geblieben. Doch zugleich zeigen sich in diesem Bereich Schwierigkeiten besonderer Art: Die atheistische Propaganda und die kirchenfeindliche Staatspraxis der DDR wirken sich weit über deren Ende hinaus aus; Einstellungen, die sich aus der aufgezwungenen Minderheitsposition ergaben, stoßen sich mit Erfordernissen und Chancen der veränderten Lage; der gelebte Materialismus im Westen Deutschlands erschwert auf seine Weise den kirchlichen Neuaufbau im vereinigten Deutschland; was Solidarität angesichts des West-Ost-Gefälles bedeutet, ist auch im kirchlichen Bereich nicht in ausreichendem Maß geklärt. In den ersten Jahren nach der Vereinigung Deutschlands war die evangelische Kirche deshalb in sehr hohem Maß mit ihren eigenen Umstellungsproblemen beschäftigt. Kaum sind diese einigermaßen bewältigt, ist sie mit Finanzproblemen konfrontiert, die erneut die Unterschiede zwischen Ost und West verschärfen.

1.5 Organisationskrise

Durch die finanziellen Schwierigkeiten und den Rückgang der Mitarbeiterschaft wird die Organisationskrise der Kirche offenkundig. In ihren gegenwärtigen Organisationsstrukturen läßt sich die kirchliche Arbeit nicht mehr finanzieren. Diese Strukturen sind zum einen durch das Prinzip flächendeckender Versorgung geprägt; es findet in der parochialen Gemeindeorganisation Ausdruck. Sie sind zum andern dadurch gekennzeichnet, daß zusätzliche Herausforderungen, die im Prozeß gesellschaftlicher Modernisierung entstanden, durch ergänzende ›funktionale‹ Einrichtungen und Dienste beantwortet wurden. Zu diesen Strukturen gehört schließlich ein System der Kirchenleitung, das Elemente der personalen geistlichen Leitung, der behördlichen Zuständigkeit und der synodalen Repräsentation miteinander verbindet.

Wenn jedoch die finanziellen Mittel schwinden und die Mitarbeiterschaft abnimmt, läßt sich weder das Ausmaß flächendeckender Versorgung innerhalb der Parochialstruktur noch die bisherige Ausdifferenzierung zielgruppenorientierter kirchlicher Tätigkeiten noch schließlich der personelle und zeitliche Aufwand im Bereich der Leitungsstrukturen aufrechterhalten.

Dabei stellt sich das größte organisatorische Problem im Blick auf die parochialen Strukturen der Kirche. In vielen Fällen bleibt den Einzelgemeinden keine andere Wahl, als untereinander einen Verbund einzugehen – sei es durch die Verschmelzung zu einer Gemeinde oder durch die Bildung eines Gemeindeverbands; der Zuständigkeitsbereich der Pfarrämter vergrößert sich; die erweiterten Aufgaben sind nur durch verstärkte regionale Kooperation zu bewältigen.

Damit erweist sich eine Überprüfung der kirchlichen Regionalstruktur insgesamt als notwendig. Sie betrifft alle Ebenen kirchlichen Handelns: die Gemeinden, die Kirchenkreise beziehungsweise Dekanate, die Landeskirchen und die verschiedenen landeskirchlichen Zusammenschlüsse, die Evangelische Kirche in Deutschland und die verschiedenen Institutionen ökumenischer Zusammenarbeit bis hin zum Ökumenischen Rat der Kirchen.

Das Verhältnis zwischen gemeindlichen und übergemeindlichen Aufgaben bedarf ebenso der Überprüfung wie das Verhältnis zwischen parochialen und zielgruppenorientierten Handlungsformen. Alle diese Entscheidungen sind innerhalb der synodalen Struktur der evangelischen Kirche zu treffen. Sie ermöglicht zwar eine relativ breite Beteiligung der Gemeinden und aller betroffenen Gruppen; doch sie erschwert und verlangsamt zugleich strukturelle Veränderungen. Die Chancen der Beteiligung zu nutzen, aber zugleich die Unbeweglichkeit zu überwinden, ist eine noch weithin ungelöste Aufgabe.

1.6 Krise des Krisenmanagements

Häufig und keineswegs grundlos wird festgestellt, der Kirche fehle es an einem professionellen Krisenmanagement; ein erheblicher Teil der Krisenphänomene ließe sich bei entsprechend kompetentem Management zumindest mildern. Die eingespielten Handlungsmuster kirchlicher Verwaltungen, die hochgradige Verrechtlichung aller kirchlichen Entscheidungen, die Umständlichkeit kirchlicher Gesetzgebungsverfahren machen den Umgang mit Krisen ungewöhnlich schwierig. Die Bindung der kirchlichen Finanzsysteme an die kameralistische Tradition erschwert die flexible Reaktion auf den Wechsel finanzieller Bedingungen. Besonders gravierend ist der weitgehende Verzicht auf moderne Formen der Personalführung und der Personalbeurteilung. Auf die Anerkennung von Leistungen wird bisher ebenso weitgehend verzichtet wie auf die Feststellung von Leistungsmängeln. Die Praxis der ›Visitation‹

gleicht diesen Mangel keineswegs aus; andere Formen der Personalbeurteilung werden erst neuerdings erprobt und eingeführt.

1.7 Orientierungskrise

So sehr das kirchliche Krisenmanagement der Verbesserung bedarf, so verfehlt wäre es, das Grundproblem damit als gelöst anzusehen. Die Krise der Kirche ist im Kern eine Orientierungskrise.

Wie wird der Auftrag der Kirche zeitgemäß wahrgenommen? Die Antworten auf diese Frage schwanken häufig zwischen ›Widerstand und Ergebung‹ gegenüber dem Geist der Zeit, zwischen Eigenständigkeit und Anpassung im Blick auf den Wandel gesellschaftlicher Strukturen, zwischen Modernisierung und Traditionsbestimmtheit der kirchlichen Botschaft. Wie die Kirche als ›alte Institution‹ die Fragen heutiger Menschen beantwortet, wie sie ein Ort wird, an dem Menschen aller Generationen bei ihrer Suche nach Sinn einen festen Halt finden, wie ihr helfendes Handeln und ihr Beitrag zum Bildungsgeschehen sich so gestalten lassen, daß auch die Glaubensbotschaft die Menschen erreicht – dies erweist sich als die Schlüsselfrage in der gegenwärtigen Krise.

2. Der Ansatzpunkt: Die eigene Botschaft ernst nehmen

Antworten auf solche Fragen lassen sich nur finden, wenn die für die Kirche Verantwortlichen dem Geist der Resignation wirksam entgegentreten. Dazu brauchen sie sich nicht auf ihre eigene ›Kompetenz‹ zu berufen; sondern dazu verhilft der Geist, der in der Kirche über alle Wandlungen ihres äußeren Bildes hinweg und trotz aller Zwiespältigkeiten ihres Handelns lebendig bleibt. Von ihm heißt es im Neuen Testament: »Gott hat uns nicht gegeben den Geist der Furcht, sondern der Kraft und der Liebe und der Besonnenheit.«[7] Wege aus der Krise lassen sich nur finden, wenn die Gewißheit leitend ist, daß die Strukturen der Kirche in all ihrer Fragwürdigkeit und Verbesserungsbedürftigkeit Mittel zur Weitergabe der Wahrheit sind, die den Menschen um ihres Heils willen erschlossen werden soll. Nur wenn die Kirche auf die Kostbarkeit der Wahrheit blickt, die ihr anvertraut ist, wird sie gelassen und entschieden zugleich mit ihrer institutionellen Krise umgehen.

Auch für diese Art des Umgangs mit den institutionellen Problemen kirchlicher Existenz gibt es einen wichtigen biblischen Impuls: »Wir haben aber diesen Schatz in irdenen Gefäßen, damit die überschwengliche Kraft von Gott sei und nicht von uns.«[8] Auch für den Umgang der Kirche mit den Problemen ihrer eigenen Struktur ist die Unterscheidung zwischen dem Gefäß und seinem Inhalt, zwischen den Strukturen und dem Geist, der in ihnen lebendig werden soll, von maßgeblicher Bedeutung. Der erste Schritt zur Erneuerung der Kirche besteht darin, daß sie auf diesen Inhalt achtet und diesem Geist Raum gibt, kurz: die eigene Botschaft ernst nimmt. Überzeugende Antworten auf die sieben Krisenaspekte lassen sich nur finden, wenn die Arbeit an der Orientierungskrise als die vorrangige Aufgabe erkannt und anerkannt wird.

7 2. Timotheus 1, 7.
8 2. Korinther 4, 7.

2.1 Nachfrage nach der Kompetenz der Kirche

Nach der Kirche wird gefragt. Ihre Gottesdienste werden besucht. Am wichtigsten Gottesdiensttag der Deutschen, am Heiligen Abend, ist der Gottesdienstbesuch während der letzten Jahrzehnte kontinuierlich gestiegen. Auch in einer säkularisierten Gesellschaft stirbt der Wunsch nicht ab, das gemeinsame Leben festlich zu gestalten, für das Geschenk des Lebens zu danken, die Verbundenheit mit Gott und untereinander zu feiern. Auch heute suchen Menschen Orientierung in den großen Fragen nach Anfang und Ende des Lebens, nach Schuld und Vergebung, nach Scheitern und Neubeginn. Nach wie vor nehmen sie dafür den Dienst der Kirche in Anspruch. Die Kirche ist eine der wichtigsten Institutionen der Lebenshilfe, Beratung und Seelsorge. Beistand im Prozeß der Sozialisation und Hilfe in den Krisen des Lebens werden von ihr erwartet. Sie wird in Anspruch genommen, um die Wendepunkte des Lebens zu gestalten und ihren Sinn zu entschlüsseln. Sie erweist ihre Verläßlichkeit in der Zuwendung zu kranken, behinderten und alten Menschen.

Solche Feststellungen ändern jedoch nichts daran, daß die Verdrossenheit an der Kirche und die Gleichgültigkeit gegenüber dem Glauben wachsen. Daß die Kirche gesellschaftlich in Anspruch genommen wird, schließt nicht aus, daß Menschen sich persönlich von ihr abwenden und sich für die Zukunft der Kirche als Institution nicht interessieren.

Aber auch für diejenigen, die sich schon weit von ihr entfernt haben, ist die Frage von Bedeutung, ob die Kirche sich auf Dauer von der öffentlichen Verantwortung zurückziehen wird, die sie in den letzten Jahrzehnten – ob schlecht oder recht – wahrgenommen hat. Die Folgen für das sozialstaatliche Gefüge in Deutschland wären einschneidend. Die Bundesrepublik hat sich in ihrer Sozialpolitik auf das Prinzip der Subsidiarität eingestellt. Wo immer möglich, sollen soziale Aufgaben von freien

Trägern wahrgenommen werden. Unter ihnen spielen die Kirchen und ihre diakonischen Verbände eine große Rolle. Sie nehmen diese Aufgaben mit staatlicher Unterstützung wahr. Würden sie sich jedoch plötzlich aus ihnen zurückziehen oder aus innerer Erosion zu ihrer Weiterführung nicht mehr imstande sein, so könnte der Staat nicht an ihre Stelle treten. Wenn man sich die Kirchen aus der deutschen Gesellschaft wegdenkt, muß man in Gedanken auch auf viele Netze sozialen Helfens verzichten.

Doch aus ihrer Funktion für den Sozial- und Wohlfahrtsstaat erwächst den Kirchen keine Zukunftsgarantie. So wichtig solche gesellschaftlichen Funktionen sind – die Erneuerung der Kirche kann nur von innen kommen. Sie kann nur in der Wahrheit begründet liegen, die der Kirche anvertraut ist. Sie kann sich nur in der Lebensform zeigen, zu der die Kirche ermutigt. Lebendig ist die Kirche nur, wenn sich auch ihre Botschaft als lebendig und als lebensdienlich erweist. Zukunftsfähig ist sie nur, wenn sie diese selbst ernst nimmt. Dafür braucht sie eine Mitarbeiterschaft, die auch selbst bereit ist, das ›Glaubensthema‹ in seiner zentralen Bedeutung anzuerkennen.[9]

2.2 Die Wahrheit Gottes feiern

Die der Kirche anvertraute Botschaft läßt sich auf unterschiedliche Weisen zusammenfassen. In jedem Fall – daran sei noch einmal erinnert – gehört zu ihr die Einsicht, daß der Sinn menschlichen Lebens nicht im Vorhandenen aufgeht und

---

9 Darauf wird die Kirche interessanterweise ›von außen‹ aufmerksam gemacht. Der Hinweis auf das Gewicht des ›Glaubensthemas‹ und die Notwendigkeit, daß kirchliche Mitarbeiter sich mit ihm identifizieren, ist m. E. das wichtigste Ergebnis der ›München-Studie‹, die 1996 von der Unternehmensberatungsfirma McKinsey für das evangelische Dekanat München erstellt wurde.

im Entscheidenden nicht von den eigenen menschlichen Leistungen abhängt, sondern unverdientes göttliches Geschenk ist. Leistungen sind wichtig, doch sie zum einzigen Maßstab von Lebenssinn zu machen, ist zerstörerisch und unbarmherzig. Wo der Wert menschlichen Lebens nur von Leistung und Erfolg abhängig gemacht wird, führt dies zwangsläufig in das schreckliche Gegenbild vom ›lebensunwerten Leben‹ hinein.

Die Wahrheit, daß Sinn und Verheißung des Lebens nicht vom Menschen selbst hervorgebracht, sondern als Geschenk empfangen werden, ist in einer Leistungsgesellschaft nicht leicht zu vermitteln. Wo nur der Erfolg zählt, stößt sie auf taube Ohren. Aber sie ist lebenswichtig. Nur wenn zwischen der Person und ihren Leistungen unterschieden wird, kann die gleiche Würde aller Menschen anerkannt und gewahrt werden.

Um dieser lebenswichtigen Botschaft willen heißt der erste Satz über die Kirche der Zukunft: Sie soll nicht müde werden, das Evangelium zu verkündigen. Entscheidend ist nicht, ob die Kirche durch ihre Aktivitäten in der Diakonie, im Bildungsbereich oder in der Politik ihr Existenzrecht unter Beweis stellt. Diese Aktivitäten sind an ihrem Ort unentbehrlich. Entscheidend ist jedoch, daß eine Wahrheit ausgesprochen und bezeugt wird, die größer und wichtiger ist als jede menschliche Institution, auch als die Institution Kirche selbst. Diese größere Wahrheit handelt davon, daß Gott der Welt und in ihr auf besondere Weise dem Menschen gnädig ist und die Treue hält. Darin ist ein Lebenssinn begründet, der durch keine weltliche Instanz entzogen und auch nicht durch eigenes Versagen zerstört werden kann.

Die Wahrheit der Kirche kann nicht nur gepredigt und gelehrt, sie muß auch gefeiert werden. Die evangelische Kirche muß das neu lernen. Über lange Zeit hat sie eine hohe Aufmerksamkeit für Predigt und Bildung, also für die kognitive

Vermittlung des Glaubens, mit einer tiefen Gleichgültigkeit gegenüber liturgischer Gestaltung und ritueller Begleitung, also gegenüber der Erlebnisqualität der Glaubensvermittlung, verbunden. Nur wenn sie das ändert, kann sie auf den Wunsch vieler Menschen antworten, der Wahrheit über ihr Leben in festlicher Form inne zu werden.

Daß der Glaube wieder Ausdruck finden kann, ist die entscheidende Aufgabe in der Erneuerung der Kirche. Die lebendige Liturgie im gemeinsamen Gottesdienst ist dafür ebenso wichtig wie der Mut zu neuen Formen persönlicher Frömmigkeit.

2.3 Den Menschen entdecken

Doch die von der Kirche vertretene Wahrheit kann nur überzeugen, wenn auch die Lebensform einleuchtet, zu der sie einlädt. Sie ist insgesamt von der Zuwendung zum Mitmenschen geprägt. ›Den Menschen entdecken‹ kann deshalb als Leitformel christlicher Lebenspraxis und kirchlichen Handelns gelten.

Die Suche nach tragfähigem Gestalten des Lebens zeigt sich in der Kirche in zwei Grundformen. Einerseits geht es um Lebensformen, in denen menschliche Freiheit Gestalt gewinnen kann. Andererseits geht es um die Anerkennung der Verschiedenartigkeit der Menschen, um die Annahme der Fremden, um die Zuwendung zu denen, die auf Hilfe angewiesen sind.

Ein erster Maßstab für die Sozialgestalt der Kirche läßt sich so formulieren: Die Lebensform der Kirche schafft der Freiheit Raum. Denn die Kirche erinnert an das Befreiungsgeschehen in der Geschichte Israels wie in der Geschichte Jesu, das durch die Kraft des Geistes auch heute gegenwärtig ist. Und auch das Grundthema der Reformation, das die evangelische Kirche in das ökumenische Gespräch einzubringen hat, ist die christliche

Freiheit.[10] Unter den Herausforderungen der Gegenwart läßt sich dieses Grundthema in der Frage präzisieren: Wie verschafft sich die zugesagte Freiheit des Glaubens in der wahrgenommenen Freiheit des Gewissens und in der verantworteten Gestalt der Freiheit in Kirche, Gesellschaft und Staat Raum?

Der Protestantismus ist, wie wir sahen, keineswegs ein Anwalt einer beliebigen individuellen Freiheit, sondern er tritt für die verantwortete und deshalb auch politisch verfaßte Freiheit ein. Zu den heute vordringlichen Konsequenzen gehören die Entfaltung und Durchsetzung der Menschenrechte, ineins damit auch die Gewährleistung von Grundrechten in der Kirche, die Anerkennung des Lebensrechts der Fremden, ineins damit auch der Protest gegen ungerechte Strukturen, die dieses Lebensrecht verweigern. Zu diesen Konsequenzen gehört die Forderung, daß Prozesse wirtschaftlicher Integration durch die Weiterentwicklung von politischer Kultur und demokratischer Kontrolle begleitet und in Schranken gehalten werden, weil sonst die politische Verfassung der Freiheit durch die Verselbständigung wirtschaftlicher Macht ausgehöhlt wird. Kurzum: Gelebte Solidarität aus Freiheit ist die Zukunftsgestalt des christlichen Glaubens, die sich aus dem reformatorischen Impuls ergibt.

Die Kirche, so läßt sich als zweiter Maßstab hinzufügen, ist eine Gemeinschaft, die auf die Praxis des Erbarmens verpflichtet ist. Sie verkündigt die Zusage des göttlichen Erbarmens, in dessen Licht die Selbstabschließung des Menschen keinen Bestand hat. Sie feiert die Wirklichkeit des göttlichen Erbarmens, das eine Gemeinschaft über Grenzen hinweg möglich macht. Und sie verpflichtet sich auf eine Praxis des Erbarmens, die alle menschenunwürdigen Verhältnisse von unten ansieht und zu verändern sucht.

Erbarmen meint dabei mehr als die gelegentliche Gutartig-

10 Vgl. Kap. IV.

keit in den Nischen, die in der Konkurrenzgesellschaft dafür bleiben. Es meint die planmäßige und verläßliche Hinwendung zu den Benachteiligten und Schwachen. Die Grundlage dieses Erbarmens liegt in der Anerkennung der gleichen Würde aller Menschen. Ihre Praxis zeigt sich in der Kultur helfenden Handelns. Deren entscheidendes Charakteristikum besteht darin, daß in jedem hilfsbedürftigen Menschen – in jedem schutzsuchenden Flüchtling, in jeder und jedem pflegebedürftigen Kranken, in jedem behinderten oder durch Alter eingeschränkten Menschen – die menschliche Person entdeckt und wahrgenommen wird. Das hat seinen Grund in der Überzeugung, daß jeder Mensch, welche Grenzen seinem Leben auch gesetzt sind, darauf angelegt ist, ein eigener Mensch zu sein. In jedem Leben soll die Unverwechselbarkeit zum Ausdruck kommen, in der sich die Gottebenbildlichkeit des Menschen zeigt. Diakonisch zu handeln heißt: anderen zu helfen, ein eigener Mensch zu sein. Diese Hilfe kann erst dann gelingen, wenn hinter den jeweiligen Begrenzungen und Behinderungen der Mensch entdeckt wird, die unverwechselbare, von Gott geliebte Person.

2.4 Zu mündigem Glauben ermutigen

Die reformatorische Gestalt des christlichen Glaubens ist in besonderer Weise dadurch geprägt, daß sie zu selbständigem Menschsein und deshalb auch zu mündigem Glauben ermutigt. Die überlieferten Ausdrucksformen sind Hilfen dafür, selbständig vom eigenen Glauben Rechenschaft abzulegen. Daß der Glaube Phasen des Zweifels durchläuft und Anfechtungen nicht ausweicht, war für die Reformatoren eine derart existentielle Erfahrung, daß ihr Glaubensverständnis ohne diese Dimension nicht gedacht werden kann. Der Vorstellung, der Glaube sei nur Menschen zugänglich, die bereit sind, in unmündiger Abhängigkeit von kirchlicher Autorität zu verharren, widerspricht das evangelische Glaubensverständnis besonders deutlich. Es begründet das Selbstbewußtsein des Menschen im Gottesbewußtsein. Es zielt auf mündigen Glauben als die Grundlage eigenständiger Existenz.

Deshalb gehört zum evangelischen Verständnis des christlichen Glaubens das Bemühen um ein immer wieder erneuertes Bündnis von Glauben und Vernunft. Aus demselben Grund gehört die Bildungsverantwortung zum unaufgebbaren Pflichtenkanon der Kirche. Und es hängt schließlich mit der Vorstellung vom mündigen Glauben zusammen, daß den christlichen Laien im evangelischen Verständnis eine besondere Verantwortung für die Präsenz des Glaubens im Alltag zukommt. Luther hat diese Verantwortung in der Formel vom ›Priestertum aller Gläubigen‹ zum Ausdruck gebracht. Heute wird dieser Impuls im Nachdenken über die besondere Bedeutung ehrenamtlicher Arbeit in der Kirche erneuert.

2.5 Auf die Erneuerung der Kirche hoffen

Kann man auf eine Kirche hoffen, die die eigene Botschaft ernst nimmt und deshalb Gottes Wahrheit feiert, den Menschen entdeckt und zu mündigem Glauben ermutigt? Eine positive Antwort auf diese Frage ist zunächst in dem Vertrauen auf den göttlichen Geist begründet, der mehr bewirkt, als im Kalkül menschlichen Handelns vorgesehen ist. Diese positive Antwort findet zugleich Anhalt an den Veränderungen, die sich in den Kirchen vollziehen.

Die ökumenische Gemeinschaft zwischen den Kirchen macht Fortschritte, manchen Rückschlägen zum Trotz. Die veränderte Rolle von Frauen in der Gesellschaft wirkt sich auch in der Kirche aus, trotz vielfältiger Widerstände; sie trägt zu einer neuen Art der Gemeinschaft bei, in der hierarchische Motive der Über- und Unterordnung an Bedeutung verlieren. In Kirchen, die unter der Last ihrer langen Geschichte innerlich wie äußerlich oft kalte Orte, ja Räume der Unnahbarkeit geworden sind, entsteht wieder die Chance, Nähe und Vertrauen, Wärme und Ermutigung zu erfahren. Eingeschliffene Rollenmuster werden aufgebrochen; Probleme des Zusammenlebens werden nicht verdrängt, sondern wahrgenommen. Solidarität wird in der kleineren Gemeinschaft bewußt gelebt, aber auch auf die größeren Zusammenhänge bezogen: auf den Umgang mit Fremden, auf das Verhältnis zu den Hungernden der Erde, auf die Fürsorge für die gefährdete Natur.

Heute wachsen den Kirchen neue Möglichkeiten zu, auf die Treue Gottes zu seiner Schöpfung so zu antworten, daß von ihnen Dankbarkeit für die dem Menschen anvertraute Schöpfung und Verantwortung für die Zukunft des Lebens ausstrahlen. Sie können der sozialen Kälte entgegentreten, die sich in industriellen Gesellschaften besonders leicht festsetzt, und zu Keimzellen einer Kultur des Helfens werden. Daß eine solche Kultur des Helfens sich ausbreitet, ist der wichtigste Beitrag der Kirchen zu einer Gesellschaft, die von der Achtung vor der Würde der Menschen und vor der Würde der Natur bestimmt ist.

Die Kirche der Zukunft wird sich entweder vor dem Säkularisierungsdruck in einen Winkel halböffentlicher Sonderexistenz zurückziehen und mit sich selbst beschäftigen. Oder sie wird in aller Öffentlichkeit ihr besonderes Profil zur Geltung bringen und vertreten: als eine Gemeinschaft, die die Wahrheit des Glaubens feiert und bezeugt, als eine Gemeinschaft, die in freier Solidarität für die Lebensrechte der Menschen und für die Würde der Natur eintritt.

3. Wege aus der Krise – sieben Vorschläge

Doch mit Antworten auf die Orientierungskrise der Kirche, wie sie in den vorangehenden Überlegungen enthalten sind, lassen sich die Fragen noch nicht beantworten, die sich aus der strukturellen Krise der Kirche in der Gegenwart ergeben. Ihnen müssen wir uns in einer erneuten Überlegung zuwenden.

3.1 Neue Wege zur Kirchenmitgliedschaft

Daß der Missionsauftrag, der am Beginn der Ausbreitung des Christentums steht[11], in Mitteleuropa neue Aktualität gewinnt, steht außer Zweifel. Dabei gebietet nüchterne Einsicht, gerade im Blick auf die Lage im Osten Deutschlands hinzuzufügen: »Die Menschen haben die Kirche massenhaft verlassen; sie sind aber nur als einzelne zurückzugewinnen.«[12] Vor allem aber muß deutlich unterstrichen werden, worin sich jedes heutige Nachdenken über die missionarische Aufgabe der Kirche von missionarischen Projekten in früheren Perioden der Christentumsgeschichte unterscheidet. Mission in einem heute zu verantwortenden Sinn hat nichts mit Indoktrination oder Überwältigung zu tun; sie ist das direkte Gegenteil. Denn heute muß die Einsicht bestimmend sein, daß an der Wahrheit orientierte und mit dem Gebot der Toleranz vereinbare Formen der Mission vom Respekt vor den Überzeugungen der andern geprägt sind und deshalb dialogischen Charakter tragen.

---

11 Matthäus 28, 18–20.
12 Krötke, Wolf, auf der Synode der EKD auf Borkum, November 1996.

Entscheidend ist, daß die Kirche sich neu den Menschen zuwendet – ihren eigenen Mitgliedern, den distanzierten wie den engagierten, ebenso wie denen, die nicht mehr oder noch nicht zur Kirche gehören. Sie muß den Menschen nachgehen und sie zu gewinnen suchen. Neue Formen sind zu entwickeln, um die einzelnen aufzusuchen, sie anzusprechen und einzuladen. Die Kirche muß zu einer besuchenden und einladenden Kirche werden. Die missionarische Dimension ihrer Bildungsangebote, ihrer beratenden und seelsorgerischen Tätigkeit, der Begleitung von Menschen in diakonischen Einrichtungen, der auf den Lebenslauf bezogenen Amtshandlungen und der auf den Jahreslauf bezogenen Feste muß neu entdeckt und gestaltet werden. Christen brauchen neuen Mut, im Alltag ihres Lebens – auf den Straßen und im eigenen Arbeitsbereich, in der eigenen Wohnung wie in den Zentren von Handel, Dienstleistung und Unterhaltung – ihren Glauben erkennbar zu machen.

Mitgliederpflege wird in der evangelischen Kirche noch immer nur in Ansätzen betrieben. Offen oder unterschwellig dominiert noch immer der Gedanke, die Menschen müßten zur Kirche kommen, wenn sie von ihr etwas wollen. Daß die Kirche zu den Menschen geht, um sie zu etwas zu bewegen, ist weit weniger selbstverständlich. Daß sie beispielsweise Neuzugezogene willkommen heißt, ihnen den Weg in ihre Ortsgemeinde erleichtert und ihnen einen Besuch anbietet, sollte sich als ein Akt freundlichen Entgegenkommens eigentlich von selbst verstehen. Doch es ist bisher keineswegs überall üblich. Initiativen in solche Richtungen sind entwickelt worden. Für Begrüßungsbriefe an Neuzugezogene gibt es Modelle. Darüber hinaus ist es kein Zufall, daß sich Gemeindebriefe als eine besonders wirksame Form kirchlicher Publizistik erweisen.

Solche Kommunikationsformen bedürfen weiterer Verstärkung. Die meisten Menschen nehmen die Kirche vorrangig über die Medien vermittelt wahr. Gezielte und kompetente Öffentlichkeitsarbeit gehört deshalb zu den grundlegenden Aufgaben kirchlicher Arbeit. Der Boden dafür, daß Menschen die Botschaft der Kirche überhaupt wahrnehmen, kann in einer Mediengesellschaft nur durch Präsenz in den Medien bereitet werden. Deshalb muß die Beteiligung am öffentlich-rechtlichen Rundfunk durch eigene Initiativen im privatrechtlich verfaßten Rundfunk ergänzt werden. Umgekehrt brauchen die eigenen kirchlichen Zeitungen und Zeitschriften eine Ergänzung durch eine stärkere Präsenz kirchlicher Inhalte in den allgemeinen Printmedien. Mitgliederpflege ist ohne eine entsprechende kirchliche Publizistik nicht möglich.[13]

Formen der Kirchenzugehörigkeit

In jeder Gemeinde zeigt sich, daß unterschiedliche Formen der Zugehörigkeit zur Kirche entstehen, die auch ausdrückliche Anerkennung verdienen.[14] Vor allem muß beachtet werden, daß auch Menschen an kirchlichen Veranstaltungen teilnehmen und eine Zugehörigkeit zur Kirche praktizieren, ohne getauft zu sein. Die Stellung der Kirche zu ihnen bedarf vorrangig der Klärung.

Dabei handelt es sich um ein Kennzeichen der Kirche seit

13 Ansätze dazu, die aber der Weiterentwicklung und Umsetzung bedürfen, finden sich in: Kirchenamt der Evangelischen Kirche in Deutschland (Hrsg.), Mandat und Markt. Perspektiven evangelischer Publizistik. Publizistisches Gesamtkonzept 1997, Frankfurt a. M. 1997.
14 Vgl. Huber, Wolfgang, Auf dem Weg zu einer Kirche der offenen Grenzen, in: Ders., Konflikt und Konsens. Studien zur Ethik der Verantwortung, München 1990, S. 321–345.

ihren Anfängen. Schon immer gehörten nicht nur Getaufte, sondern auch ›Katechumenen‹ zu ihr, also Menschen, die auf dem Weg zur Taufe sind und einen entsprechenden Unterricht erhalten. Schon in den Kirchenbauten der frühen Christenheit war für sie ein besonderer Raum des Kirchengebäudes – der Narthex – vorgesehen. Er brachte symbolisch zum Ausdruck, daß die Katechumenen ›in‹ der Kirche sind, aber noch den Weg der Taufe gehen müssen, bis sie die volle Gliedschaft am ›Leib Christi‹ erlangen. Die Anerkennung eines besonderen Status der Katechumenen löst also den Zusammenhang zwischen Taufe und Kirchenmitgliedschaft nicht auf, sondern hebt ihn ins Bewußtsein.

Heute ist der Status von Katechumenen auf neue Weise anzuerkennen. Kinder evangelischer oder anderer christlicher Eltern, Jugendliche ohne christlichen Hintergrund, ungetaufte Erwachsene können in den Status von Katechumenen eintreten. Es muß Vorsorge dafür getroffen werden, daß sie sich angesprochen und in die Gemeinde eingeladen fühlen. Der Weg zur Taufe muß ihnen auch dadurch eröffnet werden, daß ihnen das Angebot eines Taufunterrichts begegnet. In einer Kirche, die von der Tradition der Kindertaufe geprägt ist, bedeutet das eine erhebliche Umstellung. Neuorientierungen sind aber im Gang. Zunächst wurde im Bereich der evangelischen Kirchen in der DDR erkannt, daß Jugendliche, die noch nicht getauft sind, sich aber auf dem Weg zur Konfirmation befinden, nicht einfach als außerhalb der Kirche stehend angesehen werden können. Aber auch im Westen Deutschlands wird inzwischen häufiger die Taufe Jugendlicher zusammen mit der Konfirmation vollzogen. An diesem Beispiel läßt sich leicht verdeutlichen, daß Ungetaufte nicht nur das Recht auf Zugang zu Verkündigung, Seelsorge und Unterricht der Kirche haben, sondern daß ihnen in bestimmten Fällen von der Gemeindeleitung auch bestimmte Mitwirkungsrechte eingeräumt werden können. Bestimmte Mitgliedschaftsrechte aber sind unlöslich an die Taufe gebunden; die Zulassung zum Abendmahl, das Patenamt, die kirchliche Trauung oder das kirchliche Wahlrecht setzen die Taufe voraus.

Daß die Kirchenmitgliedschaft an die Taufe gebunden ist, wird in solchen Überlegungen also nicht negiert. Denn die Taufe symbolisiert den Übergang vom ›alten‹ zum ›neuen Menschen‹, den Beginn eines Lebens in der Zugehörigkeit zu Gott und in der Freiheit, die sie eröffnet. Aber der Weg zur Taufe und die Stufen, auf denen sich die Mitgliedschaft in der Kirche vorbereitet und entwickelt, werden ausdrücklich gewürdigt und aktiv gestaltet. Die Gemeinden werden dazu ermutigt, ihre Verantwortung gegenüber denjenigen wahrzunehmen, die sich auf dem Weg zur Taufe befinden.

Wiedereintritt in die Kirche

Ähnliche Überlegungen sind im Blick auf den Wiedereintritt in die Kirche notwendig. In der gesellschaftlichen Öffentlichkeit unterliegt dieses Thema weithin einem Tabu. Wer im Lauf der eigenen Lebensgeschichte – aus innerem Zweifel oder äußerem Ärger, aus Abwendung von der Botschaft der Kirche oder in der Absicht, die Kirchensteuer zu sparen – die Kirche verlassen hat, erfährt nur selten einen Anstoß, diese Entscheidung zu überdenken. Die gesellschaftliche Atmosphäre und die publizistische Behandlung des Themas begünstigen den Austritt aus der Kirche eher als den Wiedereintritt. Die Kirche allein kann eine solche gesellschaftliche Stimmungslage nicht durchgreifend verändern. Aber sie kann ihren Beitrag dazu leisten, daß Menschen auf die Möglichkeit des Wiedereintritts in die Kirche aufmerksam werden und diesen Schritt für sich selbst prüfen. Neben den Normalfall, daß der Wiedereintritt in der eigenen Wohnsitzgemeinde vollzogen wird, kann auch das Angebot von Kircheneintrittsstellen in City-Kirchen treten; sie helfen dabei, die Hemmung gegenüber einem neuen Kontakt zur Kirche zu überwinden und die Gründe für einen früheren Austritt aus der Kirche zu überprüfen. Solche Kircheneintrittsstellen sind wichtige Symbole und Identifikationspunkte einer einladenden Kirche.

Förderstatus

In manchen Fällen ist es ungewiß, ob jemand, der sich an bestimmten kirchlichen Aktivitäten beteiligt, sich auch für die Taufe und die Mitgliedschaft in der Kirche öffnen will. Seine Beteiligung konzentriert sich zunächst auf ein bestimmtes kirchliches Vorhaben, das er durch persönlichen Einsatz oder durch finanzielles Engagement fördert, ohne damit die Mitgliedschaft in der Kirche zu verbinden. Auch ein solcher Förderstatus sollte auf geeignete Weise anerkannt und gewürdigt werden. Die Bildung von Fördervereinen für bestimmte Vorhaben ist einer der denkbaren Wege; eine vereinbarte Verpflichtung zur Förderung ist eine andere Möglichkeit. Dabei ist allerdings darauf zu achten, daß ein solcher Förderstatus nicht als ein Mittel in Anspruch genommen wird, um den Pflichten aus der Kirchenmitgliedschaft mit relativ gutem Gewissen auszuweichen. Denn dadurch würde faktisch eine doppelte Kirchenmitgliedschaft geschaffen – ein Normalstatus, der mit der Kirchensteuerpflicht verbunden ist, und ein Förderstatus, der von der Kirchensteuerpflicht freigestellt ist. Eine solche doppelte Mitgliedschaft widerspricht aber dem Grundsatz, daß die Lasten in der Kirche solidarisch geteilt und getragen werden. Nicht als Ausweichen vor dieser Solidarität, sondern nur als Beitrag zu ihr hat der Förderstatus einen überzeugenden und unzweideutigen Sinn.

Ehrenamtliche Mitarbeit in der Kirche findet neue Aufmerksamkeit; die Formen dafür wandeln sich. Neben die kontinuierliche Mitarbeit über viele Jahre hinweg – in der Mitgliedschaft in Gemeindekirchenräten, in der ehrenamtlichen Übernahme von Küsterdiensten, in der Funktion von Lektoren, Gottesdiensthelfern und so fort – treten neue Formen der ehrenamtlichen Mitarbeit. Sie sind zielorientiert und zeitlich befristet. Jugendliche Teamer, die sich an der Konfirmandenarbeit einer Gemeinde beteiligen, Eltern, die sich an der Durchführung einer Kinderbibelwoche beteiligen, Musiker, die ein Gemeindefest mitgestalten, bilden Beispiele dafür.

Vordergründig betrachtet hat die neue Aufmerksamkeit für ehrenamtliche Arbeit mit dem Rückgang der Möglichkeiten beruflicher Arbeit zu tun. Doch diese Verknüpfung kann leicht in die Irre führen. Denn die Verstärkung ehrenamtlicher Mitarbeit in der Kirche ist nicht deshalb angezeigt, weil dadurch Lücken geschlossen werden könnten, die durch den Rückgang beruflicher Tätigkeit in der Kirche gerissen werden. Berufliche und ehrenamtliche Mitarbeit verhalten sich zueinander keineswegs wie kommunizierende Röhren.

Auch wenn berufliche Mitarbeit nicht einfach durch ehrenamtliche Mitarbeit ersetzt werden kann, ist es in einer finanziell schwierigen Lage angezeigt, die Fehler einer überzogenen ›Professionalisierung‹ zu korrigieren, die in einer Zeit der ›versorgungskirchlichen‹ Mentalität gemacht wurden. Vor allem aber birgt ein ehrenamtlich mitgetragenes und mitgestaltetes kirchliches Leben vielfältige Möglichkeiten in sich, Religion und Alltag in neuer und dichter Weise miteinander zu verknüpfen. Ehrenamtliche Mitarbeit birgt die Möglichkeit in sich, einen mündigen Glauben zu entwickeln und von ihm Rechenschaft abzulegen. Berufliche Mitarbeit in der Kirche gewinnt dabei einen neuen Schwerpunkt in der Aufgabe, die Begabungen und die Mitarbeitsbereitschaft von Gemeindegliedern zu entdecken und zu fördern – und dies in einer wachsenden Zahl von Fällen nicht nur bezogen auf die einzelne Gemeinde, sondern auf die gemeinsamen Aufgaben in einer Region.

Glaube ja – Kirche nein?

Alle Überlegungen zur Kirchenmitgliedschaft haben ihren entscheidenden Dreh- und Angelpunkt in der Frage nach dem Verhältnis von Glauben und Zugehörigkeit zur Kirche. Für den Glauben sei man, so heißt eine verbreitete Annahme, auf die Kirche nicht angewiesen. ›Glaube ja – Kirche nein‹ heißt deshalb eine verbreitete Parole. In ihr drückt sich ein folgenschwerer Irrtum aus. Der Glaube lebt von der Gemeinschaft und zeigt sich in praktizierter Solidarität. Die Wahrheit Gottes will gemeinsam gefeiert sein; die Entdeckung und Anerkennung des andern Menschen muß in unmittelbar erlebter und praktizierter Gemeinschaft zum Ausdruck kommen. Der Glaube lebt vom Gespräch und ist auf den Austausch mit anderen angewiesen.

Ebenso wie die Kirche selbst ist auch die Mitgliedschaft in ihr kein Selbstzweck. Die Kirche hat nicht um ihrer selbst willen Bestand; sondern sie ist das Gefäß für die Wahrheit Gottes, das Mittel, um das Letztgültige im Vorletzten zur Sprache zu bringen. Auch die Mitgliedschaft in der Kirche trägt ihren Sinn nicht in sich selbst; sondern sie ist ein Zeichen dafür, daß Menschen bewußt an der Wirklichkeit und Wirksamkeit Gottes in dieser Welt teilhaben. So unvollkommen, gefährdet, oft auch armselig und ärgerlich die Kirche als Institution sein kann, so ist sie doch ein Bürge dafür, daß die Wirklichkeit Gottes zu den Menschen kommt. So vorläufig, durch manche Zweifel an der Botschaft des Glaubens und durch manchen Ärger über die Gestalt und die Vertreter der Kirche angefochten die Mitgliedschaft in der Kirche sein kann, so ist doch jedes Glied des ›Leibes Christi‹ auf besondere und unverwechselbare Weise ein Bote für das Kommen Gottes in diese Welt.

3.2 Neue Wege kirchlicher Finanzierung

Wenn die Finanzierung der kirchlichen Arbeit auf der Basis des Kirchensteuersystems allein nicht mehr möglich ist, bieten sich zwei Wege an: der Umstieg vom Kirchensteuersystem auf ein alternatives Modell oder die Ergänzung der Kirchensteuer durch zusätzliche Finanzierungsinstrumente.

Alternativen zur Kirchensteuer

Eine kurzfristige Umstellung der Finanzierung kirchlicher Arbeit in Deutschland vom Kirchensteuersystem auf ein Beitragssystem nach amerikanischem Vorbild erscheint nahezu allen Experten als ausgeschlossen.[15] Zu massiv wären die Einschnitte in die Finanzierung kirchlicher Arbeit, die damit verbunden wären; zu eng ist das Kirchensteuersystem mit der deutschen Tradition des Verhältnisses von Staat und Kirche verbunden; zu fern ist dieser Tradition die Vorstellung von einer Kirche als ›voluntary association‹. Die Ablösung der Kirchensteuer durch eine Kultursteuer nach italienischem Vorbild aber stellt vor allem deshalb keine Lösung des Problems dar, weil damit eine

15 Vgl. die umfassende Darstellung der Geschichte und Gegenwart des kirchlichen Finanzsystems bei Lienemann, Wolfgang (Hrsg.), Die Finanzen der Kirche. Studien zu Struktur, Geschichte und Legitimation kirchlicher Ökonomie, München 1989, sowie die Fortschreibung dieser Überlegungen bei: Bock, W./Diefenbacher, H./Krech, V./Reuter, H.-R., Reformspielräume in der Kirche. Ortsgemeinde und Regionalstrukturen am Beispiel der Evangelisch-lutherischen Landeskirche in Braunschweig, Heidelberg 1997, S. 149ff.

staatliche Steuer an die Stelle einer kircheneigenen Steuer träte. Eine solche Rückwendung zu einem Element des Staatskirchentums widerspräche der für das deutsche Verfassungssystem verpflichtenden wechselseitigen Unabhängigkeit von Staat und Kirche.

Ergänzende Wege kirchlicher Finanzierung

Jeder Blick auf die gegenwärtige und die zu erwartende Entwicklung des Kirchensteueraufkommens läßt jedoch erkennen, daß in verstärktem Maß ergänzende Wege kirchlicher Finanzierung neben die Kirchensteuer treten müssen. Nach den letzten verfügbaren Daten umfaßt die Kirchensteuer einen Anteil von 55 Prozent am gesamten kirchlichen Finanzaufkommen. Daneben werden durch Staatsleistungen und staatliche Zuschüsse 15 Prozent, durch Entgelte und Gebühren 10 Prozent, durch Vermögenserträge und vermögenswirksame Einnahmen jeweils zwischen 5 und 10 Prozent sowie durch Kirchgeld, Spenden und Kollekten 3 Prozent erbracht.[16]

In den kommenden Jahren ist damit zu rechnen, daß das Kirchensteueraufkommen – wie schon seit 1994 – weiterhin zurückgeht. Denn die staatliche Steuerpolitik folgt insgesamt einem Programm der Verlagerung von den direkten zu den indirekten Steuern. Die Kirchensteuer als Anhangssteuer der Lohn- und Einkommenssteuer ist davon unmittelbar betroffen. Solange es als untunlich gilt, den Rückgang durch eine Erhöhung des Kirchensteuerhebesatzes von gegenwärtig 8 beziehungsweise 9 Prozent der Lohn- beziehungsweise Einkommensteuer auszugleichen, muß der Rückgang des Kirchensteueraufkommens in Kauf genommen werden. Er wird dadurch verstärkt, daß ein erheblicher Teil der Kirchenmit-

16 Vgl. Bock u. a., Reformspielräume in der Kirche, S. 153ff.

glieder – als Kinder und Jugendliche, als Erwerbslose oder Geringverdienende, als Rentnerinnen und Rentner – nicht zur Kirchensteuer herangezogen wird. Dieser Anteil steigt angesichts der wirtschaftlichen Lage und der Veränderungen auf dem Arbeitsmarkt an.

Bliebe der prozentuale Anteil der Kirchensteuer am gesamten kirchlichen Finanzaufkommen in einer solchen Lage konstant oder nähme er gar zu, so würde sich der Rückgang des Kirchensteueraufkommens in vollem Umfang oder sogar verstärkt im kirchlichen Finanzaufkommen insgesamt widerspiegeln. Bisher ist das weitgehend der Fall. Deshalb ist es notwendig, vermehrt nach zusätzlichen Finanzierungsquellen Ausschau zu halten, ohne damit die Legitimität und Notwendigkeit der Kirchensteuer in Zweifel zu ziehen.

Verstärkt werden müssen die schon bisher verfügbaren, aber noch nicht ausreichend entwickelten kircheneigenen Einnahmequellen. Unter ihnen ist zunächst das ›Kirchgeld‹ derjenigen zu nennen, die nicht zur Kirchensteuer veranlagt werden. Es handelt sich dabei um einen in seiner Höhe feststehenden, jährlich zu entrichtenden Gemeindebeitrag der nicht kirchensteuerpflichtigen Gemeindemitglieder, der in der gegenwärtigen Situation flächendeckend eingeführt und durch entsprechende Öffentlichkeitsarbeit plausibel gemacht werden sollte. Daneben treten die im Gottesdienst gesammelten Kollekten und die bestimmten Zwecken zugute kommenden Spenden. Klarheit der Kollektenzwecke und Professionalität der Spendenwerbung sind die beiden wichtigsten Maßnahmen, um diese Finanzierungswege zu verstärken.

Darüber hinaus muß die Nutzung kirchlichen Grundbesitzes und Kapitalvermögens für die Finanzierung kirchlicher Aufgaben verbessert werden. Dafür geeignete kirchliche Aufgaben können in eine Stiftungsfinanzierung überführt werden, wenn es gelingt, das dafür notwendige Stiftungsvermögen aufzubringen. Dazu müssen potentielle Stifter ausdrücklich auf die Möglichkeit der Förderung kirchlicher Stiftungen aufmerksam gemacht werden. Die Erhaltung kirchlicher Baudenkmäler, die Förderung kirchlicher Bildungseinrichtungen und kultureller Initiativen sowie der Betrieb diakonischer Einrichtungen sind Beispiele für derartige Stiftungsfinanzierungen. Ihnen tritt ergänzend die Finanzierung durch Fördervereine und durch Einzelspenden zur Seite. In vielen Fällen sind derartige Finanzierungswege eine wichtige Basis dafür, externe finanzielle Unterstützung auszulösen.

Staatsleistungen

Die Finanzierung kirchlicher Aufgaben durch staatliche Mittel beruht auf der Pflicht des Staates zu denjenigen Staatsleistungen, die sich aus der Säkularisierung von Kirchengut ergibt, auf seiner Pflicht zur Finanzierung kirchlicher Einrichtungen der freien Wohlfahrtspflege im Rahmen des Subsidiaritätsprinzips sowie auf seiner kulturstaatlichen Verpflichtung zur finanziellen Förderung von Bildungseinrichtungen in privater Trägerschaft oder zur Erhaltung kirchlicher Baudenkmäler. In dem Maß, in dem die Tendenz vom Sozialstaat zur Sozialgesellschaft und vom Bildungsstaat zur Bildungsgesellschaft sich verstärkt, erhöhen sich auch die Möglichkeiten und Notwendigkeiten derartiger staatlicher Mitfinanzierung.[17]

In all diesen Fällen werden die Kirchen – wie sich dies beispielsweise in den Vereinigten Staaten von Amerika schon seit längerem abzeichnet – eigenständige gemeinnützige Stiftungen, Vereine oder Gesellschaften des bürgerlichen Rechts einrichten müssen, die solche Aktivitäten tragen. Dadurch bewähren sie sich auf neue Weise als Institutionen, die gerade in Situationen des Umbruchs und angesichts sozialer Notlagen

---

17 Vgl. Dettling, Politik und Lebenswelt.

die Lebenssituation der Menschen kennen und bei ihnen Vertrauen finden. Neue Formen der Kooperation zwischen staatlichen Stellen, kirchlichen Initiativen und privaten Förderern werden sich dabei entwickeln. Überall wo soziale Verwerfungen sich verschärfen, wo die Lage von Kindern und Jugendlichen neue Herausforderungen mit sich bringt, wo eingespielte Formen sozialer Arbeit an ihre Grenzen stoßen, erweisen sich solche neuen Organisationsformen mitsamt den dazugehörigen Finanzierungswegen als notwendig.[18]

Da im Westen Deutschlands die Finanzierung der kirchlichen Arbeit für lange Zeit auf der Basis von Kirchensteuereinnahmen und staatlichen Zuschüssen als gesichert galt, und da auch die evangelischen Kirchen in der DDR in hohem Maß an der dadurch ermöglichten Sicherheit – wenn auch auf wesentlich niedrigerem Niveau – teilhatten, ist der Übergang zu neuen Finanzierungswegen in der evangelischen Kirche sehr ungewohnt. Deshalb kommt er auch nur zögernd in Gang. Doch es gibt zu ihm keine Alternative.

3.3 Neue Aufgaben beruflicher Mitarbeit in der Kirche

Daß die Zahl der beruflichen Mitarbeiterinnen und Mitarbeiter in der Kirche zurückgeht, ist unausweichlich. Dabei ist der Tendenz zu wehren, daß die evangelische Kirche dadurch in einem noch stärkeren Maß als bisher zu einer Pfarrerinnen- und Pfarrerkirche wird. Das Bild der ›Pastorenkirche‹ entspricht den Notwendigkeiten im Übergang zum 21. Jahrhundert nicht.[19]

18 Für die Situation in den Vereinigten Staaten von Amerika ist das ausführlich dargestellt bei Carlson-Thies, St.W./Skillen, James W. (Hrsg.), Welfare in America. Christian Perspectives on a Policy in Crisis, Grand Rapids, Mich./Cambridge, U.K. 1996.
19 Zum Wandel der Struktur beruflicher Mitarbeit in der Kirche vgl. exemplarisch Bock u. a., Reformspielräume in der Kirche, S. 90ff.

Die Aufgaben im Bereich von Diakonie, Bildung, Seelsorge, Kirchenmusik, Zielgruppenarbeit, Mission, Planung und Administration erfordern unterschiedliche berufliche Profile und Kompetenzen.

Entscheidend ist freilich, daß alle beruflichen Mitarbeiterinnen und Mitarbeiter der Kirche ihre Aufgabe als kirchlichen Dienst im umfassenden Sinn, also als Beitrag zur Weitergabe des Evangeliums in Wort und Tat verstehen. Dafür ist es notwendig, daß sie das Glaubensthema bejahen, ein positives Verhältnis zur Kirche als Institution entwickeln und die professionellen Anforderungen an ihre Tätigkeit akzeptieren.[20] Damit das möglich wird, sind verläßlichere und wirksamere Formen der Personalbegleitung und Personalförderung notwendig. Dabei spielt die regelmäßige Fort- und Weiterbildung der Mitarbeiterinnen und Mitarbeiter eine besondere Rolle; insbesondere sind allen Mitarbeiterinnen und Mitarbeitern die notwendigen kirchlich-theologischen Kenntnisse zu vermitteln. Für ordinierte Pfarrerinnen und Pfarrer gehört die selbständige theologische Weiterarbeit zu den mit der Ordination übernommenen Berufspflichten.

Ein spezifisches Element im Wandel der Anforderungen an berufliche Arbeit in der Kirche läßt sich am Beispiel des Pfarrberufs besonders leicht verdeutlichen. In verstärktem Maß wird es zu den Aufgaben beruflicher Mitarbeiterinnen und Mitarbeiter in der Kirche gehören, die Begabungen anderer Menschen zu entdecken und zu fördern. Nicht wer möglichst viel selbst macht, sondern wer viele Menschen aktiv beteiligt, erweist ein besonders hohes Maß an beruflicher Kompetenz. Die Ermutigung und Qualifizierung ehrenamtlicher Arbeit gehört zu den Grundfunktionen beruflicher Arbeit in der Kirche.

In den zurückliegenden Jahrzehnten ist die kirchliche Arbeit

---

20 Diese drei Kriterien werden zu Recht in der München-Studie von McKinsey hervorgehoben.

in Deutschland in einem Ausmaß professionalisiert und beruflich ausdifferenziert worden, das sich nicht aufrechterhalten läßt. Doch bewußt wahrgenommene und eingesetzte Professionalität sowie die Ausdifferenzierung beruflicher Kompetenzen bleiben auch unter veränderten Bedingungen notwendig. Denn in einer hochgradig differenzierten und durch die Auswirkungen von Wissenschaft und Technik geprägten Gesellschaft können bestimmte Aufgaben nur auf der Basis einer entsprechenden Fachkompetenz wahrgenommen werden.

Ein Beispiel dafür ist die Seelsorge im Krankenhaus. Zwar können bestimmte Besuchsdienste im Krankenhaus auch von den örtlichen Gemeinden aus oder auf ehrenamtlicher Basis wahrgenommen werden. Die zumeist ökumenisch ausgestaltete Krankenhaushilfe der ›grünen Damen‹ bildet ein überzeugendes Beispiel ehrenamtlichen Engagements. Doch die seelsorgerliche Begleitung bei schweren Krankheiten, die Begleitung im Sterben, der Beistand bei der Geburt behinderter Kinder oder bei Totgeburten – um nur diese Beispiele zu nennen – erfordern nicht nur die schnelle Erreichbarkeit von Seelsorgerinnen und Seelsorgern, sondern zugleich deren umfassende Fachkenntnis und hohe seelsorgerliche Kompetenz. Ihre Aufgabe gilt im übrigen nicht nur den Kranken, sondern ebenso auch den Angehörigen sowie dem ärztlichen und pflegerischen Personal; denn sie alle sind in existentielle Krisen, die durch Krankheit und Sterben ausgelöst werden, einbezogen. Sie alle stehen vor neuartigen ethischen Entscheidungen, die infolge der Fortschritte der Medizin notwendig werden.

Doch Professionalität und Erwerbsarbeit sind in dem Wandel der Arbeitsgesellschaft, der sich abzeichnet, nicht mehr deckungsgleich; davon ist auch die Kirche betroffen. Es gibt Fälle, in denen Menschen eine Tätigkeit, für die sie eine hohe professionelle Kompetenz erworben haben, nicht oder doch nicht ausschließlich als Erwerbstätigkeit ausüben. Gegebenenfalls machen sie von dieser professionellen Kompetenz ehrenamtlich Gebrauch. Der Kirche kommt das schon lange darin zugute, daß Menschen ihre berufliche Kompetenz ehrenamtlich zugunsten der Kirche einbringen – als Mitglieder in den kirchlichen Vertretungskörperschaften, als Mitarbeiterinnen oder Mitarbeiter in verschiedenen Bereichen von Diakonie, Jugendarbeit, Kirchenmusik usf. Ungewohnt ist dagegen noch der Gedanke, daß Theologinnen oder Theologen alle Ausbildungsvoraussetzungen für den Pfarrberuf erworben haben, ihn aber aus Mangel an Stellen beziehungsweise aus eigenem Entschluß nicht hauptberuflich ausüben können oder wollen. Wenn sich in solchen Fällen der Lebensunterhalt auf anderem Wege sichern läßt und zugleich ein ausreichender zeitlicher Spielraum bleibt, können pfarramtliche Dienste ehrenamtlich übernommen werden. Das sollte ebenso mit der Ordination zum Dienst der öffentlichen Wortverkündigung und Sakramentsverwaltung verbunden sein, wie das auch bei der hauptberuflichen Ausübung des Pfarramts der Fall ist.

3.4 Die Vereinigung Deutschlands und Europas als Herausforderung

Die evangelische Kirche hat die Vereinigung Deutschlands in besonderem Maß als Gunst der historischen Stunde erfahren. Sie hat sich seit Beginn der deutschen Teilung als Anwältin der deutschen Einheit verstanden. Sie hat auch in der Zeit, in der die Existenz zweier Staaten in Deutschland als unabwendbar erschien, die besondere Gemeinschaft der evangelischen Christen in Deutschland bewahrt und weiterentwickelt. Sie hat die Aufgaben, die sich mit dem Ende der deutschen Teilung stellten, entschlossen aufgegriffen und im kirchlichen Bereich in kurzer Zeit einen Modus der organisatorischen Einheit verwirklicht, der in weit geringerem Maß als im Staat und in anderen gesellschaftlichen Bereichen den Charakter des ›Anschlusses‹ trug.

259

Doch die Enttäuschungen und Verbitterungen, die mit dem Prozeß der deutschen Einigung verbunden waren, sind auch am kirchlichen Bereich nicht spurlos vorbeigegangen. Die Entwertung persönlicher und beruflicher Biographien auf der einen Seite, das Festhalten an früher erworbenen Deutungsmustern und Einstellungen auf der anderen Seite, aber auch der Opportunismus mancher Vereinigungsgewinnler, der Ausschluß vieler Menschen von beruflicher Tätigkeit und gesellschaftlicher Mitwirkung, die ungelösten Folgeprobleme politischer Freiheit und schließlich die unverarbeiteten Auswirkungen des in der ehemaligen DDR verordneten Atheismus wirken sich auch in der Kirche aus. Die Verständigung über das leitende Bild von der Zukunft der Kirche ist noch keineswegs zum Ziel gekommen. Es geht jedoch nicht nur um das Bild von der Zukunft der Kirche, es geht vor allem auch darum, in der Auslegung des christlichen Glaubens für die Gegenwart eine gemeinsame Sprache zu finden.

Der Horizont, in dem sich diese Aufgabe stellt, läßt sich nicht auf Deutschland beschränken. Europa tritt in den Blick, der weltweite Horizont öffnet sich. Die Globalisierung als wirtschaftlich verursachter Prozeß kann nicht mit einer Provinzialisierung des Bewußtseins beantwortet werden. Auch der christliche Glaube, so sehr er sich in der Zugehörigkeit zu einer konkreten Gemeinde mit der Erfahrung lokaler Beheimatung verbindet, hat von seinem Wesen her einen grenzüberschreitenden Zug. Die evangelische Kirche kann der Frage nicht ausweichen, was der christliche Glaube zur Identität des größer werdenden Europa in einer näher zusammenrückenden Welt beiträgt. Eine besondere Chance der Kirchen liegt darin, daß sich im christlichen Glauben Antworten auf persönliche Lebensfragen, die Orientierung in einer unmittelbar erfahrbaren lokalen Gemeinschaft und grenzüberschreitende Solidarität miteinander verbinden. Die deutsche Vereinigung und die Vereinigung Europas fordern in besonderer Weise dazu heraus, diese Chance zu nutzen. Dafür ist es allerdings erforderlich, auch organisatorisch die gemeinsamen Organe des deutschen und des europäischen Protestantismus zu stärken.

3.5 Schlüsselprobleme kirchlicher Organisation

Neben der Verstärkung ehrenamtlicher Arbeit ist die Regionalstruktur ein entscheidendes Problem kirchlicher Organisation. Die Veränderung der regionalen Organisationsformen erweist sich in vielen Fällen als Schlüssel zur Reform der Kirche. Der Aufbau missionarischer Initiativen kann in aller Regel nicht für eine Einzelgemeinde, sondern nur im regionalen Verbund erfolgen. Berufliche Kompetenz für Kirchenmusik, Jugendarbeit oder Diakonie läßt sich in aller Regel nicht für einzelne Gemeinden allein bereitstellen, sondern ist nur verfügbar, wenn die regionale Zusammenarbeit gut organisiert ist. Gesonderte Verwaltungskapazität für relativ kleine Einheiten bereitzuhalten, ist angesichts der verfügbaren Informationssysteme unnötig und angesichts der damit verbundenen Personalkosten unmöglich geworden.

Die Veränderung der kirchlichen Regionalstrukturen stößt zugleich auf erhebliche Widerstände. Die lokale und regionale Beheimatung spielt im Bewußtsein der Kerngemeinden häufig eine größere Rolle als die Prägung durch konfessionelle Traditionen. Eine Veränderung der Regionalstruktur wird deshalb oft als Infragestellung der eigenen kirchlichen Identität angesehen. Das zeigt sich bei der Fusion von Kirchengemeinden – vor allem im dünnbesiedelten ländlichen Raum – ebenso wie bei der Vergrößerung oder Zusammenlegung von Kirchenkreisen (Dekanaten) oder bei der Neuordnung des deutschen Landeskirchentums. Die größten Fortschritte werden derzeit – wenn man die Evangelische Kirche in Berlin-Brandenburg als Beispiel nimmt – bei der Neubildung von Kirchenkreisen erzielt;

die größten Hindernisse stehen einer Neuordnung auf der Ebene der Landeskirchen im Weg.

Die Gliederung des deutschen Protestantismus in vierundzwanzig evangelische Landeskirchen höchst unterschiedlicher Größe verdankt sich in erheblichem Umfang den politischen Grenzziehungen der Napoleonischen Ära. Darüber, daß diese Organisationsform den gegenwärtigen Aufgaben nicht entspricht, besteht ein weitgehendes Einverständnis. Trotzdem kommen Veränderungen allenfalls zögernd in Gang. Wo dies in der Vergangenheit geschah, wurde der Fortschritt mit kirchlichen Verfassungsstrukturen erkauft, die sich als sehr schwer handhabbar erweisen. Dieses Strukturproblem des deutschen Protestantismus ist nach wie vor ungelöst. Bei aller Behutsamkeit im Umgang mit regionalen Beheimatungen ist eine Verminderung der Zahl evangelischer Landeskirchen angezeigt. Das gilt insbesondere für den Osten Deutschlands mit seinen zum Teil extrem geringen Mitgliederzahlen.

Zu den ungelösten Strukturproblemen zählen auch die unterschiedlichen Zusammenschlüsse, in denen die evangelischen Landeskirchen kooperieren. Sie sind durch die unterschiedlichen konfessionellen Traditionen geprägt, die ursprünglich auf den innerreformatorischen Gegensatz zwischen Lutheranern und Reformierten sowie auf die Neubildung unierter Landeskirchen im 19. Jahrhundert zurückgehen. Zwar ist für den gesamten europäischen Protestantismus durch die Leuenberger Konkordie von 1973 klargestellt worden, daß diese innerprotestantischen Differenzen keine kirchentrennende Bedeutung mehr haben. Doch in den Organisationsstrukturen des deutschen Protestantismus hat diese Einsicht bisher noch nicht die entsprechenden Konsequenzen hervorgerufen. Das Nebeneinander unterschiedlicher gliedkirchlicher Zusammenschlüsse schwächt jedoch im Ergebnis die Evangelische Kirche in Deutschland, die aber zugleich als das wichtigste öffentliche Organ der verfaßten Kirche gilt. Deshalb ist es an der Zeit, daß die konfessionellen Zusammenschlüsse ihr Eigenleben zugunsten der Evangelischen Kirche in Deutschland vermindern und sich, soweit das noch notwendig ist, als lutherische, reformierte beziehungsweise unierte Klasse innerhalb der Evangelischen Kirche in Deutschland verstehen. Separate Synodaltagungen, separate Kirchenleitungen, separate Ausschußarbeiten würden dadurch unnötig. Kraft, Zeit und Geld könnten den missionarischen Aufgaben und der öffentlichen Wirksamkeit der Kirche zugewandt werden.

3.6 Von der reaktiven Verwaltung zur vorausschauenden Planung

Die Krise des kirchlichen Krisenmanagements nötigt dazu, die Formen und Zielsetzungen kirchlichen Verwaltungshandelns zu überprüfen. Bei allen Modernisierungsprozessen, die es durchlaufen hat, ist es in seiner Behördenstruktur noch immer in erheblichem Umfang von den Grundmotiven der Genehmigung und der nachträglichen Krisenintervention bestimmt. Vorlagen wird die Genehmigung verweigert oder erteilt; Krisen in Gemeinden oder Arbeitsbereichen, unzuträgliche Entwicklungen zwischen kirchlichen Mitarbeitern und den Gemeinden werden aufgearbeitet und, so weit das möglich ist, bereinigt. Der zeitliche Spielraum für innovatives Handeln, für die Entwicklung alternativer Handlungsmodelle, für die Vorwegnahme unterschiedlicher Entwicklungsmöglichkeiten oder für den Entwurf eines Zukunftsbilds kirchlicher Arbeit fehlen weithin. Instrumente der Gemeindeberatung, Kapazitäten für regelmäßige Supervision, Frühwarnsysteme für besorgniserregende Entwicklungen stehen nicht in ausreichendem Maß zur Verfügung. Kirchliche Verwaltungen sind zu stark durch reaktives Handeln gebunden und verfügen über zu geringe Freiräume für antizipatorisches Handeln. Da auch im Verwaltungsbereich

Mitarbeiterstellen – in manchen Bereichen in großem Umfang – abgebaut werden, besteht die Gefahr, daß diese Tendenz sich weiter verstärkt. Dabei ist das Gegenteil erforderlich. Möglich ist das nur, wenn das hohe Maß an Verrechtlichung abgebaut wird, wenn alle Genehmigungsverfahren kritisch überprüft und dabei alle Doppelgenehmigungen abgeschafft werden, wenn den innovativen Aufgaben eine ausreichende Kapazität zugeordnet wird und wenn das Selbstverständnis der Kirche als Institution sich wandelt.

3.7 Orientierung am Ursprung und Kern des Glaubens

Die Krise der Kirche ist vor allem anderen – so lautete die wichtigste These dieses Kapitels – eine Orientierungskrise. Deshalb wurden die Überlegungen zum Umgang mit dieser Orientierungskrise den strukturellen Vorschlägen, die hier entwickelt wurden, vorangestellt. Doch alle Strukturüberlegungen müssen immer wieder in die Frage nach dem inhaltlichen Auftrag und nach der spezifischen Kompetenz der Kirche münden. Alle strukturellen Veränderungen haben ihren entscheidenden Maßstab darin, ob sie dem Auftrag der Kirche gerecht werden und ihre Kompetenz stärken. Darüber hinaus sind sie dann auch daran zu messen, ob sie die Transparenz, Verständlichkeit und Wirksamkeit kirchlichen Handelns verbessern. Sie haben schließlich einen unabweisbaren Maßstab an der Frage, ob sie angesichts der knapper werdenden kirchlichen Finanzmittel vertretbar sind. Doch das Kriterium finanzieller Leistbarkeit darf sich gerade in der Kirche nicht verselbständigen.

Die Krise der Kirche ist vor allem eine Orientierungskrise. ›Orientierung‹ meint dem Wortsinn nach: Ausrichtung nach Osten, nach Jerusalem, zum Ort von Kreuzigung und Auferweckung Jesu hin. ›Orientierung‹ bedeutet also: Ausrichtung auf den Ursprung und Kern des Glaubens. Wenn die Kirche mit der Krise der Gegenwart im Sinn einer solchen Ausrichtung umgeht, dann wird sich auch in diesem Fall erweisen, was von jeder wirklichen ›Krise‹ gilt. Sie enthält in sich die Notwendigkeit zur Klärung und Entscheidung – und damit die Chance des Neubeginns.

VI. Kirche in der Zivilgesellschaft

1. Kirche als intermediäre Institution

1.1 Von der staatsanalogen zur intermediären Institution

Bis weit in das 20. Jahrhundert hinein waren die öffentliche Stellung der Kirchen in Deutschland wie ihr Selbstverständnis durch das Gegenüber zum Staat bestimmt. Für die evangelischen Kirchen fungierten die Landesherren bis zum Jahr 1918 als oberste Bischöfe. Mit dem Ende der Monarchie kam auch diese Form des Staatskirchentums an ihr Ende. Das Verbot der ›Staatskirche‹ wurde zu einem entscheidenden Baustein der staatskirchenrechtlichen Ordnung.

Von der Staatskirche zur staatsanalogen Institution

Doch weiterhin wurde insbesondere die evangelische Kirche in Analogie zum Staat betrachtet. Nach wie vor bestimmte diese Staatsanalogie ihren Verfassungsaufbau und ihre Verwaltungsstruktur. Nach wie vor betrachteten prominente Sprecher die evangelische Kirche als eine dem Staat korrespondierende öffentliche Hoheitsmacht. Die staatsanaloge Stellung im vollen Sinn wurde, genau betrachtet, überhaupt erst durch das Ende des Staatskirchentums erreicht. Deshalb sah Otto Dibelius beispielsweise mit dem Jahr 1918 das ›Jahrhundert der Kirche‹ anbrechen: »Man mag zur Kirche stehen, wie man will – die Tatsache, daß wir einem Jahrhundert der Kirche entgegengehen, ist außer Zweifel. Wer das begriffen hat, wird ermessen, was es bedeutet, wenn in dieser Stunde – in dieser Stunde! – dem evangelischen Deutschland eine evangelische Kirche in des Wortes voller Bedeutung geschenkt wird. Wahrlich, es handelt sich um mehr als um eine Verfassungsänderung und um neue Organisationsformen! Das evangelische Deutschland wird hineingerissen in eine Bewegung, die durch die ganze Welt geht.«[1] Aus dem Aufbruch der Kirche leitete Dibelius ihren Öffentlichkeitsanspruch ab. Dieser war für ihn ganz und gar durch das Gegenüber zum Staat geprägt. Daß die Kirche ihren Ort in der Gesellschaft hat, blieb unberücksichtigt. Daß sie in ihrem Anspruch auf eine prägende ethische Wirksamkeit mit anderen gesellschaftlichen Kräften konkurriert, kam ihm nicht in den Sinn. Daß die Maßstäbe dafür, was als gut und als böse gilt, stärker durch die Medien gebildet werden könnten als durch die Kirche, stand seinem Vorstellungsvermögen fern. Er ging von einer staatsanalogen Sonderstellung der Kirche aus und suchte diese zu erhalten, ja zu steigern. Die Kirche bildete für Dibelius nicht einen Teil der Gesellschaft, sondern stand ihr als Wächterin gegenüber. Sie wachte über die Maßstäbe, an denen sich gesellschaftliches Leben und Handeln orientieren sollten.

Die äußeren Voraussetzungen für eine enge Verbindung zwischen Staat und Kirche sind in Deutschland im Jahr 1918 entfallen. Die dadurch eingeleitete Veränderung aber ist von den Kirchen nur zögernd begriffen und verarbeitet worden. Nach

1 Dibelius, Otto, Das Jahrhundert der Kirche. Geschichte, Betrachtung, Umschau und Ziele, ³Berlin 1927, S. 192.

wie vor erscheint die Kirche vielen als »Fortsetzung des Staates mit religiösen Mitteln«.[2] Auch die innere Verfassung der evangelischen Kirchen spiegelt das wider. Außerhalb der staatlichen Verwaltung gibt es keinen gesellschaftlichen Bereich, der sich aus freien Stücken einer vergleichbaren Form der Verrechtlichung unterwerfen würde. Die staatsanaloge Vorstellung von der Volkskirche fügt aber der Aufgabe, Kirche für das Volk zu sein, je länger desto deutlicher schweren Schaden zu.

Die Kirche als Teil der Zivilgesellschaft

Für eine zureichende Ortsbestimmung der Kirche in der Gegenwart ist es ausschlaggebend, daß sie die Dyade von Staat und Kirche hinter sich läßt und ihren Ort im triadischen Verhältnis von Staat, Kirche und Gesellschaft wahrnimmt. Sie muß sich selbst als Teil der gesellschaftlichen Strukturen und als Element in den vielfältigen kulturellen – also symbolisch vermittelten – Verständigungsprozessen dieser Gesellschaft verstehen. Dieser Ortsbestimmung wird weder das Bild von der Kirche als Kontrastgesellschaft noch das Bild von einer funktional integrierten Gesellschaftskirche gerecht. Vielmehr besteht die gesellschaftliche Aufgabe der Kirche darin, auf Grund der ihr eigenen Botschaft und unter Inanspruchnahme ihrer spezifischen Kompetenz eine Vermittlungsaufgabe wahrzunehmen. Sie vermittelt zwischen den einzelnen und ihren gesellschaftlichen Lebenszusammenhängen; sie vermittelt aber vor allem zwischen den einzelnen und der geglaubten Wirklichkeit Gottes. In diesem doppelten und zugleich spezifischen Sinn ist die Kirche eine intermediäre Institution.

Wie für alle intermediären Institutionen ist auch für die Kir-

---

2 Schwöbel, Christoph, Das Richtige tun. Kirche auf der Schwelle zum dritten Jahrtausend, in: Evangelische Kommentare 29, 1996, S. 24–27.

che charakteristisch, daß ihre Vermittlungsleistung auf einer spezifischen Steuerung und Selektion beruht. Jede dieser Institutionen konzentriert sich auf bestimmte Themen und behandelt sie in einem besonderen Selektionsmechanismus; dieses Merkmal charakterisiert – um zwei Beispiele herauszugreifen – das Verhältnis der Tarifpartner zueinander ebenso wie die Wirksamkeit des Bundesverfassungsgerichts. Diese spezifische Steuerung und Selektion prägt auch die relative Eigenständigkeit der unterschiedlichen intermediären Institutionen. Genau durch diese Eigenständigkeit tragen sie zum Funktionieren einer Zivilgesellschaft bei.

1.2 Zivilgesellschaft

Mit der Wende des Jahres 1989 ist auch in Mitteleuropa eine neue Aufmerksamkeit für die eigenständige Bedeutung der Bürger- oder Zivilgesellschaft entstanden. Drei unterschiedliche Traditionen verbinden sich in diesem Begriff; je nachdem welche dieser Traditionen in den Vordergrund rückt, variiert auch die jeweilige Färbung dieses Begriffs.

Traditionen der Zivilgesellschaft

Seine Wurzeln hat der Begriff der Zivilgesellschaft in der aristotelischen Vorstellung von der Polis als einem öffentlichen Gemeinwesen (*politikè koinonía*). Diese Vorstellung wird im Lateinischen gewöhnlich mit *societas civilis* und später mit *civil society, société civile oder scietà civile* wiedergegeben. Während in dieser Tradition Staat und Zivilgesellschaft nicht strikt unterschieden sind, wird seit den europäischen und amerikanischen Umwälzungen des 18. Jahrhunderts die Eigenständigkeit der Zivilgesellschaft im Gegenüber zum Staat hervorgehoben.

›Zivilgesellschaft‹ meint nun den Zwischenbereich zwischen dem Individuum und seinen Tätigkeiten am Markt auf der einen und dem Staat auf der anderen Seite. Beispielhaft begegnet diese Begriffsverwendung in dem 1767 veröffentlichten *Essay on the History of Civil Society* des schottischen Moralphilosophen Adam Ferguson.[3] Im Unterschied zum Begriff der Gesellschaft akzentuiert der Begriff der Zivilgesellschaft dabei die Bedeutung bürgerschaftlichen Engagements für die Entwicklung und den Bestand eines demokratischen Gemeinwesens. Klassisch wird das von Alexis de Tocqueville an der nordamerikanischen Gesellschaft verdeutlicht.[4] Die große Bedeutung von ›voluntary associations‹ gehörte zu den Entdeckungen, die Tocqueville machte, als er die amerikanische Gesellschaft zu verstehen versuchte. Das Ausmaß, in dem das Gemeinwesen von dem freiwilligen Engagement der Bürgerinnen und Bürger abhängig ist, wurde ihm daran deutlich. Die Zivilgesellschaft, die er wahrnahm, war gerade nicht nur als der Inbegriff – privater – Interessen zu verstehen, sondern als ein Ort öffentlichen Engagements.

In der deutschen Tradition tritt im Unterschied zur angelsächsischen Entwicklung der Begriff der bürgerlichen Gesellschaft in den Vordergrund. Vor allem Hegel hat diesem Begriff Kontur verliehen.[5] Die bürgerliche Gesellschaft steht als das ›System der Bedürfnisse‹ zwischen der Familie und dem Staat. Sie bildet den Inbegriff der Interessen, die von den Bürgerinnen und Bürgern artikuliert und in tätiges Handeln umgesetzt werden. Die Organisation der Arbeit als das Mittel zur Befriedigung der Bedürfnisse, die Pflege des Rechts als notwendige

---

3 Ferguson, Adam, Versuch über die Geschichte der bürgerlichen Gesellschaft (1767), Frankfurt a. M. 1988.
4 Tocqueville, Alexis de, Über die Demokratie in Amerika (1835/40), Stuttgart 1985.
5 Vgl. Hegel, Georg W. F., Grundlinien der Philosophie des Rechts (1821), Frankfurt a. M. 1970, S. 182ff.

Voraussetzung für die Sicherung des Eigentums, die Gewährleistung der öffentlichen Ordnung und die Strukturierung der Gesellschaft durch die Bildung von Korporationen sind die wichtigsten Elemente der bürgerlichen Gesellschaft. An diesen Begriff der bürgerlichen Gesellschaft schließt sich diejenige Fassung der Unterscheidung zwischen Gesellschaft und Staat an, die für die deutsche Tradition des 19. und 20. Jahrhunderts prägend wurde. Als Subjekt dieser bürgerlichen Gesellschaft ist stärker der *bourgeois,* nicht so sehr der *citoyen* im Blick; die Bedeutung des zivilgesellschaftlichen Diskurses für die Demokratie tritt in den Hintergrund.

Eine dritte Wurzel für das aktuelle Interesse am Begriff der Zivilgesellschaft liegt in der mittel- und osteuropäischen Wende um das Jahr 1989. In den staatssozialistischen Ländern Mittel- und Osteuropas war eine eigenständige gesellschaftliche Öffentlichkeit nicht vorgesehen. Der zentralistisch gelenkte, unter der Herrschaft einer Einheitspartei und ihrer Satellitenparteien stehende Staat galt als der einzige Ort von Öffentlichkeit. In dem Maß, in dem sich auf dem Weg zur Wende des Jahres 1989 oppositionelle Gruppen organisierten, entdeckten sie die Notwendigkeit einer ›Zivilgesellschaft‹, eines staatsunabhängigen Forums für die Artikulation des Willens zur Reform. In vielen Fällen nahmen die Kirchen subsidiäre Funktionen für diese fehlende Zivilgesellschaft wahr. Aus dieser Erfahrung entstand ein neues Bewußtsein dafür, daß Demokratie nicht nur eine Form für die Organisation der staatlichen Willensbildung ist, sondern daß sie aus dem Selbstbestimmungswillen einer Zivilgesellschaft wachsen muß. In diesem Sinn ist die Zivilgesellschaft ein notwendiger Artikulationsraum der Freiheit.

Wenn man die Gesellschaft nicht nur als einen freien Raum für den Austausch von Waren, sondern ebenso als einen freien Raum für den öffentlichen Austausch von Ideen ansieht, empfiehlt es sich, nicht beim Begriff der ›bürgerlichen Gesellschaft‹

stehenzubleiben. Die Dominanz dieser Tradition zeigt sich allerdings in der gegenwärtigen Debatte überall dort, wo der Begriff der ›Zivilgesellschaft‹ vorwiegend unter wirtschaftsliberalen Gesichtspunkten betrachtet und die Freiheit des wirtschaftenden Individuums von staatlichen Interventionen akzentuiert wird. Wer dagegen heute an die Tradition der *societas civilis* anknüpfen will, wird ihn vorrangig im Sinn eines demokratischen Kommunitarismus interpretieren.[6] Entscheidend am Begriff der Zivilgesellschaft ist die Bedeutung einer eigenständigen, nichtstaatlichen Öffentlichkeit für die Artikulation von Ideen, für die Vermittlung von geistiger Orientierung und für die beständige Erneuerung der demokratischen Kultur.[7]

Merkmale der Zivilgesellschaft

Soll die Zivilgesellschaft als Artikulationsraum der Freiheit dienen, ist sie auf drei spezifische Merkmale angewiesen.[8]

   Das erste dieser Merkmale ist die Vielfalt der in einer Zivilgesellschaft vereinigten Elemente. James Madison, einer der Vordenker der nordamerikanischen Unabhängigkeitsbewegung, hat in den ›Federalist Papers‹ diese strukturelle Pluralität als entscheidende Freiheitsbedingung charakterisiert: »Wäh-

---

6 Vgl. Kap. IV. 2.1.
7 Im Deutschen werden dafür die Begriffe Bürgergesellschaft, Zivilgesellschaft oder auch zivile Gesellschaft verwendet. Ich bevorzuge den Begriff der Zivilgesellschaft, weil er die Anknüpfung an die Tradition der *societas civilis* und die Differenz zum Begriff der bürgerlichen Gesellschaft am ehesten deutlich macht. Vgl. zu dieser Argumentation insgesamt Bedford-Strohm, Heinrich, Kirche in der Zivilgesellschaft, in: Weth, R. (Hrsg.), Was hat die Kirche heute zu sagen? Auftrag und Freiheit der Kirche in der bürgerlichen Gesellschaft, Neukirchen 1998, S.92ff.
8 Ich nehme im folgenden variierend Überlegungen von Ralf Dahrendorf auf; vgl. Dahrendorf, Ralf, Das Zerbrechen der Ligaturen und die Utopie der Weltbürgergesellschaft, in: Beck/Beck-Gernsheim, Riskante Freiheiten, S.421–436.

rend alle Herrschaft von der Gesellschaft abgeleitet wird und abhängig bleibt, wird die Gesellschaft selbst in so viele Teile, Interessen und Klassen von Bürgern aufgeteilt, daß die Rechte von einzelnen oder Minderheiten kaum gefährdet werden können durch interessenbedingte Kombinationen der Mehrheit.«[9]

Die Idee der Zivilgesellschaft wird durch Madison gut charakterisiert. Sie verträgt sich nicht mit der Privilegierung einer einzigen Staatskirche. Eine Mehrzahl staatsunabhängiger Kirchen dagegen kann ihrerseits selbst zu einem Bestandteil der Zivilgesellschaft werden und so die Freiheit der einzelnen fördern. Christliche Freiheit, so läßt sich daraus schließen, dient der gesellschaftlichen Freiheit nur, wenn sie in einer Form gelebt und praktiziert wird, die mit der Religionsfreiheit auch der Andersglaubenden vereinbar ist. Der entscheidende Durchbruch zur Zivilgesellschaft im modernen Sinn hängt deshalb unmittelbar mit der Gewährleistung der Religionsfreiheit zusammen. Dort, wo die Monopolstellung einer einzigen Staatskirche durchbrochen wurde, konnte sich die Zivilgesellschaft entfalten.

Diese Erwägung lenkt den Blick auf ein zweites Merkmal der Zivilgesellschaft: die Autonomie der verschiedenen Organisationen und Institutionen. Autonomie bedeutet dabei nicht eine monadenförmige Existenz, sondern die Unabhängigkeit von einem einzelnen, alles andere dominierenden Machtzentrum. Das Machtzentrum kann staatlicher, es kann aber auch wirtschaftlicher Art sein. Wenn Autonomie gelingt, dann können staatliche Institutionen und öffentlich-rechtliche Korporationen ebenso zum Aufbau der Zivilgesellschaft beitragen wie private Vereinigungen. Die kommunale Selbstverwaltung kann ihren Aufbau ebenso fördern wie eine autonome Universität. Medien können zu ihr beitragen oder diesen Beitrag verfeh-

9 Zitiert nach Dahrendorf, Das Zerbrechen der Ligaturen, S. 427f.

len – unabhängig davon, ob sie öffentlich-rechtlich oder privatrechtlich verfaßt sind. Entscheidend ist, ob sie Autonomie im Sinn der Unabhängigkeit von einem einzelnen Machtzentrum erringen und praktizieren können. Kirchen können ihren Beitrag zur Zivilgesellschaft erbringen oder schuldig bleiben – unabhängig davon, ob sie, wie in Deutschland, die Gestalt von Körperschaften des öffentlichen Rechts haben oder, wie in Amerika, privatrechtlich organisiert sind.

Als ein drittes wichtiges Merkmal von Zivilgesellschaften sind Bürgersinn und Bürgermut – Zivilcourage – zu nennen, also die Bereitschaft, durch persönliches Verhalten zur Erhaltung und Erneuerung der Zivilgesellschaft beizutragen. Sie kann nur existieren, wenn Bürgerinnen und Bürger nicht nur fragen, was sie von anderen zu erwarten haben, sondern auch, was sie selbst beizutragen gewillt sind. Freiheitliche Gesellschaften leben davon, daß ihre Glieder nicht nur danach Ausschau halten, was andere für sie tun, sondern auch danach, was sie für andere tun können.

Intermediäre Institutionen in der Zivilgesellschaft

Für eine Zivilgesellschaft ist entscheidend, daß durch das Wirken intermediärer Institutionen gesellschaftliche Kohäsionskräfte entstehen, die nicht direkt durch das politische System gesteuert sind. Die soziale Selbstorganisation der Bürgerinnen und Bürger in einer Vielfalt von Vereinigungen und Gruppen bildet die entscheidende Basis für Verständigungsprozesse, in denen sich die Kohäsionskräfte der Gesellschaft erneuern. Eine solche Gesellschaft unterscheidet sich zum einen von einer Konstellation, in der es aus einem Mangel wirksamer zivilgesellschaftlicher Institutionen überhaupt keine gesellschaftliche Kohäsion gibt; sie unterscheidet sich zum andern aber auch von einem zentralistisch organisierten Gemeinwesen, in dem die ›gesellschaftlichen Massenorganisationen‹ lediglich als Transmissionsriemen staatlicher Entscheidungen benutzt werden, was bei genauerer Betrachtung besagt, daß von einer Zivilgesellschaft gar nicht die Rede sein kann.

Das Fehlen einer Zivilgesellschaft in der DDR und der Ort der Kirche

Diese zentralistische Variante prägte die Lage in der DDR. Das bestimmte auch die Schwierigkeiten in der Ortsbestimmung der evangelischen Kirche, die sich angesichts eines dezidiert atheistischen Staates nicht mehr staatsanalog verstehen konnte, daraus aber nicht den Rückzug aus der öffentlichen Mitverantwortung folgern wollte. Das führte zu einer intermediären Funktion der Kirche in einem besonderen Sinn. Die Zwiespältigkeit dieser intermediären Funktion kam in der Mehrdeutigkeit der Formel von der ›Kirche im Sozialismus‹ zum Ausdruck. Diese Zwiespältigkeit hatte ihren Grund darin, daß die Kirche zugleich auf das herrschende System und auf die dagegen opponierenden Kräfte bezogen war.

Detlef Pollack hat diese Doppelstellung folgendermaßen beschrieben: »Die Kirche stand auf der Bruchlinie zwischen den offiziellen und den inoffiziellen Teilen der Gesellschaft und war daher mehr als andere Institutionen in der Lage, zwischen den divergierenden Interessen der offiziellen und der inoffiziellen Seite zu vermitteln. Insofern nahm sie gesellschaftsstabilisierende Funktionen wahr. Aufgrund ihrer intermediären Stellung geriet sie zugleich zwischen die Fronten und wurde zum Kristallisationspunkt der gesellschaftlich tabuisierten Konflikte. In dieser Position war sie als Vermittlungsinstanz überfordert. Sie hätte zum Staat ein besseres Verhältnis herstellen müssen, als dieser zu seinen Bürgern besaß, und zu den Bürgern eine bessere Beziehung, als diese zu ihrem Staat hatten.

Gerade weil sie zwischen den auseinanderbrechenden Teilen der Gesellschaft vermitteln wollte, war sie für das offizielle System, das den durch die Gesellschaft gehenden Bruch unsichtbar machen wollte, ein permanenter Störfaktor, für diejenigen, die den Bruch vorzeigen wollten, dagegen ein ständiger Harmonisierungsfaktor.«[10]

1.3 Die Zukunft der Zivilgesellschaft und die Aufgabe der Kirche

Anders als in der zentralistisch organisierten und zentral gesteuerten Gesellschaft der DDR ist für das demokratische System im vereinigten Deutschland die organisierte Vertretung gesellschaftlicher Interessen konstitutiv. Doch alle Bereiche, nicht nur die Politik, durchzieht eine zunehmende Entfremdung zwischen den Repräsentanten und den von ihnen Repräsentierten. Besonders die Großorganisationen sind davon betroffen; sie reagieren auf den Rückgang ihrer sozialintegrativen Kraft mit systemintegrativen Gegenstrategien, das heißt mit verstärkten Bemühungen um die Vernetzung der Großorganisationen selbst. Die verstärkte ökumenische Zusammenarbeit der großen Kirchen ist – ganz unabhängig von den guten theologischen Gründen, die für sie sprechen – auch dafür ein Beispiel. Doch zugleich entwickelt sich abseits von diesen Organisationen eine Vielzahl von neuen Formen des zivilgesellschaftlichen Engagements. Viele Untersuchungen zur Generation der ›89er‹ zeigen, daß die Beteiligung am gesellschaftlichen Diskurs durch eine nutzen- und zielorientierte Motivation gesteuert wird. Wo weder der eigene Nutzen abschätzbar noch die Zielsetzungen durchschaubar sind, ist die Bereitschaft ge-

10 Pollack, Kirche in der Organisationsgesellschaft, S. 372.

ring, sich zu engagieren. Was übrig bleibt, ist eine »vagabundie-
rende Engagementbereitschaft«.[11]

Zukunftsfähig wird die Zivilgesellschaft am ehesten dann
werden, wenn es gelingt, organisiertes und freies Engagement
miteinander zu verknüpfen. Dafür müssen die Entfremdungs-
erscheinungen gegenüber den Großorganisationen vermindert
werden. Das ist nur möglich, wenn diese ihre Verkrustungen
überwinden und dem freien Engagement mehr Spielraum eröffnen.

Die Rolle der Medien in der Zivilgesellschaft

Für das Nachdenken über die Zukunft der Zivilgesellschaft ist
darüber hinaus eine Reflexion der Rolle der Medien erforderlich. Dabei kommt den audiovisuellen Medien und der compu-
tergestützten Kommunikation eine besondere Bedeutung zu.
Denn es ist nicht zu verkennen, daß die Prozesse öffentlicher
Urteilsbildung und Entscheidungsfindung in starkem Maß
durch mediale Vorprägungen gesteuert werden. Doch wenn die
Bedeutung der Medien für die Konstitution und das Funktionieren der Zivilgesellschaft nicht ausreichend bedacht wird,
kann ihre Vormachtstellung zu einer unreflektierten Einen-
gung der Wirklichkeitswahrnehmung wie der Entscheidungs-
prioritäten führen.

Zu Recht warnen die Kirchen davor, daß eine Vorherrschaft
medial vermittelter Wirklichkeitswahrnehmung nicht nur zu
einer Verkümmerung von Primärerfahrungen, sondern zugleich zu einer Verarmung der Sozialkompetenz führt. »Die
Mehrfachausstattung der Haushalte mit Medien und Kommu-
nikationsgeräten fördert die individualisierte und zugleich iso-
lierte Nutzung durch die Familienmitglieder. Primärerfahrung

11 Deutsche Shell AG (Hrsg.), Jugend '97, Opladen 1998, S. 20.

und unmittelbare Erlebnisse werden zunehmend ersetzt durch Sekundärerfahrung, durch künstliche Medienwelten. Diese bieten sich als immer verfügbare Fluchtmöglichkeiten aus einer als frustrierend empfundenen Wirklichkeit in den Erlebnispark einer virtuellen Realität an. [...] Da die vielfältigen Medienwelten keine eindeutigen Maßstäbe oder Wertorientierungen bereithalten, bieten sie auch keinen Ersatz für den zurückgedrängten Einfluß von Eltern und Familie.«[12]

Eine Reflexion über die Bedeutung des Medieneinflusses für die Zukunft der Zivilgesellschaft erfordert, daß die Rolle der Medien stärker als bisher unter medienethischen Gesichtspunkten erörtert wird. Nicht um die Dämonisierung der Medien kann es dabei gehen, sondern es muß danach gefragt werden, wie der Umgang mit Medien auf der Seite der Produzenten wie der Rezipienten von Medieninhalten so gestaltet werden kann, daß Sozialkompetenz und zivilgesellschaftliches Engagement nicht ausgehöhlt, sondern gefördert werden.

Kirche als Gemeinschaft in der Zivilgesellschaft

Das kann nicht von einzelnen Institutionen allein bewirkt werden. Aber die Notwendigkeit zivilgesellschaftlicher Institutionen erscheint angesichts solcher Tendenzen in einem neuen Licht.

Die Kirchen stehen nicht nur vor der Aufgabe, sich ihrerseits der modernen Kommunikationsmedien zu bedienen; sie haben nicht nur die Pflicht, ihrerseits einen Diskurs zur Frage ethisch verantwortbarer Mediennutzungen anzustoßen. In einer Welt medial vermittelter Kommunikation haben sie vielmehr auch

---

12 Chancen und Risiken der Mediengesellschaft. Gemeinsame Erklärung der Deutschen Bischofskonferenz und des Rates der Evangelischen Kirche in Deutschland, Bonn/Hannover 1997, S. 26.

darauf aufmerksam zu machen, daß sie selbst Orte direkter Kommunikation sind, in der sich unmittelbare soziale Begegnung, wechselseitige Verständigung und die Eröffnung neuer Wahrnehmungshorizonte miteinander verbinden. Gerade in der Mediengesellschaft muß die Kirche ihren Charakter als Kommunikations-, Interpretations- und Handlungsgemeinschaft bewußt machen und verstärken.

Dazu ist es notwendig, daß die Kirche ihren Charakter als Gemeinschaft weiterentwickelt. Sie ist eine durch das Wort Gottes, durch den Anruf und die Anrede Gottes selbst konstituierte Gemeinschaft. So sehr der Grund der Kirche Gabe Gottes ist, so sehr ist die Gestaltung der Gemeinschaft in der Kirche eine gemeinsame Aufgabe der Glaubenden. Vor allem anderen, was die Kirche zum Leben der Zivilgesellschaft beiträgt, hat sie zu zeigen, daß Gemeinschaft gerade deshalb gelingen kann, weil sie sich auf eine Wirklichkeit gründet, die größer ist als sie selbst.

Eine selbstgenügsame Gemeinschaft kann das nicht sein. Auf Grund ihrer spezifischen intermediären Funktion hat die Kirche vielmehr die Aufgabe, auf Themen aufmerksam zu machen, die sonst in der medialen Öffentlichkeit unbeachtet bleiben. Sie muß sich als Anwältin derer bewähren, die in den gegebenen gesellschaftlichen Machtkonstellationen keine Stimme haben. Sie ist eine Institution des Perspektivenwechsels: In der Erwachsenengesellschaft bringt sie die Lage der Kinder, in der Arbeitsgesellschaft die Lage der Arbeitslosen, in der Leistungsgesellschaft die Stimme der Leistungsunfähigen, in einer Gesellschaft der Jugendlichkeit die Stimme der Alten zu Gehör. Die Zugehörigkeit jeder einzelnen regionalen Kirche zur weltweiten Gemeinschaft der Christenheit verpflichtet dazu, Fürsprecherin für die Opfer weltpolitischer und weltwirtschaftlicher Entwicklungen zu sein; die Zugehörigkeit zu einer Gemeinschaft, die die Generationen miteinander verbindet, ist ein besonderer Anlaß dazu, die Lebensrechte künftiger

Generationen zur Sprache zu bringen. Das Verständnis des menschlichen Lebens als Teil der Schöpfung macht die Kirche zur Anwältin der nichtmenschlichen Natur.

Die Kirche als Gemeinschaft ist nicht auf einen einzigen Bereich der gesellschaftlichen Öffentlichkeit begrenzt. Zwar ist sie am stärksten im Bereich kultureller Kommunikation verankert und leistet von hier aus ihren spezifischen Beitrag zur zivilgesellschaftlichen Verständigung. Aber sie ist zugleich – schon im Blick auf ihre eigenen Existenzbedingungen – in das wirtschaftliche Geschehen einbezogen; und sie hat Teil an der politischen Selbstorganisation der Gesellschaft.

Kirche im Pluralismus

Die zivilgesellschaftliche Wirklichkeit wird heute vorzugsweise mit den Begriffen der Pluralität und des Pluralismus beschrieben. Damit wird eine Charakterisierung in Anspruch genommen, die zwar als Kennzeichen der fortgeschrittenen Moderne gilt, in Wahrheit aber weit hinter den Beginn der Neuzeit zurückreicht.

Auch sogenannte archaische Gesellschaften weisen bereits eine Kultur der Pluralität auf. An der Religionsgeschichte läßt sich das verdeutlichen. Schon frühe Gesellschaften sind durch eine Pluralität religiöser Inhalte und Formen gekennzeichnet; das alte Israel ist dafür ein anschauliches Beispiel. Phänomenologische Unterscheidungen zwischen Großgruppen- und Kleingruppenfrömmigkeit oder zwischen den familialen, lokalen und offiziellen Ebenen der Religion lassen etwas von der Vielgestaltigkeit vormoderner Kulturen erahnen. Das Kennzeichen der Pluralität bezieht sich dabei auch in dieser frühen Zeit sowohl auf Differenzierungen innerhalb ein und derselben Religion als auch auf Unterschiede zwischen verschiedenen Religionen.

Worin aber besteht dann der Schritt von vormodernen zu modernen beziehungsweise postmodernen Gesellschaften? Die Differenz zwischen den Begriffen der Pluralität und des Pluralismus kann zur Klärung beitragen. Plurale Gesellschaften stehen unter einem normativen Homogenitätsanspruch, der jedoch von der Faktizität unterschiedlicher Orientierungen teilweise unterlaufen oder zumindest relativiert wird. Pluralistische Gesellschaften dagegen sind dadurch gekennzeichnet, daß die Faktizität unterschiedlicher normativer und religiöser Orientierungen ihrerseits reflektiert wird; das Vorhandensein von Pluralität wird seinerseits zum Gegenstand der Verständigung und in seiner Notwendigkeit gerechtfertigt. Diese in sich gerechtfertigte Pluralität wird zugleich als Gestaltungsaufgabe begriffen. Von einer pluralistischen Gesellschaft kann nämlich nur die Rede sein, solange sie ein Raum gemeinsamen Lebens ist. Fremdheit muß also in der pluralistischen Gesellschaft nicht nur konstatiert, sondern auch anerkannt werden.

Das aber ist nur möglich, wenn die Verständigung über die Prinzipien gelingt, die – bei aller Verschiedenheit – gemeinsam respektiert werden können und müssen. Die pluralistische Gesellschaft ist nur lebensfähig, wenn der Konsens über solche Prinzipien lebendig ist und sich beständig erneuert. Das bedeutet zugleich: Die pluralistische Gesellschaft ist darauf angewiesen, daß die Grenzen der Pluralität anerkannt werden. Die Verständigung über jene Prinzipien und die Festlegung dieser Grenzen verweisen ihrerseits auf die Frage nach letzten Begründungen (wie sie im Doppelgebot der Liebe enthalten sind) und nach letzten Grenzen (wie sie in der Weisheit der Zehn Gebote oder der Goldenen Regel zur Sprache kommen).

Deshalb hat der für den Bestand der pluralistischen Gesellschaft notwendige Diskurs eine religiöse Dimension. Die Existenzbedingungen dieser Gesellschaft werden in Mitleidenschaft gezogen, wenn der religiöse Diskurs aus der öffentlichen Debatte verschwindet. Eine Gesellschaft, in der die Religiosität

in den Privatbereich der einzelnen Bürgerinnen und Bürger zu-
rückgedrängt würde und nicht mehr an den Möglichkeiten
öffentlicher Präsenz teilhätte, stünde vor der Gefahr, sich
selbst von den Quellen der Verständigung über die Grundlagen menschlichen Zusammenlebens abzuschneiden. Denn
wie vom freiheitlichen Staat, so gilt auch von der Zivilgesellschaft, daß sie von Voraussetzungen lebt, die sie nicht selbst
hervorzubringen und zu garantieren vermag.[13]

2. Kirchen als Orte der Begegnung und Vergewisserung

In zweifacher Weise ist die Kirche als Ort der Begegnung präsent: als sozialer Raum und als materieller Raum. Wer ›zur Kirche‹ geht, meint beides zugleich: das Gebäude, zu dem er sich
aufmacht, und den gemeinschaftlichen Gottesdienst, den er feiern will. Nachdem von der Feier des Gottesdienstes schon in
früherem Zusammenhang die Rede war[14], soll eine eigene
Überlegung dem besonderen Charakter von Kirchenräumen
und der neuen Aufmerksamkeit für sie gewidmet werden.

2.1 Kirchengebäude – ein vormodernes Relikt?

Auch vor Kirchengebäuden hat der säkulare Geist der Moderne nicht Halt gemacht. Während insbesondere in der evangelischen Kirche einige Jahrzehnte lang die Vorstellung dominier-

---

13 Vgl. die bereits zitierte Aussage von Ernst-Wolfgang Böckenförde über
den freiheitlichen, säkularisierten Staat, oben S. 67.
14 Vgl. Kap. III.2 sowie III. 3.

te, moderne kirchliche Bauwerke sollten funktional sein, sich in die Architektur der Umgebung einfügen und auf eine sakrale Aura verzichten, machte sich auch in stadtplanerischen Überlegungen der Gedanke geltend, Kirchen könnten in der modernen Stadt eine zentrale Stellung nicht mehr in Anspruch nehmen. Die Folgerung hieß, daß »im Prozeß der Planung und Produktion der modernen Stadt die Kirchen als Verkörperung vormoderner Gesellschaftsverhältnisse – symbolisch gesprochen – rückgebaut werden, daß sie weggerückt werden von den zentralen Plätzen der Stadt, daß sie schrumpfen in Relation zu anderen Bauten, daß sie [...] von öffentlichen Tempeln in private Kapellen verändert werden, daß sie im Prozeß der Entstaatlichung der Kirche aller Symbole der Herrschaft über die Stadt und ihre Menschen entkleidet werden.«[15]

Nach dieser Phase, in der Kirchengebäude eher als vormoderne Relikte wahrgenommen wurden, tritt ein Bewußtseinswandel ein; die Kirchengebäude werden wieder verstärkt in ihrer spezifischen architektonischen Aussage wahrgenommen und zugleich als wichtige Orte der Begegnung anerkannt. Dabei zeigt sich, daß die Qualität von Kirchengebäuden als Orten der Begegnung in hohem Maß davon abhängt, ob eine subjektive Aneignung des Raumes stattfindet und stattfinden kann. Die Fähigkeit, den ›Text‹ der Kirchenarchitektur und der im Kirchenraum aufbewahrten Kunstwerke ›zu lesen‹, ist eine wichtige Voraussetzung dafür, die Möglichkeiten zur Begegnung in diesem Raum wahrzunehmen. Kirchenraumpädagogik ist deshalb als eine wichtige Aufgabe entdeckt worden, deren Chancen über das Maß bisheriger Realisierung weit hinausgehen. Nur wenn sie subjektiv ›gelesen‹ werden können, fördern Kirchenräume diejenigen Primärerfahrungen, die gerade in ih-

15 Bodenschatz, Harald, Kirche(n) und Stadtplanung der Moderne, in: Neue Nutzung alter Kirchen. Drittes Berliner Gespräch, hrsg. von der Evangelischen Kirche in Berlin-Brandenburg (Berlin West) und der Senatsverwaltung für Stadtentwicklung und Umweltschutz, Berlin 1990, S. 58–69 (58).

nen auf unvergleichliche Weise möglich sind. Wo diese Art der Aneignung unterbleibt, kommt es allenfalls zu historisierenden Sekundärerfahrungen.

Dabei können sich eigentümliche Verkehrungen vollziehen. Museen, die von ihrer klassischen Aufgabenstellung her eher als Orte historisch abständiger Begegnung gelten, werden heute in zunehmendem Maß zu Orten, an denen Menschen die Erfüllung ihrer spirituellen Bedürfnisse suchen und finden. Kirchen dagegen, die von ihrer Aufgabe her Orte geistlicher Vergewisserung sind, werden oft lediglich als Brücken zu vergangenen Geschichtsepochen wahrgenommen und besucht. Damit Kirchen nicht auf dieses Motiv des historisch Abständigen festgelegt werden, ist es notwendig, daß die Kirchenarchitektur im spezifischen Sinn sich weiterentwickelt. Neue Städte oder Stadtteile brauchen auch neue Kirchengebäude. Sie sind Zeichen dafür, daß die Erfahrung spiritueller Gewißheit nicht der Vergangenheit angehört, sondern eine gegenwärtige Möglichkeit inmitten der Lebenswelt der Menschen darstellt.

2.2 Heilige Räume in der Diesseitigkeit des Lebens

Ein eindrucksvolles Beispiel hierfür ist die Kathedrale von Evry, einem neuerbauten urbanen Zentrum in der Nähe von Paris. Mario Botta hat diese Kathedrale entworfen. Er ist auch der Architekt des San Francisco Museum of Modern Art, das in exemplarischer Weise den spezifisch modernen spirituellen Erwartungen an ein Museum Rechnung trägt. In Evry schuf er einen Kirchenbau von hoher Aussagekraft. Durch die Wahl von rotem Backstein als Material fügt sich die Kathedrale in den Hauptplatz der neu erbauten Stadt ein. Doch der ovale Baukörper hebt sich zugleich aus der Umgebung heraus. Die Neigung des Daches bewirkt eine optische Öffnung zum Himmel, für die bei Kirchengebäuden sonst in aller Regel der zum Himmel weisende Kirchturm steht. Hier aber verleiht ein Kreuz am höchsten Punkt des Bauwerks dem Ganzen eine unübersehbare, aber doch unaufdringliche Eindeutigkeit. Daß dieses Kreuz nicht nur das Zeichen stellvertretenden Leidens, sondern auch das Symbol der Auferstehung ist, wird durch einen Kranz von vierundzwanzig Laubbäumen unterstrichen, die, auf den Rand des aufsteigenden Daches gepflanzt, die künftige Freiheit aller Kreaturen versinnbildlichen. Eine zu der aufsteigenden Rundung des Daches gegenläufige Bewegung nimmt den Besucher im Innern der Kirche auf. In zwei großen, abwärts weisenden Bogenbewegungen wird er auf das Zentrum der Kirche zugeführt: den Taufstein und den Altar. Diese Kirche vermittelt weit mehr als nur eine Verbindung zu dem »reichen kollektiven Erbe der Vergangenheit«.[16] Sie ist ein Ort gegenwärtiger gottesdienstlicher Erfahrung. Damit verbindet sich die Einladung zur Meditation und zum persönlichen Gebet.

Kirchengebäude stehen heute häufig vielfältigen Nutzungen offen. Sie sind Konzertsäle, Ausstellungsräume oder Diskussionsforen. Doch diese vielfältigen Nutzungen können und dürfen nicht überlagern, worin ihr ursprünglicher und genuiner Sinn besteht. Kirchen sind Häuser Gottes, Gotteshäuser. Sie sind sichtbare Zeichen dafür, daß Gott unter den Menschen Wohnung nimmt. Während in anderen Kulturen der Tempel den heiligen Bezirk markiert, in welchem – im Gegensatz zur profanen Welt darum herum – das Göttliche zu finden ist, verweisen Kirchen im christlichen Verständnis gerade auf die Anwesenheit Gottes in der – ›profanen‹ – Welt. Die weithin sichtbaren Kirchen sind Zeichen für die Gegenwart Gottes in dieser Welt, für seine Nähe bei den Menschen. Ihre nach oben strebenden Pfeiler, ihre in den Himmel weisenden Türme lenken

---

16 Vgl. Botta, Mario, Kathedrale von Evry/F., in: Kunst und Kirche 1/96, S. 26–29 (26).

den Blick auf den, der die Welt ins Dasein rief, der das menschliche Leben immer wieder erneuert, der in allen Ausweglosigkeiten neue Zukunft eröffnet.

Es ist insbesondere für die evangelische Tradition kennzeichnend, daß sie die Zuwendung und Zuneigung zu Kirchen als besonderen Häusern Gottes nicht in einen Gegensatz zur Welt als einer Gott fremden Wirklichkeit setzt. Die evangelische Tradition betont immer in besonderer Weise die Weltzuwendung Gottes; dem entspricht die Auffassung von Kirchengebäuden als Bestandteilen ›dieser‹ Welt.

In besonders zugespitzter Weise hat Dietrich Bonhoeffer den weltzugewandten Zug evangelischen Gottesverständnisses zur Sprache gebracht. Am Tag nach dem Scheitern des Attentats gegen Hitler, am 21. Juli 1944, schrieb er aus dem Gefängnis in Tegel: »Ich habe in den letzten Jahren mehr und mehr die tiefe Diesseitigkeit des Christentums kennen und verstehen gelernt; nicht ein homo religiosus, sondern ein Mensch schlechthin ist der Christ, wie Jesus – im Unterschied wohl zu Johannes dem Täufer – Mensch war. Nicht die platte und banale Diesseitigkeit der Aufgeklärten, der Betriebsamen, der Bequemen oder der Lasziven, sondern die tiefe Diesseitigkeit, die voller Zucht ist, und in der die Erkenntnis des Todes und der Auferstehung immer gegenwärtig ist, meine ich. Ich meine, daß Luther in dieser Diesseitigkeit gelebt hat […] Wenn man völlig darauf verzichtet hat, aus sich selbst etwas zu machen – sei es einen Heiligen oder einen bekehrten Sünder oder einen Kirchenmann (eine sogenannte priesterliche Gestalt!), einen Gerechten oder einen Ungerechten, einen Kranken oder einen Gesunden – und dies nenne ich Diesseitigkeit, nämlich in der Fülle der Aufgaben, Fragen, Erfolge und Mißerfolge, Erfahrungen und Ratlosigkeiten leben, – dann wirft man sich Gott ganz in die Arme, dann nimmt man nicht mehr die eigenen Leiden, sondern die Leiden Gottes in der Welt ernst, dann wacht man mit Christus in Gethsemane, und ich denke, das ist

Glaube, das ist metanoia [Umkehr]; und so wird man ein Mensch, ein Christ.«[17]

In dieser brieflichen Äußerung Dietrich Bonhoeffers ist der Hinweis auf Martin Luther von besonderem Interesse. Luther hat die Kirchen als besondere Orte durchaus gewürdigt. Aber er hat sie als Orte im Diesseits der Welt angesehen, die nur dadurch ausgezeichnet sind, daß Gottes Wort in ihnen vernehmbar wird. Dadurch werden sie zu Häusern Gottes. Wo Gottes Wort in ihnen verstummt, hören sie auch auf, Häuser Gottes zu sein. Ausdrücklich heißt es bei Luther: »Wo Gott redet, da wohnt er. Wo das Wort klingt, da ist Gott, da ist sein Haus, und wenn er aufhört zu reden, so ist auch nimmer sein Haus da. Wenn er auch klänge auf dem Dach oder unter dem Dach, und gleich auf der Elbbrücke, so ist's gewiß, daß er da wohne.«[18]

Häuser Gottes sind Kirchen nicht in einem exklusiven, sondern in einem herausgehobenen Sinn. Sie bleiben das nur, solange in ihnen das Wort Gottes vernehmbar ist. Doch der Kirche und ihrer Verkündigung werden Kirchengebäude auch dann zugerechnet, wenn sie nicht mehr ›arbeiten‹, wenn das Evangelium in ihnen nicht mehr verkündigt und kein Gottesdienst mehr in ihnen gefeiert wird. Gerade deshalb ist es angebracht, die ursprüngliche und maßgebliche Bestimmung von Kirchengebäuden im Bewußtsein zu halten und nicht ins zweite Glied rücken zu lassen.

Kirchen sind Orte des Gottesdienstes. In gleicher Weise laden sie zur persönlichen Andacht ein. Das ist in der katholischen Kirche deutlicher bewußt als in der evangelischen. Deshalb hat sich im evangelischen Bereich die Meinung verbreitet, Kirchen seien Gebäude, die im allgemeinen verschlossen sind und nur einmal in der Woche für kurze Zeit zum Gottesdienst geöffnet zu werden brauchen. An weitergehende Öffnungszei-

17 Bonhoeffer, Widerstand und Ergebung, S. 401f.
18 Luther, Martin, Predigt zur Einweihung der Schloßkirche in Torgau 1544, in: Weimarer Ausgabe 49, S. 588–615 (591).

ten denkt man am ehesten bei künstlerisch besonders wertvollen Kirchen, die dann während der Woche, so weit das möglich ist, in die Rolle des Museums schlüpfen, um am Sonntag für kurze Zeit in ihre Funktion als Haus Gottes zurückzukehren. Diese Zweiteilung – eine ›Zweireichelehre‹ des Kirchengebäudes – ist jedoch unzureichend, ja verhängnisvoll. Deshalb ist es von besonderer Bedeutung, wenn an den Wochentagen Besucherinnen und Besucher, insbesondere auch Schülerinnen und Schüler, auf den Sinn eines Kirchengebäudes hingewiesen und in seinen ›Text‹ eingeführt werden. Dann fangen die Gebäude selbst an zu predigen. Aber nicht nur künstlerisch besonders herausgehobene Kirchen sollten auch während der Woche als Orte der Stille und der Andacht erkennbar sein, als Orte, die zu Meditation und Gebet einladen. Denn Gottesdienst und Gebet bilden in jedem Fall die Mitte dessen, was in einem Kirchengebäude geschieht.

2.3 Kirchen als öffentliche Gebäude

Zu keiner Zeit jedoch war das Geschehen in Kirchengebäuden auf den Gottesdienst beschränkt. Kirchen sind öffentliche Gebäude in einem weiteren Sinn. Sie erfüllten immer mehrere Funktionen, unbeschadet ihrer prinzipiellen und unmittelbaren Zweckbestimmung als Stätten des christlichen Gottesdienstes. Schon die mittelalterlichen Kirchen waren zugleich Treffpunkte, Versammlungsorte, Stätten lebendiger Begegnung. Über lange Zeit blieb diese Funktion schon deshalb erhalten, weil die christliche Gemeinde und die Bürgergemeinde identisch waren oder sich doch weitgehend überlappten. Deshalb waren Kirche auch Orte, an denen öffentliche, insbesondere auch obrigkeitliche Belange vermittelt und volkspädagogische Ziele verfolgt wurden. Diese Funktion erreichte in der Zeit des Absolutismus ihren Höhepunkt.

Auch die spezifisch sakrale Würde von Kirchengebäuden wurde dabei in Anspruch genommen. Deshalb dienten und dienen Kirchen häufig als Stätten gemeinsamen Gedenkens. Staatlich bestimmte Feier-, Buß- und Gedenktage hatten hier ihren Ort. An wichtige Persönlichkeiten wurde durch Epitaphien erinnert; und der Kriegstoten wurde durch Gefallenentafeln gedacht. Gesellschaftliche Symbole erhielten in Kirchen ihren Ort. Der Höhepunkt dieser gesellschaftlich bestimmten Funktionszuweisungen war im ausgehenden 19. Jahrhundert erreicht.

Im 20. Jahrhundert wurde verstärkt die Bedeutung von Kirchengebäuden als kulturellen Orten wahrgenommen. Evangelische Kirchen wurden vor allem als Orte der Musik genutzt, zunehmend aber auch als Orte der bildenden Kunst. Die Einheit von Architektur und bildender Kunst bestimmte in vielen Fällen die herausgehobene kulturelle Bedeutung von Kirchengebäuden.

In der Gegenwart sind Kirchen verstärkt zu Orten geworden, an denen Menschen ihrer eigenen Geschichte im heimatkundlichen, kultur- und sittengeschichtlichen, darüber hinaus auch im nationalen, ja im europäischen Sinn begegnen. Gerade in dieser Hinsicht haben Kirchengebäude sich vielerorts zu Identifikationspunkten für die Beheimatung der Menschen, zugleich damit aber auch zu touristischen Anziehungspunkten entwickelt.

Doch auch hier gilt: »Je mehr alte Substanz, insbesondere an Bildwerk, aufgedeckt und zum Vorschein gebracht wird, desto mehr Kunst der Gegenwart muß als Kontrapunkt hier ihren Ort finden.«[19] Kirchenräume sollten, wo immer das möglich

19 Volp, Rainer, Wertewandel in der Architektur – Der Bau der Berliner Großkirchen im 19. Jahrhundert und die Bedeutung des Wertewandels heute, in: Neue Nutzungen von Alten Kirchen. Erstes Berliner Gespräch, hrsg. von der Evangelischen Kirche in Berlin-Brandenburg (Berlin West), dem Senator für Stadtentwicklung und Umweltschutz und der Technischen Universität Berlin – Institut für Kunstwissenschaft, Berlin 1988, S. 64–87 (83).

ist, die Sprache der Überlieferung mit Ausdrucksformen der eigenen Gegenwart verbinden. Viele Kirchengebäude legen davon Zeugnis ab, wie sich die Darstellungsweisen unterschiedlicher Zeiten in ein und demselben Bauwerk verbunden haben. Auch im Fall der Wiederherstellung eines historisch bedeutsamen Baudenkmals muß berücksichtigt werden, daß es sich als Erlebnis- und Anschauungsraum für heutige Menschen erschließen soll. Eine vollständige Beschränkung auf die historisierende Rekonstruktion erweist sich deshalb in aller Regel als ein Irrweg. Die durchdachte Verbindung zwischen der sorgsam geachteten historischen Bausubstanz und überlegt ausgewählten Werken moderner Kunst ist zumeist die mutigere, aber auch angemessenere Entscheidung.

Hintergrundsgewißheit und Protest

Auch in einer säkular geprägten Umwelt sind Kirchen nicht nur markante Gebäude im Bild des Dorfes oder der Stadt. Sie sind für viele Menschen – auch für Kirchendistanzierte und Konfessionslose – eine sichtbare Wertepräsentanz. Sie verweisen auf gemeinsame kulturelle, ethische und religiöse Grundvorstellungen; sie stehen stellvertretend für Hintergrundsgewißheiten. Daß der gesellschaftliche Grundkonsens auf solche Gewißheiten angewiesen ist, ist vielen Menschen auch dann bewußt, wenn sie ihrerseits darauf verzichten, diese Gewißheiten zu artikulieren oder sich an ihrer Weitergabe und Erneuerung zu beteiligen. Daß die Kirche im Dorf oder in der Stadt steht, gilt vielen als Zeichen dafür, daß die Traditionskette nicht reißt, ohne die auch der gesellschaftliche Konsens als gefährdet gelten müßte. So wichtig diese symbolische Bedeutung von Kirchengebäuden ist, so trügerisch kann das Vertrauen auf dieses Symbol werden, wenn es nicht in ein eigenes Eintreten für die Weitergabe und Erneuerung solcher tragender Gewißheiten umgesetzt wird.

Unvergessen ist die Funktion von Kirchen als Orte des Protestes und der Zivilcourage in einer staatlichen Ordnung, in der eine nichtstaatliche gesellschaftliche Öffentlichkeit nicht vorgesehen war. Als solche Orte haben sie sich auch in der Vorbereitung und in dem dramatischen Geschehen der Wende von 1989 erwiesen. Die Friedensgebete in evangelischen Kirchen in der DDR vor 1989 und die Demonstrationen für einen friedlichen Wandel, die im Jahr 1989 von den Kirchen ihren Ausgang nahmen, bleiben wichtige Symbole für die öffentliche Aufgabe der Kirche.

Öffentliche Funktionen wachsen Kirchengebäuden immer dann zu, wenn in diesen Gebäuden gesellschaftsdiakonische Aufgaben wahrgenommen werden. Das geschieht in der Gestalt praktischer Diakonie beispielsweise dann, wenn in Kirchengebäuden die Fürsorge für Obdachlose ihren Ort findet, wenn Spätaussiedler in Kirchen willkommen geheißen werden, wenn Kirchengebäude der Beratung von Asylsuchenden und Bürgerkriegsflüchtlingen dienen. Es geschieht auch dann, wenn in Einzelfällen Menschen, die von Abschiebung bedroht sind und bei einer Rückkehr in ihr Herkunftsland um Leib und Leben fürchten müssen, zeitlich befristet in kirchlichen Gebäuden aufgenommen werden, damit die über ihre Abschiebung getroffene Entscheidung noch einmal überprüft werden kann. Und es geschieht in der Gestalt politischer Diakonie, wenn Kirchen zu Orten des öffentlichen Gesprächs über Grundfragen des politischen Zusammenlebens, der Klage über Unfrieden und Ungerechtigkeit und der Ermutigung zum Einsatz für Gerechtigkeit und Frieden, für Menschenrechte und die Bewahrung der Schöpfung werden.

All die Empfindungen und Einstellungen, mit denen Kirchengebäude betrachtet und wahrgenommen werden, sind nicht ohne Bezug auf das zentrale Geschehen, das sich in Kirchen vollzieht, und auf ihre ursprüngliche Zweckbestimmung. Ganz zu Recht werden deshalb Kirchengebäude von Glaubenden wie von Nichtglaubenden wahrgenommen als Hinweise auf die Frage nach Sinn und Ziel des menschlichen Lebens, ja der Welt überhaupt.

3. Die öffentliche Verantwortung der Kirche

Der Ort der Kirche in der Zivilgesellschaft wurde in den bisherigen Abschnitten dieses Kapitels dadurch bestimmt, daß der Wandlungsprozeß der Kirche von einer staatsanalogen zu einer intermediären Institution beschrieben wurde und daß der materielle Ort, an dem die Glieder der Zivilgesellschaft mit ›der Kirche‹ zu tun bekommen, nämlich das Kirchengebäude, in den Blick trat. Im folgenden wollen wir uns den drei schon früher benannten sekundären Kennzeichen der Kirche zuwenden, an denen ihre Einwirkung auf die Gesellschaft zu erkennen ist: ihrer Bildungsverantwortung, ihrem Eintreten für Gerechtigkeit, ihrer Verpflichtung auf Barmherzigkeit.[20]

3.1 Die Bildungsverantwortung der Kirche

Die Bildungsverantwortung der Kirche ist das erste. Sie soll zunächst aus der Sicht der Kirche, sodann aus der Perspektive staatlicher Verantwortung für die Organisation von Bildungsprozessen betrachtet werden.

20 Zu diesen drei sekundären Kennzeichen der Kirche vgl. Kap. III.3.2.

»Zwei Begriffe sind es, auf die gleichsam als auf das Ziel das
ganze Leben ausgerichtet ist: Frömmigkeit und Bildung.«[21] Mit
diesen Worten hat Philipp Melanchthon, der Vater des evangelischen Bildungswesens, sein Programm zusammengefaßt. Es
hat eine doppelte Begründung: Bildung ist unvollständig, wenn
sie nicht die Dimension des Glaubens und die Themen religiöser
Verständigung einschließt; und Glaube ist unbegriffen, wenn er
nicht verantwortet und damit auch auf der Ebene der Bildung
artikuliert wird. Aus dieser doppelten Ausrichtung ergibt sich
der Bildungsauftrag der Kirche; aus ihr erklärt sich, warum dieser Auftrag nicht auf den innerkirchlichen Bereich beschränkt
ist, sondern auch in den öffentlichen Bildungseinrichtungen seinen Ort hat.

Die Bildungsverantwortung der Kirche wird an drei Orten
wahrgenommen.[22] Ihr *erster Ort* sind die Gemeinden. Die Verkündigung des Evangeliums schließt die Aufgabe ein, dessen
Inhalt verständlich zu machen und Menschen dazu zu befähi-
gen, von ihrem Glauben Rechenschaft abzulegen. Derartige
Bildung hat notwendigerweise einen weiten Horizont. Sie bezieht sich auf das Ganze der Lebenswirklichkeit, in die hinein
der christliche Glaube auszulegen und verantwortliches Leben
zu gestalten ist. Sie umfaßt die Grundfragen der persönlichen
Lebensführung, der Lebensformen von Freundschaft, Partnerschaft, Ehe und Familie, aber auch die Fragen der Verantwortung im Beruf und im politischen Zusammenleben einer Gesellschaft. Sie hat ihre Grundlage in der Vergegenwärtigung der
biblischen Botschaft; der Reichtum biblischer Geschichten ist

---

21 Melanchthon, Philipp, Supplementa Melanchthoniana VI/1, Leipzig 1910,
    S. 373.
22 Vgl. Evangelische Kirche in Berlin-Brandenburg, Der Bildungsauftrag der
    Kirche und ihre Mitverantwortung im öffentlichen Bildungswesen, in:
    Zeitschrift für Evangelische Ethik 39, 1995, S. 302–305.

das kostbarste Gut, das ihr anvertraut ist. Der Bogen, in dem Bildungsverantwortung in der Gemeinde wahrgenommen wird, spannt sich von der gemeindlichen Kinder- und Jugendarbeit über die Familienbildungsarbeit bis zur Erwachsenenbildung und zur Seniorenarbeit. Die verschiedenen Ansätze müssen heute zusammenwirken in einer Erneuerung des Katechumenats als einer zentralen Dimension gemeindlicher Bildungsverantwortung. Der Weg zum Glauben muß ebenso als Bildungsaufgabe verstanden werden wie das Bleiben und Wachsen im Glauben.

Die Bildungsverantwortung der Kirche hat einen *zweiten Ort* in den Bildungseinrichtungen in kirchlicher Trägerschaft. Mit ihnen leistet die Kirche einen Beitrag zum allgemeinen Bildungswesen. In exemplarischer Weise zeigt sie, in welchem Sinn die religiöse und ethische Dimension als tragendes Element für alle Bildungseinrichtungen fruchtbar werden kann. Kirchliche Bildungseinrichtungen – insbesondere Kindergärten, Schulen und Einrichtungen der Erwachsenenbildung – sind ein wichtiger und gerade heute unverzichtbarer Beitrag der Kirche zur kulturellen Diakonie. Kirchliche Schulen beispielsweise bieten besondere Möglichkeiten dazu, daß im schulischen Bildungsprozeß die Vermittlung von Lebensorientierung in ein ausgewogenes Verhältnis zur Vermittlung von Wissen und Fertigkeiten tritt. Religiöse Bildung kann als integraler Bestandteil allgemeiner Bildung gestaltet werden.

Deshalb ist es auch unter schwierigen äußeren Bedingungen wichtig, daß die Kirche eigene Bildungseinrichtungen schafft und erhält. Solche Einrichtungen müssen sich allerdings auch durch ein eigenes Profil auszeichnen. An diesem Profil läßt sich erkennen, wie der innere Zusammenhang von Bildung und Glauben gedacht ist und gestaltet wird. Daß evangelische Kindergärten in das allgemeine Versorgungsangebot an Kindergartenplätzen eingegliedert werden, reicht nicht zu. Daß in evangelischen Schulen genau dasselbe geschieht wie im staatlichen

Bereich, nur hier und da vielleicht etwas besser, genügt nicht. Über das hinaus, was auch in staatlichen Einrichtungen geschehen kann, muß Besonderes geschehen, was den christlichen Glauben an den Lebensort von Kindern und Jugendlichen bringt; denn es reicht nicht, die Erwartung auszusprechen, daß die Kinder und Jugendlichen sich in der Kirche sehen lassen. Besonders problematisch ist eine solche Forderung dann, wenn in der Gestaltung gemeindlicher Gottesdienste nichts zu erkennen ist, was auf die Lebenswelt und die Verständigungsformen von Kindern und Jugendlichen Bezug nimmt.

Die Bildungsverantwortung der Kirche hat ihren *dritten Ort* schließlich in allen vom Staat getragenen Bildungseinrichtungen. Denn auch für sie gilt, daß die religiös-ethische Dimension in ihren Bildungsauftrag eingeschlossen ist. Gerade diese Seite ihres Auftrags aber muß in voller Anerkennung der Religionsfreiheit von Schülerinnen und Schülern sowie von Eltern und Lehrern wahrgenommen werden. Eben deshalb ist die Mitwirkung der Kirchen und anderer Religionsgemeinschaften im Bereich der staatlich getragenen Bildungseinrichtungen unerläßlich. Die wachsende Pluralität religiöser Einstellungen darf gerade nicht damit beantwortet werden, daß die inhaltliche Verantwortung für die religiöse Bildung in der Schule einfach in die Hand des Staates gelegt wird. Ein solches Vorhaben wird weder der religiösen Pluralität gerecht noch berücksichtigt es die Religionsneutralität des Staates.[23]

---

23 Darin liegt bereits im Ansatz der Fehler der Erwägungen von Lott, Jürgen, Wie hast du's mit der Religion? Das neue Schulfach ›Lebensgestaltung – Ethik – Religionskunde‹ (LER) und die Werteerziehung in der Schule, Gütersloh 1998. Den in seinem Inhalt von den Religionsgemeinschaften verantworteten Religionsunterricht angesichts des religiösen Pluralismus als anachronistisch zu bezeichnen (S. 9), ist jedenfalls so lange gedankenlos, wie man als Alternative nur eine in ihren Inhalten staatlich verantwortete Religionskunde anzubieten vermag. Denn das ist bestimmt anachronistisch – bedeutet es doch den Rückfall in eine Zeit, die noch nicht wußte, daß zur Religionsfreiheit auch die Religionsneutralität des Staates gehört.

Auch, ja gerade heute entspricht die Schule ihrem Bildungsauftrag nur dann, wenn die Vermittlung von Wissen und die
Vermittlung von Lebensorientierung sich in einer zureichenden Balance befinden. Lebensorientierung kann aber nicht allein über historische Stoffe, ästhetische Erfahrungen oder reli-
gionskundliche Vergleiche vermittelt werden. Zu ihr gehört,
daß Schülerinnen und Schüler gelebten Überzeugungen begegnen und in dieser Begegnung zu eigenen Überzeugungen finden. Daß dies geschieht, ist eine der wichtigen Aufgaben des
schulischen Religionsunterrichts. Vor allem für viele konfessionslose Schülerinnen und Schüler, die an einem christlichen
Religionsunterricht teilnehmen, ist die Schule heute faktisch
der erste, auf lange Zeit vielleicht sogar der einzige Ort der
Begegnung mit Inhalten des christlichen Glaubens. Bei dieser
Begegnung ist mehr erforderlich als nur die Vermittlung christlicher Traditionen in einer Form, in der die Verstehensvoraus-
setzungen Heranwachsender berücksichtigt werden. Nötig ist
vielmehr, daß Lebensgeschichte und Biographie heutiger Jugendlicher in ihrer Offenheit für religiöse Fragen erschlossen
werden. Diese Dimension findet deshalb im Religionsunterricht verstärkte Aufmerksamkeit.[24] Aber auch ein Religionsunterricht, der auf diese Weise die Fragen Jugendlicher nach religiöser Identität mit den Antworten der christlichen Überlieferung verknüpft, erfüllt nicht eine unmittelbar missionarische
Funktion. Vielmehr bleibt er in den Bildungsauftrag der Schule
eingebunden; er verweist Schülerinnen und Schüler aber zugleich auf die Möglichkeiten des Lebens und Lernens in der
Gemeinde.

Neben der Auseinandersetzung mit Fragen der religiösen
Identität erfüllt der Religionsunterricht eine Reihe weiterer

24 Vgl. Identität und Verständigung. Standort und Perspektiven des Religionsunterrichts in der Pluralität. Eine Denkschrift der Evangelischen
Kirche in Deutschland, Gütersloh 1994, S. 50.

Aufgaben. Zu ihnen zählt vor allem anderen die Wahrnehmung von Religion als einer eigenständigen Lebenssphäre. So wie schulischer Sachkundeunterricht in unterschiedliche Bereiche der physischen und gesellschaftlichen Wirklichkeit einführt, so vermittelt ein sachkundiger Religionsunterricht ein Wissen von der selbständigen Bedeutung der Religion als einer grundlegenden Dimension menschlichen Lebens. Von daher erschließt er die prägende Bedeutung von Religion für den europäischen Kulturkreis; das erfordert insbesondere Kenntnisse im Bereich der biblischen Überlieferungen und der christlichen Tradition. Er eröffnet zugleich einen Zugang zu den Phänomenen religiöser Pluralität und vermittelt Einblicke in die Vielfalt der Religionen. Er wendet sich den ethischen Konsequenzen des christlichen Glaubens und anderer religiöser wie weltanschaulicher Überzeugungen zu und leistet auf diese Weise einen Beitrag zur ethischen Orientierung und Wertbildung. Er zeigt, wie Ethik und Lebensführung *aus* Religion gestaltet sein können. Ein so verstandener Religionsunterricht ist nach evangelischer Auffassung ein Angebot an alle Schülerinnen und Schüler; er wird nach den Grundsätzen der evangelischen Kirche und von Lehrkräften erteilt, die kirchlich dazu ausdrücklich beauftragt sind; aber er ist nicht auf Schülerinnen und Schüler evangelischer Konfession beschränkt. Er ist offen für ökumenisch-kooperative Gestaltungsformen, auch wenn der Bezug zu der Kirche oder Religionsgemeinschaft, die ihn in seinen Inhalten und in der Beauftragung der Lehrpersonen verantwortet, eindeutig erkennbar bleiben muß.

Die Vermittlung von Wertorientierung *aus* Religion hat an allgemeinbildenden Schulen ebenso ihren Ort wie die Information darüber, wie Ethik und Lebensführung *ohne* Religion zu begründen sind. Deshalb kann es in der allgemeinbildenden Schule nicht einen Vorrang eines auf die Philosophie als Bezugswissenschaft begründeten Ethikunterrichts vor einem die Ethik einbeziehenden Religionsunterricht geben.

Doch diese Überlegung leitet bereits zu der Frage nach dem staatlichen Bildungsauftrag über. Für ihn gilt: Zu einem einigermaßen umfassenden Konzept von Bildung gehört es, daß Kinder und Jugendliche Zugang zu Religion als einem eigenständigen und wichtigen Bereich menschlichen Lebens gewinnen und lernen, sich in ihm zu orientieren.

In einer offenen und pluralistischen Gesellschaft kann ein solcher Unterricht nicht allein aus theologischen Vorgaben, kirchlichen Intentionen oder religionspädagogischen Absichten begründet werden. An der öffentlichen Schule in einer offenen Gesellschaft hat Religionsunterricht vielmehr nur dann einen plausiblen Sinn, wenn er zugleich aus allgemeinen pädagogischen Motiven begründet wird. Plausibel ist er für diejenigen, die Religion als eine grundlegende Dimension menschlichen Lebens anerkennen und die kulturellen Wirkungen der Religion im ganzen und des Christentums im besonderen für relevant halten. Plausibel ist er für diejenigen, die auf die gesellschaftliche Rolle von Religionsgemeinschaften achten und berücksichtigen, daß zur Ausbildung einer individuellen Identität auch die Suche nach Antworten auf die Gottesfrage gehört.

»Der Mensch«, so formuliert Friedrich Schleiermacher 1799 in seinen Reden »Über die Religion an die Gebildeten unter ihren Verächtern«, »wird mit einer religiösen Anlage geboren wie mit jeder anderen, und wenn nur sein Sinn nicht gewaltsam unterdrückt, wenn nur nicht jede Gemeinschaft zwischen ihm und dem Universum gesperret und verrammelt wird, so müßte sie sich auch in jedem unfehlbar auf seine eigene Art entwikkeln.«[25]

Auch wer diese These von einer religiösen Anlage jedes Menschen und die Vorstellung von der Religion als einem ei-

---

25 Schleiermacher, Über die Religion, S. 96.

genständigen Lebensbereich für sich selbst bestreitet, kann daraus kein Recht darauf ableiten, diese seine Einschätzung zum allgemeinen bildungspolitischen Gesetz zu machen. Auch wer für sich selbst die Frage nach Anfang und Ende des Lebens, nach Schuld und Vergebung, nach Scheitern und Neubeginn beantwortet, ohne dafür auf Gott Bezug nehmen zu wollen, hat kein Recht, diese seine Antwort zum Bildungskanon zu erheben. Deshalb muß das Schulwesen in Deutschland offen bleiben für einen sachkundigen und den Menschen nahen Religionsunterricht. Es kann nicht hingenommen werden, wenn der Religionsunterricht auf dem einen oder anderen Weg an den Rand gedrängt wird. Sein unverzichtbarer Platz im Bildungskanon der öffentlichen Schule muß vielmehr aktiv und engagiert vertreten werden.

Für den Religionsunterricht gilt pädagogisch wie für jeden Unterricht, daß er nur gelingen kann, wenn die Unterrichtenden zu ihrem Gegenstand ein eigenes Verhältnis haben. Denn Orientierung können Kinder und Jugendliche gerade in diesem Bereich nur finden, wenn sie sich an gelebten Überzeugungen und klaren Maßstäben ausrichten können. Auch wenn man einen abweichenden Kurs nehmen will, ist es wichtig, daß man diesen Kurs an einer bestimmten Kursvorgabe messen kann. Die Vorstellung eines Unterrichts über Religion, Ethik und Lebensfragen, der auf einen eigenen Standpunkt verzichtet, der ›glaubensfrei‹ und ›bekenntnisneutral‹ gelehrt wird, ist deshalb unbefriedigend. Nicht aus speziell religiösen, sondern aus allgemein pädagogischen Gründen kann ihr auf keinen Fall ein Monopolanspruch zuerkannt werden.

Denn es verhält sich mit Glauben und Religion nicht anders als mit jedem anderen ›Kulturgut‹. Im Blick auf Kulturgüter im allgemeinen hat der Pädagoge Heinrich Roth klassisch formuliert: »Der pädagogische Gehalt eines Kulturgutes schließt sich nur dem auf, der selbst einmal von ihm zuinnerst getroffen wurde und dieses Getroffensein immer wieder in sich zu verlebendigen vermag. Nur wer selbst vom Gegenstand verwandelt wurde, besitzt das Feingefühl für die erweckende und verwandelnde Kraft eines Kulturgutes.«[26]

Derartige pädagogische Gründe sprechen ebenso wie verfassungsrechtliche Argumente gegen Konzeption und Stellung des neu entwickelten Pflichtfachs ›Lebensgestaltung – Ethik – Religionskunde‹ (LER) in den allgemeinbildenden Schulen des Landes Brandenburg.[27] Das Fach beabsichtigt, wertorientierten Unterricht für alle Schülerinnen und Schüler zu bieten. Soweit Fragen von Glauben und Religion behandelt werden, darf das nur in ›bekenntnisfreier‹ beziehungsweise ›bekenntnisneutraler‹ Form erfolgen. Damit ist die Grundlage des Artikels 7 des Grundgesetzes verlassen, wonach Religionsunterricht in Deutschland, der in Übereinstimmung mit den Grundsätzen der Religionsgemeinschaften erteilt wird, als ordentliches Unterrichtsfach gilt. Für diese Absage an eine grundrechtliche Verbürgung beruft das Land Brandenburg sich auf den Artikel 141 des Grundgesetzes, die sogenannte ›Bremer Klausel‹, die abweichende Regelungen des Religionsunterrichts in solchen Bundesländern gestattet, in denen am 1. Januar 1949 eine andere Regelung herrschte. Der naheliegende Einwand, daß es am 1. Januar 1949 ein Bundesland Brandenburg nicht gab, hat diese politische Entscheidung nicht verhindert; deshalb wurde eine Klärung durch das Bundesverfassungsgericht notwendig.

Die Einführung dieses staatlichen Pflichtfachs hat unmittelbare Auswirkungen auf den Religionsunterricht. Er trägt nicht den Charakter eines ordentlichen Unterrichtsfachs, sondern ist

---

26 Roth, Heinrich, Pädagogische Psychologie des Lehrens und Lernens, [16]Hannover 1983, S. 121; vgl. Winkel, Rainer, Brauchen Kinder Religion? Oder: Von Arpinum bis Flossenbürg, in: Erziehen heute 47, 1997, S. 2–11.

27 Vgl. dazu ausführlicher Huber, Wolfgang, Religion und Ethik in der Schule. Zur grundsätzlichen Bedeutung einer aktuellen Debatte, in: Zeitschrift für Evangelische Ethik 40, 1996, S. 82–93; Ders., Staat und Kirche in Brandenburg.

lediglich ein Angebot der Kirche an der Schule, am ehesten einer freiwilligen Arbeitsgemeinschaft vergleichbar. Doch die staatliche Pflichtveranstaltung im Bereich wertorientierten Unterrichts beschränkt die Beschäftigung mit Religion auf vermeintlich ›bekenntnisneutrale‹ Informationen. Die Folge ist absehbar: In der Realität des brandenburgischen Unterrichtsfaches LER kommt ›Religion‹ kaum vor.

Denn nur wer selbst zu Religion ein eigenes Verhältnis hat, kann Religion unterrichten. Doch welche Religion ist gemeint und wie ist sie zu interpretieren? Darauf eine Antwort zu geben, ist dem Staat verwehrt. Seine Aufgabe ist es, die Religionsfreiheit zu gewährleisten; deshalb ist er selbst zu religiöser Zurückhaltung verpflichtet.

Zwischen der Pflicht des Staates, Religion als ein eigenständiges Thema des schulischen Bildungsauftrags anzuerkennen, und seiner Pflicht, sich in Fragen der Religion zurückzuhalten, besteht eine offenkundige Spannung. Das Grundgesetz hat diese Spannung dadurch gelöst, daß es an eine ältere deutsche Tradition anknüpfte und den Religionsunterricht als ein ordentliches Unterrichtsfach bestätigte, das gemäß den Grundsätzen der Religionsgemeinschaften zu erteilen ist. Dadurch werden zwei Aspekte miteinander verbunden, die beide gleichermaßen Berücksichtigung verdienen. Zum einen ist die Schule einem ganzheitlichen Bildungsauftrag verpflichtet; ihm wird sie nur gerecht, wenn sie die ethisch-religiöse Dimension als ein tragendes Element aller Bildungsprozesse anerkennt. Zum andern muß der Staat – der in den meisten Fällen die Schulträgerschaft innehat – dieser Dimension gegenüber um der Religionsfreiheit willen äußerste Zurückhaltung walten lassen. Er muß religiöse und ethische Bildung ermöglichen, darf diese aber selbst nur in einem unerläßlichen Mindestmaß in ihren Inhalten bestimmen wollen.

Die Regel, daß Religionsunterricht als ordentliches Unterrichtsfach gemäß den Grundsätzen der Religionsgemeinschaften erteilt wird, ist eine weise Antwort auf diese Situation; sie ist weit mehr als ein überkommenes Privileg der Kirchen. Sie ist in produktiver Weise auf die unterschiedlichen Situationen anwendbar, die derzeit an deutschen Schulen herrschen – auch auf die Situation in den neuen Bundesländern. Produktiv heißt selbstverständlich: Religionsunterricht muß sich der Wirklichkeit stellen, die sich aus den Säkularisierungs- und Entkirchlichungsprozessen unserer Zeit ergeben hat; er darf sich nicht in eine Sonderwelt zurückziehen, sondern muß auf Kooperation angelegt sein – sowohl mit anderen religiösen Überzeugungen als auch mit nichtreligiösen Lebensorientierungen. Doch solche Kooperation ist nur möglich, wenn das jeweils eigene Profil einer gelebten religiösen Überzeugung dargestellt und erkennbar gemacht werden kann. ›Bekenntnisneutrale‹ Religionskunde als solche ist kein Weg zu lebendigem Austausch.

Gerade in den neuen Bundesländern besteht die Chance, ein beispielhaftes Modell zu entwickeln, das auch für die alten Bundesländer Vorbildcharakter gewinnen könnte. Soweit Brandenburg dazu beitragen soll, muß allerdings die gegenwärtig herrschende Ungleichheit zwischen LER – einem staatlichen Pflichtfach – und Religionsunterricht – einem kirchlichen Angebot mit minderer Rechtsstellung – aufgehoben werden. Wenn das geschieht, öffnet sich der Weg für einen Wahlpflichtbereich, der als Fächergruppe organisiert ist: Religion und Ethik spielen in ihm die wichtigste Rolle. Jede Schülerin und jeder Schüler muß an einem dieser Fächer teilnehmen. Aber Schülerinnen und Schüler beziehungsweise ihre Eltern entscheiden frei, welchem dieser Fächer sie sich zuwenden. Vorzusehen wäre, daß die so entstehenden Lerngruppen zu bestimmten Themen kooperieren. Der Zersplitterung würde dadurch entgegengewirkt; die Verständigung würde gefördert.

Das wäre ein wichtiger Schritt hinaus nicht nur über das staatliche Pflichtfach LER, wie es bisher staatlicherseits in Brandenburg vorgesehen ist, sondern auch über die Praxis des

Religionsunterrichts in den westlichen Bundesländern. Denn hier besteht noch weithin eine Ungleichheit mit umgekehrtem Vorzeichen. Religionsunterricht gilt als der Normalfall, der jeweilige Ethik-Unterricht, soweit er eingerichtet ist, als bloßes ›Ersatzfach‹. Auch hier wäre Gleichberechtigung die bessere, nach vorn weisende Alternative; auch hier sollte themenbezogene Zusammenarbeit das bloße Nebeneinander ablösen. Die Erfahrung zeigt übrigens: Die Verbindung solcher Fächer in einem Wahlpflichtbereich stabilisiert und befruchtet alle beteiligten Angebote. Für den Religionsunterricht und für den Ethikunterricht wäre sie gleichermaßen von Vorteil.

Daß LER als Modell entwickelt wurde, hat natürlich seinen besonderen Hintergrund in den unbezweifelbaren, aber zugleich höchst zweifelhaften ›Erfolgen‹ der DDR-Bildungspolitik. In den neuen Bundesländern ist weniger als ein Drittel der Schülerinnen und Schüler kirchlich gebunden. Manche Vertreterinnen und Vertreter von LER argumentieren deshalb so: Gerade wer erreichen will, daß sich Schülerinnen und Schüler mit religiösen Fragen auseinandersetzen und mit der christlichen Tradition Europas in Berührung kommen, muß auf andere Wege als den traditionellen Religionsunterricht sinnen.

Das ist richtig. Nur darf man sich dabei nicht auf eine vermeintlich neutrale Außenperspektive beschränken, die im Ergebnis einem areligiösen Bild von Religion eindeutig den Vorrang gibt. Auch sonst darf es in einer freiheitlichen Gesellschaft nicht dahin kommen, daß die Freiheit von der Religion wichtiger genommen wird als die Freiheit zur Religion. Es wäre ein Mißverständnis, wenn die negative Religionsfreiheit so einseitig vor der positiven Religionsfreiheit bevorzugt würde. Auch in der Schule muß sichergestellt werden, daß Schülerinnen und Schüler mit dem Selbstverständnis des christlichen Glaubens in authentischer Weise zu tun bekommen. Sie müssen nicht nur einer Ethik *ohne* Religion, sondern auch einer Ethik *aus* Religion begegnen können. Der große Anteil nicht getaufter Schülerinnen und Schüler am Religionsunterricht in den neuen Bundesländern bestätigt, daß dieser Ansatz richtig ist. Er darf nicht durch ein staatliches Pflichtfach mit faktischem Monopolanspruch unterlaufen werden.

3.2 Die politische Verantwortung der Kirche

Die politische Verantwortung der Kirche wurde in der Tradition evangelischen Denkens in aller Regel im Gegenüber zum Staat verankert. Die Aufforderung zum Gehorsam gegenüber der Obrigkeit[28] galt nicht nur als Maßstab für das individuelle christliche Leben, sondern auch als Richtschnur für das gemeinschaftliche Handeln der Kirche. Erst in den Krisenerfahrungen des 20. Jahrhunderts erschloß sich eine neue Einsicht in das kritische ›Wächteramt‹ der Kirche gegenüber staatlichem Handeln. Eindeutigkeit gewann dieses Wächteramt in der Auseinandersetzung mit nichtdemokratischen Formen politischer Herrschaft. Ein wichtiger nächster Schritt bestand darin, das innere Verhältnis der Kirche zur Demokratie zu klären.[29] Denn politische Verantwortung in der Demokratie unterscheidet sich von dem Wächteramt gegenüber einem Staatswesen, das die Anerkennung elementarer Menschenrechte und den Zugang zu politischer Mitwirkung verweigert. Daran muß sich der Schritt anschließen, die politische Verantwortung der Kirche nicht allein auf den Staat, sondern auch auf die Zivilgesellschaft zu beziehen. In ihr formt sich das politische Wollen einer Gesellschaft. In ihr bilden sich Bündnisse zur Förderung von Frieden und Gerechtigkeit; in ihr artikuliert sich die Bereit-

28 Römer 13, 1ff.
29 Vgl. Evangelische Kirche und Demokratie. Der Staat des Grundgesetzes als Angebot und Aufgabe. Eine Denkschrift der Evangelischen Kirche in Deutschland, Gütersloh 1985.

schaft zur Verteidigung der Menschenrechte und zur Bewahrung der Natur.

Die wirtschaftliche und soziale Lage in Deutschland

Daß die politische Verantwortung der Kirche in der Zivilgesellschaft ihren Ort hat, ist erst anfangsweise ins Bewußtsein getreten. Einen wichtigen Schritt in diese Richtung bildete der Konsultationsprozeß zur wirtschaftlichen und sozialen Lage, den evangelische und katholische Kirche 1994 gemeinsam angestoßen und 1997 mit einer Gemeinsamen Erklärung zum Abschluß gebracht haben.[30] Er kann als Beispiel für eine veränderte Wahrnehmung der politischen Aufgabe der Kirche gelten.[31]

»Die Kirchen wollen nicht selbst Politik machen, sie wollen Politik möglich machen.«[32] So heißt es in der Gemeinsamen Erklärung der Kirchen an hervorgehobener Stelle. Der Ansatz kirchlichen Handelns wird in dieser Formel solange präzise beschrieben, wie man den Begriff der Politik mit staatlichem Handeln gleichsetzt. Im Blick auf dieses Handeln ist für die Kirchen die Unterscheidung zwischen kirchlicher und staatlicher Verantwortung grundlegend. Eine andere Perspektive ergibt sich indessen, wenn man Politik nicht ausschließlich staatsbezogen versteht, sondern auch die verschiedenen Formen von ›Subpolitik‹ in die Betrachtung einbezieht, die im Bereich der Zivilgesellschaft ihren Ort haben.[33] In diesem Rahmen können die Kirchen als intermediäre Institutionen zur Erneuerung eines von den Bürgerinnen und Bürgern getragenen

---

30 Für eine Zukunft in Solidarität und Gerechtigkeit.
31 Zu anderen Aspekten der gemeinsamen Erklärung der Kirchen vgl. S. 160f., S. 203f.
32 Für eine Zukunft in Solidarität und Gerechtigkeit, S. 7.
33 Vgl. Beck, Ulrich, Die Erfindung des Politischen, Frankfurt a. M. 1993.

Grundkonsenses beitragen, der für jedes weiterreichende Reformvorhaben unerläßlich ist. Diesen Beitrag können die Kirchen auf doppeltem Wege leisten – zum einen durch einen eigenen substantiellen Beitrag zur Sache, zum andern durch die Organisation eines Prozesses, in dem Beteiligte und Betroffene in möglichst weitem Umfang ihre Stimme einbringen können. Beides ist in dem Konsultationsprozeß zur wirtschaftlichen und sozialen Lage geschehen.[34]

Dieser Prozeß hat gezeigt, daß der öffentliche Disput, gerade wenn er unterschiedliche Meinungen einbezieht und zur Geltung kommen läßt, den gesellschaftlichen Konsens fördern und damit die Voraussetzungen für notwendige Reformen stärken kann. Beachtlich war in diesem Fall die breite Resonanz; mehr als 4000 Einzelveranstaltungen und ungefähr 2500 schriftliche Eingaben haben die Bereitschaft vieler Einzelpersonen und Gruppen, sich mit Fragen der gesellschaftlichen Zukunft auseinanderzusetzen, unter Beweis gestellt.

Für die Kirchen war dies – insbesondere in ökumenischer Zusammenarbeit – ein neues Experiment. Es bildet zugleich ein wichtiges Signal. Inmitten der menschlichen Lebenswelt stehen die Kirchen für die Wirklichkeit Gottes ein und werden deshalb zu Anwälten der Benachteiligten und Bedrängten. Weil die Kirchen diesen Ort und diese Aufgabe annehmen, ist eine ermutigende und weiterführende kirchliche Äußerung entstanden. Ermutigend ist auch die wachsende Gemeinsamkeit der Kirchen in ihrer sozialen Botschaft und in ihren Aussagen zu konkreten Einzelfragen.

Grundlegend für die inhaltliche Ausrichtung des Wortes ist,

34 Zusammenfassende Dokumentation: Der Konsultationsprozeß. Kirche in der Diskussion zu wirtschaftlichen und sozialen Fragen. Perspektiven des Konsultationsprozesses in ausgewählten Stellungnahmen, Frankfurt a. M. 1997; zur Auswertung dieses Prozesses vgl. insbesondere Hengsbach, Friedhelm/Emunds, Bernhard/Möhring-Hesse, Matthias (Hrsg.), Reformen fallen nicht vom Himmel. Was kommt nach dem Sozialwort der Kirchen?, Freiburg i. Br. u. a. 1997.

daß wirtschaftliches Handeln an seinen gesellschaftlichen Auswirkungen geprüft, gesellschaftspolitische Forderungen aber an ihrer wirtschaftlichen Realisierbarkeit gemessen werden. »Verteilt werden kann nur das, was in einem bestimmten Zeitraum an Gütern und Dienstleistungen erbracht worden ist. Wird dieser Sachverhalt ignoriert und das gesamtwirtschaftliche Leistungsvermögen dauerhaft durch einen überproportionalen Anstieg der vom Staat vorgenommen Umverteilung überfordert, dann werden die finanziellen Fundamente der sozialen Sicherung unterspült.«[35] Eine solche Feststellung enthält indessen keinen Freibrief für die Verselbständigung ökonomischen Denkens. Denn »das ökonomische Denken tendiert dazu, das menschliche Leben auf die ökonomische Dimension einzuengen und so die kulturellen und sozialen Zusammenhänge menschlichen Lebens zu vernachlässigen. Die sozialethischen Traditionen der christlichen Kirchen betonen demgegenüber das Ganze, die unverrechenbare Einheit menschlicher Lebenshoffnungen und die Vielfältigkeit der menschlichen Rechte und Pflichten.«[36]

Dieser doppelte Akzent führt zu einem Plädoyer für die Erneuerung der sozialen Marktwirtschaft. Die Regelung des Wirtschaftsprozesses durch Wettbewerb wird bejaht; doch die Vorstellung von den Selbstheilungskräften des Marktes wird in Frage gestellt. Durch politische Rahmensetzungen muß vielmehr der Wettbewerb in einer Weise gestaltet werden, in der die gegenwärtigen Problemlagen der anhaltenden Massenarbeitslosigkeit, der Sozialstaatskrise und der ökologischen Krise nicht noch weiter verschärft, sondern abgebaut werden. Denn andernfalls, so heißt die von den Kirchen geäußerte Befürchtung, droht der gesellschaftliche Grundkonsens verlorenzugehen. Das kann dahin führen, daß der bereits bestehen-

35 Für eine Zukunft in Solidarität und Gerechtigkeit, S. 8.
36 Für eine Zukunft in Solidarität und Gerechtigkeit, S. 52.

de Riß zwischen verschiedenen Bevölkerungsgruppen sich noch weiter in die gesellschaftliche Wirklichkeit hineinfrißt und die Kohäsion der Gesellschaft im ganzen bedroht.

Um den gesellschaftlichen Grundkonsens gegen solche Gefahren zu stärken und Kräfte zu mobilisieren, die sich für eine Weiterentwicklung der Wirtschaftsordnung im Sinne von Solidarität und Gerechtigkeit einsetzen wollen, müssen die Kirchen zur Sprache bringen, was für sie selbst verbindlich ist. Sie können dabei eine allgemeine Anerkennung christlicher Grundsätze nicht voraussetzen. Sie brauchen aber auch nicht davon auszugehen, diese Grundsätze seien vernünftiger Verständigung unzugänglich.[37] Gerade in einer pluralistischen Gesellschaft müssen sie das für sie Charakteristische ausdrücklich benennen, wenn sie der Gesellschaft insgesamt dienen wollen. Eine in der öffentlichen Diskussion kaum wahrgenommene Stärke der Gemeinsamen Erklärung besteht gerade darin, daß sie mit dem Verweis auf die Gottebenbildlichkeit des Menschen, auf das Doppelgebot der Liebe und auf die vorrangige Option für die Armen drei Maßstäbe hervorhebt, mit deren Hilfe gesellschaftliche Wahrnehmungsdefizite überwunden und Ausgrenzungen thematisiert werden können.

Die Kirchen stärken den gesellschaftlichen Konsens nicht auf dem Weg, daß sie Konflikten ausweichen, sondern indem sie Konflikte benennen. Am deutlichsten geschieht das dort, wo die Erklärung der Kirchen beschreibt, wie sich in Deutschland im Verhältnis zwischen den Faktoren von Kapital und Arbeit eine Verschiebung zu Lasten des Faktors Arbeit vollzogen

---

37 Manche Formulierungen der Gemeinsamen Erklärung legen eine solche Entgegensetzung zwischen Maßstäben der christlichen Ethik und Maßstäben einer allgemeinen Vernunft nahe – beispielsweise wenn es heißt: »Heute ist die Gefahr groß, daß die Wettbewerbsfähigkeit auf Kosten der sozialen Sicherung gestärkt werden soll. *Nicht nur als Anwalt der Schwachen, auch als Anwalt der Vernunft* warnen die Kirchen davor, den Pfeiler der sozialen Sicherung zu untergraben.« (Für eine Zukunft in Solidarität und Gerechtigkeit, S. 9, Hervorhebung W. H.).

hat. Die noch immer wachsende Massenarbeitslosigkeit steht in diesem Zusammenhang. Deshalb plädieren die Kirchen für eine Kurskorrektur, die sich an der Zielsetzung einer in ihren Strukturen erneuerten sozialen und ökologischen Marktwirtschaft orientiert. Dabei sollen die angestrebten Veränderungen sich nicht nur auf einen Teil der Gesellschaft beziehen, sondern alle Gruppen betreffen. »Nicht nur Armut, auch Reichtum muß ein Thema der politischen Debatte sein. Umverteilung ist gegenwärtig häufig Umverteilung des Mangels, weil der Überfluß auf der anderen Seite geschont wird.«[38] In solchen Aussagen gewinnt die Formel von der ›Zukunft in Solidarität und Gerechtigkeit‹ einen durchaus präzisen Sinn.

Das Wort der Kirchen zur wirtschaftlichen und sozialen Lage ist – bei allen Begrenztheiten, die ihm anhaften – ein markantes Beispiel dafür, was es heißt, im Diskurs der Zivilgesellschaft Gründe für Solidarität und Kooperationsbereitschaft argumentativ einzubringen und der Überprüfung auszusetzen. Zu diesen Gründen zählt auch die Verwurzelung solidarischer Einstellungen und Verhaltensweisen in religiösen Überzeugungen. Eine sozial gebundene Marktwirtschaft ist auf außerökonomische Voraussetzungen angewiesen. Die Möglichkeit wie die Notwendigkeit von Solidarität und Kooperationsbereitschaft hängen an einer nicht individualistisch reduzierten, aber in sich sehr wohl konsistenten Auffassung menschlicher Freiheit.[39] Deshalb unterscheidet sich ein derartiges Plädoyer für die Stärkung solidarischer Verhaltensweisen und kooperativer Elemente im gesellschaftlichen Handeln fundamental von der Vorstellung eines staatlich gebundenen Korporatismus, der auf dem Gedanken einer notwendigen Einschränkung individueller Freiheit und deshalb auch auf einer Restriktion des öffentlichen Diskurses aufgebaut ist. In diesem Sinne gibt es kei-

38 Für eine Zukunft in Solidarität und Gerechtigkeit, S. 13.
39 Vgl. Kap. IV.1.3.

ne Alternative zu dem Versuch, die Ziele von Gerechtigkeit und Solidarität und damit die Notwendigkeit gesellschaftlicher Kooperation im Diskurs einsichtig und zustimmungsfähig zu machen.

Kirche und Staat

Auch wenn der Blick auf die politische Verantwortung der Kirchen dadurch geweitet wird, daß deren Ort in der Zivilgesellschaft genauer wahrgenommen wird, bleibt die Frage nach dem Verhältnis der Kirchen zum Staat eine Schlüsselfrage. Für das gegenwärtige Verhältnis zwischen ihnen ist charakteristisch, daß sie beide ihren Ort in einer pluralistischen Gesellschaft haben. Deshalb läßt sich der aktuelle Problemstand anhand der Frage erläutern, was der Staat zur Gewährleistung der Religionsfreiheit unter Bedingungen der Pluralität leisten und wie die Kirchen diese Religionsfreiheit wahrnehmen können. Im Zentrum der Überlegungen steht damit die Frage, wie der Staat nicht nur die negative Religionsfreiheit schützen, sondern auch die positive Religionsfreiheit achten kann. Diese Frage ist in der jüngsten Vergangenheit an einer Reihe von Konfliktthemen akut geworden.

Die Pflegeversicherung und der Buß- und Bettag bieten das erste Beispiel. Detaildiskussionen darüber, ob der kirchliche Widerspruch gegen die Aufhebung des gesetzlichen Schutzes für den Buß- und Bettag früh genug und laut genug erhoben wurde, sind nötig, helfen aber nicht sehr viel weiter. Wichtiger ist vielmehr die Einsicht, wie stark sich in relativ kurzer Zeit das gesellschaftliche Klima in Deutschland verändert hat. Der Vorgang zeigt, daß es heute für die Politik ungefährlicher ist, sich mit den Kirchen anzulegen als mit den Arbeitgeberverbänden und den Gewerkschaften. Denn der kirchliche Feiertag war ein Bauernopfer, um mit den Arbeitgeberverbänden und den Gewerkschaften eine Verständigung über die Pflegeversicherung zu erreichen. Zugleich lehrt der Vorgang, wie Robert Leicht zu Recht festgestellt hat, daß es für die Politik harmloser ist, sich mit einer der großen Kirchen anzulegen als mit beiden.[40] Dabei fällt es wiederum leichter, das evangelische Interesse zu übergehen als das katholische. Das hängt unter anderem damit zusammen, daß die Selbstsäkularisierung der evangelischen Kirche weiter fortgeschritten ist als die der katholischen. Die Folgerung heißt: Nur eine evangelische Kirche, die ihres eigenen Auftrags neu gewiß wird, kann auch ihren Ort in der Gesellschaft überzeugend wahrnehmen.

Auch bei der Debatte über den ›Kruzifix-Beschluß‹ des Bundesverfassungsgerichts von 1995 muß man zum Kern der Auseinandersetzung vorstoßen.[41] Dabei darf nicht verschwiegen werden, worin dem Urteil Recht zu geben ist – vor allem darin nämlich, daß das Anbringen religiöser Symbole in öffentlichen Räumen nicht mit Mitteln des staatlichen Zwangs erfolgen darf. Doch so richtig es ist, daß das Anbringen von Kreuzen in Schulräumen nicht von Staats wegen verpflichtend vorgeschrieben werden darf, so problematisch ist es zugleich, wenn das Verfassungsgericht in seiner Urteilsbegründung die negative Religionsfreiheit als ein ›Obergrundrecht‹ deutlich mit einem Vorrang gegenüber der positiven Religionsfreiheit ausstattet. Wird der negativen Religionsfreiheit ein derartiger Vorrang zuerkannt, dann drängt sich die Folgerung auf, daß die Religionsneutralität des Staates mit Areligiosität gleichgesetzt wird. Dagegen kann man sich mit guten Gründen auf eine klassische Formulierung in einem maßgeblichen Grundgesetz-

---

40 Leicht, Robert, Das Kreuz mit der Kirche, S. 62–77 (64).
41 Unter den substantiellen und detaillierten Auseinandersetzungen mit dem Urteil erwähne ich hier nur Heckel, M., Das Kreuz im öffentlichen Raum. Zum ›Kruzifix-Beschluß‹ des Bundesverfassungsgerichts, in: Ders., Gesammelte Schriften: Staat – Kirche – Recht – Geschichte, Bd. IV, Tübingen 1997, S. 1069–1136.

Kommentar berufen, in dem es zu dieser Frage heißt: »Das Axiom der völligen Gleichgültigkeit des Religiösen für den Staat und des absoluten Desinteresses des Staates an religiösen Vorgängen und Einrichtungen würde eine einseitige Stellungnahme des Staates zu Gunsten der Areligiosität, also einen Bruch der Neutralität, bedeuten. Das wäre ein Übergang des Staates zum System der Trennung von Staat und Kirche, für das sich das Grundgesetz gerade nicht entschieden hat; es wäre eine Verletzung des Grundgesetzes.«[42]

Mit einem solchen Schritt würde der Konsens über den Öffentlichkeitsauftrag der Kirchen aufgekündigt. Am Horizont erschiene das Bild eines laizistischen Gemeinwesens, das einen solchen Öffentlichkeitsauftrag nicht kennt. Religion würde als Privatsache angesehen; dem entspräche auch der Status der Kirchen.

Nun zeigt sich jedoch auch in laizistisch verfaßten Staaten, daß von der öffentlichen Bedeutung religiös bestimmter Symbole und Handlungen nicht abgesehen werden kann. In Frankreich, dem Prototyp des Laizismus, hat die sogenannte ›Schleier-Affäre‹ dies auf neue Weise deutlich gemacht. Der Streit, der die Affäre auslöste, bezog sich auf die Frage, ob muslimische Schülerinnen, ihrer Tradition folgend, verschleiert zum Unterricht kommen dürfen. Angesichts der Herausforderungen durch die Immigration stellt sich auch in Frankreich die Frage, welches Ausmaß an Pluralität in der Repräsentanz religiöser Symbole mit dem gesellschaftlichen Zusammenhalt vereinbar ist. »Angesichts der Gefahr, daß der soziale Zusammenhalt Schaden nehmen könnte, bündeln die Gegner von gestern (sc. Befürworter und Gegner des Laizismus, W. H.) ihre symbolischen Ressourcen, die sie im Verlauf der vergangenen Konflikte angesammelt haben, und kümmern sich gemeinsam darum, das

---

42 Maunz, Thomas/Dürig, Günter/Herzog, Roman, Kommentar zum Grundgesetz, Lieferung 1973, Bd. IV, Artikel 140, S. 29f.

kollektive Erbe zu bewahren und zu mehren. Deshalb wacht die laizistische Republik geflissentlich darüber, daß die Kirchen und die sonstigen sakralen Bauten in Frankreich als Bestandteile des gemeinsamen Erbes erhalten und geachtet werden. Der Laizismus zeigt sich immer stärker geneigt, das religiöse Erbe als Teil der Nationalkultur zu betrachten.«[43]

Ein solches Beispiel aus einem Land mit laizistischer Tradition sollte davor warnen, auf die Entwicklung des religiösen Pluralismus mit der Zurückdrängung der Religion in den Bereich des Privaten zu reagieren. Gewiß könnte die Kirche auch unter solchen Bedingungen ihren Verkündigungsauftrag wahrnehmen. Auch dann könnte sie ihrem kritischen Wächteramt nachkommen und Einspruch einlegen, wo sie das für nötig hält. Aber sie täte das unter Bedingungen, die dem Selbstverständnis des christlichen Glaubens strikt zuwiderlaufen. Denn der Glaube ist keine Privatsache, und die Kirche ist eine öffentliche Größe. Daß die Kirche auch in der pluralistischen Gesellschaft eine öffentliche Kirche bleibt oder auf neue Weise wird, ist eine Aufgabe, die sich gerade aus der kritischen Auseinandersetzung mit dem ›Kruzifix-Beschluß‹ ableiten läßt.

Diese Einsicht läßt sich weiter präzisieren, wenn wir noch einmal auf die brandenburgische Auseinandersetzung um das Fach ›Lebensgestaltung – Ethik – Religionskunde‹ (LER) und um die Stellung des Religionsunterrichts blicken.[44] Es ist freilich verfehlt, die brandenburgischen Auseinandersetzungen als Beispiel für einen plötzlich eingetretenen Bedeutungsverlust von Religion und Kirche anzuführen.[45] Daß die brandenburgische Bevölkerung sich zum größeren Teil als ›konfessionslos‹,

43 Hervieu-Léger, Danièle, Die Vergangenheit in der Gegenwart. Die Neudefinition des ›laizistischen Paktes‹ im multikulturellen Frankreich, in: Berger, P. L. (Hrsg.), Die Grenzen der Gemeinschaft. Konflikt und Vermittlung in pluralistischen Gesellschaften. Ein Bericht der Bertelsmann Stiftung an den Club of Rome, Gütersloh 1997, S. 85–153 (135).
44 Vgl. S. 299ff.
45 So aber Leicht, Das Kreuz mit der Kirche, S. 67.

genauer: als areligiös versteht, ist keine Entwicklung der jüngsten Vergangenheit. Der Volksatheismus hat vielmehr in den neuen Bundesländern bereits eine hohe Beharrungskraft gewonnen. Dieser Tatbestand wird in dem kirchlichen Vorschlag eines als Fächergruppe gestalteten Wahlpflichtbereichs ›Religion – Ethik‹ ebenso ernst genommen wie in der Öffnung des evangelischen Religionsunterrichts für konfessionslose Schülerinnen und Schüler. Der Lösungsvorschlag der Kirchen schließt die Gleichberechtigung unterschiedlicher Unterrichtsangebote ebenso ein wie die projektbezogene Kooperation der so entstehenden Lerngruppen. Sicher hätte dieser Vorschlag leichter Resonanz gefunden, wenn auch in den alten Bundesländern die Gleichberechtigung von Ethik- und Religionsunterricht schon verwirklicht wäre und vor allem: wenn die ökumenische Kooperation im Religionsunterricht erkennbare Fortschritte machen und die Praxis des Religionsunterrichts mehr Überzeugungskraft ausstrahlen würde. Und sicher ist auch richtig: Wenn es um die Weitergabe des Glaubens in den Familien und Gemeinden besser stünde, ließe sich auch über den Religionsunterricht gelassener streiten.[46]

Doch solche selbstkritischen Überlegungen ändern nichts an dem fundamentalen Einwand gegen das Modell LER. Wenn man dem Land Bayern, soweit es Kruzifixe gegen den Willen von Eltern aufhängt, einen Verstoß gegen die staatliche Religionsneutralität vorhalten muß, dann ebenso dem Land Brandenburg – nur in entgegengesetzter Richtung. Nicht um kirchlicher Besitzstände, sondern um der Mitverantwortung für wahrgenommene und gestaltete Freiheit willen kann die Kirche solchen Entwicklungen nicht ihren Lauf lassen. Denn die Kirche muß öffentlich geltend machen, daß zur Religionsfreiheit nicht nur die Freiheit von der Religion, sondern auch die Freiheit zur Religion gehört.

46 Vgl. Leicht, Das Kreuz mit der Kirche, S. 68.

Das muß auch im Blick auf den interreligiösen Pluralismus der Gegenwart ernst genommen werden. Was folgt daraus für den Ruf des Muezzin vom Minarett und damit für das Recht nichtchristlicher Religionsgemeinschaften zur öffentlichen Artikulation? Der entscheidende Punkt liegt nicht in der Frage, ob der Ruf des Muezzin durch das Megaphon mit der Straßenverkehrsordnung vereinbar ist. Entscheidend ist vielmehr die Frage, wie die pluralistische Gesellschaft mit ihren öffentlichen Räumen umgeht. Weder aus der staatlichen Sicht begründbar noch realistisch ist die Vorstellung, in einer religiös pluralistischen Gesellschaften könnten auf Dauer nur die christlichen Kirchen einen Anspruch auf öffentliche Präsenz erheben, während die anderen Religionen in den Bereich des Privaten verbannt würden.

Daß der jüdischen Gemeinschaft in Deutschland eine herausgehobene öffentliche Bedeutung zukommt, ist – im schamvollen Rückblick auf die Geschichte von Antijudaismus, Antisemitismus und Judenvernichtung – weithin anerkannt. Doch im Blick auf Religionsgemeinschaften außerhalb von Judentum und Christentum herrscht weithin Unsicherheit. Richtig ist, daß sie die Grundregeln des öffentlichen Raums anerkennen müssen, wenn sie an ihm partizipieren wollen. Die Anerkennung der Grundrechte und der Prinzipien des demokratischen Rechtsstaats, die aktive Zustimmung zu der Toleranz, die man selbst in Anspruch nimmt, und die Gewaltfreiheit in der Artikulation von Wahrheitsansprüchen sind die wichtigsten derartigen Grundregeln. Wollte man nichtchristliche und nichtjüdische Religionsgemeinschaften, die diese Grundregeln anerkennen, generell aus dem öffentlichen Raum verbannen, würde man nur der Tendenz zusätzlichen Vorschub leisten, die jede Religionsausübung, auch die christliche und jüdische, in den Bereich des Privaten zurückdrängen will. Wer die Privatisierung der Religion beklagt, die Präsenz in öffentlichen Räumen aber allein den christlichen Kirchen –

und daneben den jüdischen Gemeinden – vorbehalten will, sägt den Ast ab, auf dem er sitzen möchte. Die Berufung auf die Idee des christlichen Abendlandes wird den schmerzhaften Sturz nicht aufhalten.

Öffentliche Präsenz wird man in Deutschland insbesondere dem Islam zubilligen müssen. Aber zur rechtlichen Anerkennung als Körperschaft des öffentlichen Rechts fehlt es den islamischen Glaubensgemeinschaften weithin an kirchenanalogen Strukturen. Die Folgeprobleme insbesondere für den islamischen Religionsunterricht sind noch immer ungelöst. Will man den Bereich der Religionsgemeinschaften erweitern, die öffentliche Präsenz beanspruchen dürfen, muß allerdings geklärt werden, welche Gemeinschaften als Religionsgemeinschaften betrachtet und anerkannt werden können. Die Diskussion um die Scientology-Organisation macht die Problematik deutlich. Zwar kann hier auf die unmittelbare Beeinträchtigung von Grundrechten hingewiesen werden. Doch damit ist die Frage nach den Grenzen der Religionsausübung noch nicht beantwortet. Der schlichte Hinweis, die deutsche Verfassungsordnung definiere solche Grenzen nicht, hilft nicht weiter.[47] Denn was für jedes Freiheitsrecht gilt, trifft auch auf die Religionsfreiheit zu: Nur wenn sie gegen ihren Mißbrauch geschützt wird, läßt sie sich in ihrer Substanz bewahren.[48] Die Frage nach den Kriterien dafür, was legitimerweise in den geschützten Bereich der Religionsausübung gehört, stellt sich somit unausweichlich.

Die bisher herangezogenen Fallbeispiele für die neue Dis-

47 So aber Kehrer, Günter, Religion darf Unsinn sein, in: DIE ZEIT 7/1997, S.11.
48 Deshalb ist es zu begrüßen, daß das Bundesarbeitsgericht in seinem Scientology-Urteil vom 22. März 1995 eine klare Aussage zu dieser Frage nicht gescheut hat: »Der Beklagte (sc. Scientology e.V.) ist eine Institution zur Vermarktung bestimmter Erzeugnisse. Die religiösen oder weltanschaulichen Lehren dienen als Vorwand für die Verfolgung wirtschaftlicher Zwecke.« (epd-Dokumentation 30/1995, S.26).

kussion über den Ort der Religion in der pluralistischen Gesellschaft führen zu einigen klaren Ergebnissen im Blick auf den Ort der Kirche in der Gesellschaft: Nur eine evangelische Kirche, so sahen wir, die ihren eigenen Auftrag auf neue Weise ernst nimmt, kann auch ihren Ort in der Gesellschaft überzeugend wahrnehmen. Nur wenn sie ihrer genuinen Kompetenz gewiß ist, kann sie auch in der pluralistischen Gesellschaft eine öffentliche Kirche bleiben oder auf neue Weise werden. Dabei hat sie dafür einzutreten, daß Religionsfreiheit nicht nur Freiheit von der Religion, sondern auch Freiheit zur Religion meint. Diese Freiheit und damit auch das Recht zur Präsenz in öffentlichen Räumen kann sie nicht nur für sich in Anspruch nehmen. Sie muß sich vielmehr aktiv dafür einsetzen, daß sie auch für nichtchristliche und nichtjüdische Religionen gelten kann. Ihren missionarischen Auftrag nimmt sie damit nicht zurück. Die Öffnung für die gleichberechtigte Präsenz nichtchristlicher und nichtjüdischer Religionen ist nur möglich, wenn zugleich eine Verständigung über die Grenzen der Religionsausübung erreicht wird.

Die Gestaltung der pluralen religiösen Lebenswelt kann nur gelingen, wenn der Staat sich auf die Gewährleistung der positiven wie der negativen Religionsfreiheit verpflichtet weiß. Widerspruch ist angebracht, wo die negative Religionsfreiheit durch die Pflicht zum Ablegen religiöser oder weltanschaulicher Bekenntnisse beeinträchtigt wird, aber auch dann, wenn die positive Religionsfreiheit dadurch eingeschränkt wird, daß die negative Religionsfreiheit in den Rang eines »Obergrundrechts« rückt. Die Achtung der positiven Religionsfreiheit schließt Recht und Pflicht des Staates zur Kooperation mit den Religionsgemeinschaften in den gemeinsamen Angelegenheiten – insbesondere in den Bereichen von Bildung und Diakonie – ein. Doch dabei ist das Gebot der Nichtidentifikation zu beachten. Denn es ist dem Staat versagt, sich mit bestimmten religiösen oder weltanschaulichen Überzeugungen zu identifizieren.

Das aber geschieht beispielsweise, wenn hohe Vertreter des Staates sich unmittelbar und in zentraler Funktion am Vollzug religiöser oder weltanschaulicher Handlungen beteiligen. Ein Beispiel dafür liegt dann vor, wenn Inhaberinnen und Inhaber hoher staatlicher Ämter in ihrer Amtsfunktion als Hauptrednerinnen und Hauptredner bei Veranstaltungen wie der Jugendweihe auftreten. Nicht ihre Teilnahme ist zu kritisieren; vergleichbare Formen der Teilnahme sind auch bei kirchlichen Veranstaltungen selbstverständlich. Das Gebot der Nichtidentifikation wird vielmehr dadurch verletzt, daß die Staatsvertreter als Hauptredner eine Schlüsselfunktion für die Durchführung des Rituals innehaben. Die Auskunft, die Jugendweihe sei ein weithin inhaltsleeres Ritual, ändert an der Kritikwürdigkeit dieses Verhaltens nicht. Denn dem Staat ist die Identifikation auch mit weitgehend inhaltsleeren weltanschaulichen oder religiösen Überzeugungen nicht gestattet.

In einer pluralistischen Gesellschaft gilt die negative wie die positive Religionsfreiheit ohne Unterschied. Daß die Religionsgemeinschaften am öffentlichen Raum in unterschiedlichem Maß partizipieren, kann in der geschichtlichen Entwicklung wie in der gegenwärtigen Situation einer Gesellschaft gute Gründe haben. Ein prinzipieller Ausschluß einer bestimmten Religion aus dem öffentlichen Raum aber kann nur darin begründet sein, daß sie mit den Grundrechten und den elementaren Wertsetzungen der Verfassung unvereinbar ist oder sich zur Durchsetzung ihrer Ziele unlauterer beziehungsweise krimineller Methoden bedient. In allen anderen Fällen dagegen würde es sich um eine Abstufung der Religionsfreiheit handeln, die mit dem Selbstverständnis eines freiheitlichen Gemeinwesens unvereinbar ist.

3.3 Die Verantwortung der Kirche für eine Kultur des Helfens

Die Kultur des Helfens ist in Deutschland in Mißkredit geraten. Sie wird durch eine Diskussion zerrieben, die den ›selbständigen‹ und den ›betreuten‹ Menschen einander gegenüberstellt.[49] In einer Zeit, die den selbständigen, durchsetzungsstarken, ›olympischen‹ Menschen bevorzugt, ist es schwer, Verständnis für ein Handeln zu wecken, dessen Maßstab in der Verletzlichkeit und Hilfsbedürftigkeit des Menschen liegt. Christliches Handeln aber setzt hier einen besonderen Akzent. Die Zuwendung zu denen, die ohne diese Zuwendung nicht leben können, ist im christlichen Handeln ein Grundmotiv. Daß es eine ›Kultur des Helfens‹ begründet und befördert hat, gehört zu seinen bleibenden Beiträgen zur Geschichte menschlicher Kultur.[50]

Das Urbild dieser Kultur des Helfens liegt in dem heilenden Handeln Jesu. Es entspricht freilich dem Muster des ›betreuten Menschen‹ gerade nicht. Allein die Abhängigkeit von Gott, gerade nicht die Abhängigkeit von Menschen tritt in den Blick. »Dein Glaube hat dir geholfen«[51] ist die Grundaussage in Jesu heilendem Handeln. Daß dieses Handeln auf Selbständigkeit zielt, zeigt sich eindrücklich an der Aufforderung: »Nimm dein Bett und geh hin.«[52] Helfendes Handeln, das sich an diesem Urbild orientiert, zielt auf den aufrechten Gang; es hilft dazu, ein eigener Mensch zu sein; es ist, wie eine zur abgegriffenen Münze gewordene Formel richtig sagt, ›Hilfe zur Selbsthilfe‹. Eine solche Kultur des Helfens hält Menschen nicht in Abhän-

49 Schelsky hat dieses Motiv schon in den Siebzigern formuliert; vgl. Schelsky, Helmut, Der selbständige und der betreute Mensch, Stuttgart 1976.
50 Vgl. Theißen, Gerd, Die Bibel diakonisch lesen. Die Legitimationskrise des Helfens und der barmherzige Samariter, in: Schäfer, G.K./Strohm, Th. (Hrsg.), Diakonie – biblische Grundlagen und Orientierungen, Heidelberg 1990, S. 376–401.
51 Matthäus 9, 22.
52 Markus 2, 11.

gigkeit. In ihr verbindet sich die Achtung vor der Selbständigkeit des Menschen mit der Bereitschaft, sich in stellvertretender Fürsorge denen zuzuwenden, denen ein selbständiges Leben nicht oder noch nicht möglich ist. Diese Fürsorge als besondere Gestalt der Nächstenliebe gehört zu den bleibenden Kennzeichen jeder christlichen Kirche. Auch in Zukunft wird diese Art diakonischen Handelns eines ihrer unaufgebbaren Merkmale bleiben.

Doch diese ›Lebens- und Wesensäußerung‹ der Kirche steht vor kritischen Weichenstellungen. Ursprünglich aus der Liebestätigkeit christlicher Gemeinden herausgewachsen, hat sich die Diakonie zu einer großen, verselbständigten Institution entwickelt. Die innere Verbindung von Kirche und Diakonie hat darunter gelitten; sie muß neu geknüpft werden. Denn nur dann verfügt die Diakonie über eine Legitimation, die sich nicht nur aus dem sozialstaatlichen Subsidiaritätsprinzip, sondern aus dem eigenständigen Auftrag der Kirche ergibt. Nur wenn die innere Verbindung von Kirche und Diakonie unzweideutig erkennbar ist, kann die Diakonie ihren Beitrag zum Zeugnis der Kirche in der Gegenwartsgesellschaft leisten.

Es ist allzu selbstverständlich geworden, daß Diakonie ihren Ort in besonderen Einrichtungen hat. Die Statistik weist für den evangelischen Bereich in Deutschland 30 686 Einrichtungen in diakonischer Trägerschaft auf, in denen über 400 000 berufliche Mitarbeiterinnen und Mitarbeiter sich mehr als einer Million Menschen zuwenden, die Betreuung und Pflege, Heilung und Tröstung erfahren. Die ambulante Pflege, die noch vor einer Generation in Gestalt der Gemeindeschwester ihren Ort in der Gemeinde hatte, ist heute weithin aus ihr ausgewandert. Diakoniestationen, die sich auf dem ›Pflegemarkt‹ behaupten und durchsetzen müssen, werden nach eigenen Maßstäben geführt. Die Verbindung zur Gemeinde ist oft sehr locker. Zugespitzt, vielleicht überspitzt ist das Urteil: »Geistlichen Trost darf man von den Mitarbeitern der Diakonie normalerweise nicht erwarten. Dazu lassen schon die zeitlich engen Einsatzpläne kaum Gelegenheit. Oft fehlt den Mitarbeitenden auch die spirituelle Kompetenz.«[53]

Angesichts dieser Entwicklung ist daran zu erinnern, daß Aufbau und Leben jeder christlichen Gemeinde notwendigerweise eine diakonische Dimension haben. Sie ist unverzichtbar für eine Gemeinde, die »mit ihrem Glauben wie mit ihrem Gehorsam, mit ihrer Botschaft wie mit ihrer Ordnung« bezeugen will, daß sie ihrem Herrn Jesus Christus zu eigen ist.[54] Daß die professionalisierte Diakonie aus dem Lebenszusammenhang der Gemeinde ausgegliedert ist, kann deshalb auf Dauer nicht befriedigen. Der heute notwendige Neuansatz im Verständnis der Diakonie wird vielmehr das diakonische Handeln neu auf die Wirklichkeit der Gemeinde beziehen müssen.

Evangelische Diakonie im neuzeitlichen Sinn beginnt nicht erst mit Johann Hinrich Wicherns grundlegender Rede auf dem Wittenberger Kirchentag im September 1848. Die Kultur der Barmherzigkeit hat vielmehr zu allen Zeiten in christlichen Gemeinden ihren Ort gehabt. Die Reformation hat bei der Neuordnung der Kirchenordnung in besonderer Weise auf den ›Gemeinen Kasten‹ geachtet, aus dem die Fürsorge für die Armen in wie außerhalb der Gemeinde finanziert werden sollte. Die Existenz jeder christlichen Gemeinde im evangelischen Verständnis schließt die praktische Zuwendung zu den Hilfsbedürftigen und Notleidenden in ihrer Mitte wie vor ihrer Tür ein.

Über lange Zeit wurde diese Aufgabe auf der Grundlage einer weitgehenden Identität von Christengemeinde und Bürgergemeinde wahrgenommen. Obrigkeitliche Fürsorge und

---

53 Abromeit, Hans-Jürgen, Dem Glauben nicht die Hand abschlagen. Zum Verhältnis von Diakonie und Gemeindeaufbau heute, in: Welker, M. (Hrsg.), Brennpunkt Diakonie, Neukirchen 1997, S. 99–118 (101).
54 So die 3. These der Barmer Theologischen Erklärung von 1934, S. 36; vgl. Kap. III.1.2., S. 109.

christliche Nächstenliebe ergänzten einander. Mit dem Prozeß der Industrialisierung aber traten Christengemeinde und Bürgergemeinde auseinander. Die Christengemeinde mußte ihr Amt der Nächstenliebe eigenständig wahrnehmen. Es kam zur Bildung der Inneren Mission. Sie sollte der Selbsthilfe des christlichen Volkes dienen und der unübersehbaren Massenverarmung und Massenverderbnis wehren. Bald zeigte sich, daß die Besonderheiten sozialer Notstände eine fachliche Spezialisierung in der Betreuung erforderten. Darüber hinaus galt es, die Interessen der Betroffenen möglichst wirkungsvoll in der Öffentlichkeit zu vertreten.

Als endlich auch kommunale und staatliche Instanzen die Auswirkungen sozialer Probleme auf die gesellschaftliche Entwicklung erkannten, bedienten sie sich gerne schon vorhandener Einrichtungen der Inneren Mission, um Abhilfe zu schaffen. So kam es zu einer zunehmend gesetzlich geregelten – auch finanziellen – Förderung diakonischer Arbeit durch die öffentliche Hand. Das trug zur Verselbständigung der Einrichtungen der Inneren Mission gegenüber den Gemeinden und zur Ausbildung ihrer eigenständigen Stellung innerhalb der evangelischen Kirche bei.

In der Epoche nach dem Ende des Zweiten Weltkriegs nahm die institutionalisierte Diakonie in Deutschland einen Aufschwung ohnegleichen. Das ›Evangelische Hilfswerk‹ wurde gegründet, um der unmittelbaren Not der Nachkriegszeit zu wehren. Daneben setzten die Einrichtungen der Inneren Mission ihre Arbeit fort. Die Grundordnung der Evangelischen Kirche in Deutschland vom 13. Juli 1948 stellte in ihrem Artikel 15 fest: »Die Evangelische Kirche in Deutschland und ihre Gliedkirchen sind gerufen, Christi Liebe in Wort und Tat zu verkündigen. Diese Liebe verpflichtet alle Glieder der Kirche zum Dienst und gewinnt in besonderer Weise Gestalt im Diakonat der Kirche; demgemäß sind die diakonisch-missionarischen Werke Wesens- und Lebensäußerung der Kirche.«

Das Chaos der ersten Nachkriegszeit wurde in Deutschland durch den Aufbau einer staatlichen Ordnung überwunden, zu deren Merkmalen die Sozialstaatlichkeit ebenso gehörte wie die Rechtsstaatlichkeit. Zu ihr gehörte deshalb die Entwicklung eines Systems sozialer Hilfen. Von Anfang an sollten und konnten in der Bundesrepublik Kirchen, Verbände der freien Wohlfahrtspflege und organisierte Gruppen auf der Grundlage des Subsidiaritätsprinzips wichtige Aufgaben im sozialen Bereich wahrnehmen. Das hatte jedoch zur Folge, daß das Handeln all dieser Gruppen in wachsendem Maß von den Rahmenbedingungen bestimmt wurde, die durch staatliche Entscheidungen definiert waren. Auch die diakonischen Einrichtungen wurden immer stärker von den sozialpolitischen Vorgaben des Staates abhängig. Dem Prozeß der Zentralisierung, Professionalisierung und Rationalisierung konnten sie sich nicht entziehen.

Das hatte nahezu zwangsläufig eine erneute und verstärkte Distanzierung diakonischen Handelns von der Ebene der Kirchengemeinde zur Folge. Auch die Bildung des Diakonischen Werkes der Evangelischen Kirche in Deutschland durch den Zusammenschluß von Evangelischem Hilfswerk und Innerer Mission im Jahre 1957 konnte diese Entwicklung nicht aufhalten. Am deutlichsten hat die Aktion »Brot für die Welt« – 1959 als Antwort auf die unmittelbar nach dem Kriegsende empfangene Hilfe aus der Ökumene konzipiert – die Verbindung zur Basis der Gemeinden halten können.

Die ökumenische Diakonie scheint dadurch oft fester an der Basis der Gemeinden verankert zu sein als die Diakonie in der eigenen Nachbarschaft, vor der Tür der eigenen Gemeinde. Die Alten- und Krankenpflege ist aus der Gemeinde ausgewandert. Die Tageseinrichtungen für Kinder (Kindergärten und Kinderhorte) werden heute aus guten Gründen stärker unter pädagogischen als unter diakonischen Gesichtspunkten betrachtet – und dies auch dann, wenn sie organisatorisch dem jeweiligen Diakonischen Werk zugeordnet sind.

Das große, in sich vielfach gegliederte Unternehmen Diakonie hat mit den Gemeinden der evangelischen Kirche nur noch wenig zu tun. Es ist zwar historisch aus der Gemeindediakonie und aus ihren Vereinen und Werken entstanden. Es ist aber heute nur noch locker – und zumeist allein durch Hauptamtliche – mit den Gemeinden verbunden.

Die Funktionalisierung der Diakonie im Dienste des Wohlfahrtsstaats, die Professionalisierung der Mitarbeiterschaft und die Differenzierung der Lebenswelten in der modernen Gesellschaft haben Gemeinde und Diakonie auseinandertreten lassen. In theologischen Begründungen und diakonischen Leitbildern wird daran festgehalten, daß Diakonie eine Wesens- und Lebensäußerung der Kirche im ganzen wie jeder einzelnen Gemeinde ist. Doch Diakonie kann, wie es scheint, auch ohne einen Gemeindebezug auskommen.

Die diakonische Situation der Gegenwart läßt sich am eindringlichsten und einprägsamsten am Beispiel der Hilfe für alte und chronisch kranke Menschen verdeutlichen. Nach langen Diskussionen ist neben der stationären auch die ambulante Versorgung von Kranken und Pflegebedürftigen gesetzlich geregelt worden. Das berechtigte Ziel, daß es einen Rechtsanspruch auf häusliche Pflege und auf Versicherungsleistungen für sie gebe, wurde freilich zu einem hohen Preis verwirklicht. Nun ist nicht nur der Streit darüber entbrannt, von welcher Pflegestufe an eine stationäre Versorgung angemessen ist, ja der Würde der Betroffenen entspricht. Sondern auch die ambulante Pflege ist nun auf zeitliche Vorgaben und auf Pflegestandards festgelegt, die mit einer ganzheitlichen Zuwendung zu der pflegebedürftigen Person in aller Regel unvereinbar sind. Kommerzialisierung und Rationalisierung sind die unausweichliche Folge. Auch kirchliche Einrichtungen können sich diesem Trend nicht entziehen. Diakoniestationen wurden gegründet, um die Tradition der Gemeindeschwesternstationen weiterzuführen; doch ihr Gesicht hat sich vollständig verändert.

Das Verhältnis von Diakonie und Gemeinde ist aber in seinem Kern nicht an organisatorische Voraussetzungen gebunden, sondern inhaltlich bestimmt. Die Zuwendung zum pflegebedürftigen Nächsten ist der Grundimpuls der Diakonie. Diakonisches Handeln meint immer die Person des andern in der Einheit von Leib und Seele. In der Pflegebedürftigkeit und Behinderung den Menschen zu entdecken – darauf kommt es in aller Diakonie an.[55] Diakonisch zu handeln heißt: anderen zu helfen, ein eigener Mensch zu sein.

In der deutschen Gesellschaft vollziehen sich Verarmungsprozesse, die noch vor wenigen Jahren – in Ost und West aus unterschiedlichen Gründen – als unvorstellbar galten. Die Diakonie ist ein Seismograph für diese Entwicklungen. Nach wie vor wenden sich viele Menschen, die aus dem Netz der sozialen Sicherung ganz herausfallen, an die kirchlich getragenen Beratungsstellen. Doch sie erwarten mehr als nur materielle Hilfe; sie erwarten, als Menschen ernst genommen zu werden. Aber auch viele, die durch das soziale Netz vor dem Sturz in das materielle Nichts bewahrt werden – Arbeitslose, Sozialhilfeempfänger (unter ihnen vor allem alleinerziehende Mütter), alleinstehende alte Menschen, Zuwanderer – leiden darunter, daß sie zu wenig Verständnis für ihre seelischen Nöte finden. Denn in vielen Fällen verbindet sich äußere Verarmung mit einem inneren Orientierungsverlust. Nötig sind dann nicht nur materielle Hilfen, sondern auch Möglichkeiten zur Seelsorge und zum Gespräch.

Wo Verarmung nur materiell wahrgenommen und bekämpft wird, bleibt die Suche der Menschen nach Orientierung für ihr Leben unbeantwortet. Deshalb muß zugleich mit der materiellen Hilfe auch die Orientierungssuche der Menschen eine Antwort finden. Das ist eine Herausforderung und eine Chance für

55 Vgl. Huber, Wolfgang, Den Menschen entdecken. Zukunftsaufgaben der Diakonie, in: Welker, M. (Hrsg.), Brennpunkt Diakonie, Neukirchen 1997, S. 39–47.

eine Kirche, die weiß, daß diakonisches Handeln, das aus der Botschaft von der Nähe Gottes zu den Menschen folgt, gerade dort nötig ist, wo Menschen ins Abseits geraten und niemanden mehr haben, der ihnen nahe ist. Unverändert bleibt die Zuwendung zu den Mühseligen und Beladenen der entscheidende Maßstab für alles diakonische Handeln. Sie sind im Blick, wenn es im Gleichnis vom Weltgericht heißt: »Was ihr getan habt einem von diesen meinen geringsten Brüdern und einer von diesen meinen geringsten Schwestern, das habt ihr mir getan.«[56]

Zu den großen Veränderungen, auf die heute zu antworten ist, zählt der Übergang zur Dienstleistungs- und Informationsgesellschaft mit seinen dramatischen Auswirkungen auf die Arbeits- und Lebenssituation der Menschen. Zu ihnen zählt die Globalisierung im Bereich der Wirtschaft mit der Folge hoher Arbeitslosigkeit auch bei Wirtschaftswachstum; zu ihnen zählt der starke Rückgang der Steuereinnahmen wie der Zahl Beitragsfähiger in den Sozialversicherungen. Dadurch wird eine Krise der sozialen Sicherungssysteme ausgelöst. Auch die Kirche und ihre Diakonie sind von schmerzhaften Einschnitten betroffen und müssen die Zahl ihrer Mitarbeiterinnen und Mitarbeiter in manchen Bereichen drastisch reduzieren – bis hin zur Entlassung von Mitarbeiterinnen und Mitarbeitern reichen die Folgen.

In Kirche und Diakonie kann die Antwort auf diese Situation nicht im resignativen Rückzug liegen. Aktivierung der Gemeinden und Inanspruchnahme der Laien ist die Antwort im Bereich der Kirche. ›Selbsthilfe der Hilfsbedürftigen‹ ist die Antwort im Bereich der Diakonie. Beides läßt sich miteinander verbinden.

Die Zukunft der Gemeinden wird durch das neue Gewicht und die neue Würdigung ehrenamtlicher Arbeit bestimmt sein. Das besondere ›Profil‹ einer Gemeinde wird sich vorrangig an

56 Matthäus 25,40.

den Gaben ausrichten, die den Gliedern dieser Gemeinde verliehen sind und die durch wechselseitige Ermutigung geweckt und in Anspruch genommen werden. Aufgabe der Pfarrerinnen und Pfarrer wie anderer Mitarbeiterinnen und Mitarbeiter wird es sein, solche Gaben zu entdecken und zur Entfaltung zu bringen. Die Planung von Vorhaben der Gemeinde wird sich an den Gaben orientieren, die sich wecken und in Anspruch nehmen lassen – nicht umgekehrt.

Eine solche Konzeption vom Aufbau der Gemeinde wird deren diakonische Dimension einbeziehen. Gemeinden werden wieder lernen, nicht nur die ökumenische Diakonie über die Grenzen von Kontinenten hinweg, sondern auch die Diakonie in der Nähe als eigene Aufgabe wahrzunehmen. Sie werden feststellen, welchen Aufgaben sie selbst gewachsen sind und wo sie professionalisierte Dienste in Anspruch nehmen müssen. Diese Dienste selbst werden wieder stärker auf die Zusammenarbeit mit den Gemeinden ausgerichtet sein.

Diakonisches Handeln wird sich verstärkt an der ganzheitlichen Zuwendung zum Menschen orientieren. Die Hoffnung auf Heil wird wieder ebenso ernst genommen wie die Sehnsucht nach Heilung. Die Befähigung zur selbständigen Gestaltung des Lebens wird ebenso ernst genommen wie die Betreuung angesichts von Behinderung und Hinfälligkeit. Denn auf den verschiedenen Stufen, auf denen Menschen die Begrenztheit ihrer Kräfte erfahren, behalten sie ein Recht darauf, eigenständig zu tun, was sie noch selbst tun können. Deshalb sind gegenseitige Beratung und Unterstützung, Mobilisierung der eigenen Kräfte auch von Hilfsbedürftigen, Ermöglichung selbständigen Wohnens auch im Alter wichtige Elemente eines diakonischen Handelns, das darauf gerichtet ist, »die Selbsthilfe der Hilfsbedürftigen zu veranlassen«, wie Wichern die Aufgabe schon 1848 beschrieb. Gerade eine so verstandene Diakonie bleibt und wird wieder in neuer Weise eine ›Wesens- und Lebensäußerung der Kirche‹.

Nachweise

Vorarbeiten zu diesem Buch habe ich in folgenden Aufsätzen veröffentlicht:

CHRISTLICHE FREIHEIT IN DER FREIHEITLICHEN GESELLSCHAFT, in: Evangelische Theologie 56, 1996, S. 99–116.

KIRCHE DES ANFANGS – ZUKUNFT DER KIRCHE. KIRCHE AN DER SCHWELLE DES NÄCHSTEN JAHRTAUSENDS, in: Standpunkte 8/96, S. II–IX.

NUR EINE ÜBERZEUGENDE KIRCHE KANN ÖFFENTLICHE RESONANZ ERZEUGEN. DER BEITRAG DER KIRCHE ZUR GEISTIGEN ORIENTIERUNG LIEGT IN IHRER EIGENEN NEUORIENTIERUNG, in: Frankfurter Rundschau, 7. Mai 1997.

KOOPERATIVE FREIHEIT – ÜBER DIE MORALISCHEN GRUNDLAGEN GESELLSCHAFTLICHER KOOPERATION, in: Möhring-Hesse, M./Emunds, B./Schroeder, W. (Hrsg.), Wohlstand trotz alledem. Alternativen zur Standortpolitik, München 1997, S. 143–164.

FRÖMMIGKEIT UND BILDUNG. MELANCHTHON UND DAS SCHULFACH RELIGION, in: Rhein, St./Weiß, J. (Hrsg.), Melanchthon neu entdeckt, Stuttgart 1997, S. 104–128.

AUFTRAG UND FREIHEIT DER KIRCHE IN DER PLURALISTISCHEN GESELLSCHAFT, in: Weth, R. (Hrsg.), Was hat die Kirche heute zu sagen? Auftrag und Freiheit der Kirche in der pluralistischen Gesellschaft, Neukirchen 1998, S. 11–29.

DIE GEMEINDE VOR DER KIRCHENTÜR. DIE DIAKONISCHE AUF-GABE ALS CHANCE DER KIRCHE, in: Diakonie. Jubiläums-jahrbuch 1998, S. 34–40.

SELBSTBEHERRSCHUNG UND SELBSTBEGRENZUNG. DAS ETHI-SCHE GRUNDPROBLEM DES NATURWISSENSCHAFTLICH-TECH-NISCHEN ZEITALTERS, in: Kloepfer, M. (Hrsg.), Selbst-Be-herrschung im technischen und ökologischen Bereich, Ber-lin 1998, S. 25–33.

Soweit Teile aus diesen Vorarbeiten aufgegriffen wurden, sind sie überarbeitet und auf den Gedankengang dieses Buches aus-gerichtet worden.

Der Autor

Wolfgang Huber
Geboren 1942 in Straßburg; Studium der Theologie in Heidelberg, Göttingen und Tübingen; Dr. theol. 1966 Tübingen; dann Vikar und Pfarrer in Württemberg; 1968–1980 Mitarbeiter und stellvertretender Leiter der Forschungsstätte der Evangelischen Studiengemeinschaft in Heidelberg; 1972 Habilitation in Heidelberg; 1980 Professor für Sozialethik in Marburg; 1984 Professor für Systematische Theologie (Schwerpunkt: Ethik) in Heidelberg; 1983–85 Präsident des Deutschen Evangelischen Kirchentages; 1989 Lilly Visiting Professor an der Emory University in Atlanta/USA; seit 1994 Bischof der Evangelischen Kirche in Berlin-Brandenburg, daneben Honorarprofessor in Berlin und Heidelberg, seit 1997 Mitglied des Rates der Evangelischen Kirche in Deutschland.

Wichtigste Veröffentlichungen: Passa und Ostern: Untersuchungen zur Osterfeier der alten Kirche, Berlin 1969; Kirche und Öffentlichkeit, 2. Aufl., Gütersloh 1991; Staat und Kirche im 19. und 20. Jahrhundert, Bd. I-V, mit E.-R. Huber, Berlin 1973–1995; Folgen christlicher Freiheit, 2. Aufl. Neukirchen-Vluyn 1984; Protestantismus und Protest: zum Verhältnis von Ethik und Politik, Reinbek bei Hamburg 1987; Konflikt und Konsens. Studien zur Ethik der Verantwortung, München

1990; Friedensethik, mit H.-R. Reuter, Stuttgart 1990; Die tägliche Gewalt. Gegen den Ausverkauf der Menschenwürde, 2. Aufl. Freiburg i. Br. 1993; Gerechtigkeit und Recht. Grundlinien christlicher Rechtsethik, Gütersloh 1996; Meine Hoffnung ist größer als meine Angst. Interviews von Stefan Berg, Berlin 1996; Staat und Kirche in Brandenburg, Baden-Baden 1997;

Wolfgang Huber gibt seit 1986 die Werke Dietrich Bonhoeffers heraus und ist Mitherausgeber der Evangelischen Kommentare.

Glauben in einer modernen Welt

GTB

Peter L. Berger

SEHNSUCHT
NACH SINN

Glauben in einer Zeit
der Leichtgläubigkeit

Peter L. Berger

**Sehnsucht
nach Sinn**

Glauben in einer Zeit
der Leichtgläubigkeit.
224 Seiten. Kt.
[3-579-01323-8]
GTB 1323

*D*er Wunsch nach religiöser Sinngebung ist auch im
Zeitalter der Vernunft nicht ausgelöscht, seine
Befriedigung jedoch ist sehr viel schwieriger geworden.
Der moderne Mensch gilt zwar als säkular und skep-
tisch, doch nach wie vor hat er das Bedürfnis nach
Transzendenz. In neun eindringlichen Essays beleuch-
tet der bekannte Wissenschaftler Peter L. Berger den
Glauben in einer modernen Welt zwischen Gesellschaft,
Geschichte und Literatur. Eine spannende Lektüre –
nicht nur für kirchentreue und bibelfeste Leser.

Tel. 0 52 41 / 74 05 – 41
Fax 0 52 41 / 74 05 – 48
Internet: http://www.guetersloher-vh.de
e-mail: info@guetersloher-vh.de

Gütersloher
Verlagshaus

GTB — *Sachbuch*

GTB Zeitzeichen 2000
Herausforderung für Religion und Gesellschaft
Herausgegeben von Udo Hahn

Zeitzeichen 2000

Herausforderung für Religion und Gesellschaft. Herausgegeben von Udo Hahn. 192 Seiten. Kt.
[3-579-01140-5]
GTB 1140

*D*ie Jahrtausendwende präsentiert uns einen schier endlosen Fragenkatalog. Es gilt Bilanz zu ziehen, Perspektiven zu entwickeln und sich über Hoffnungen, Ängste und Befürchtungen klar zu werden. Udo Hahn hat Beiträge von prominenten Personen des öffentlichen Lebens zusammengestellt, die sich mit den komplexen Herausforderungen des bevorstehenden Jahrtausends auseinandersetzen: Ignatz Bubis, Udo Hahn, Wolfgang Huber, Renate Köcher, Hans Küng, Michael Rutz, Annette Scharan, Udo Tworuschka, Bernhard Vogel u.a.

Tel. 0 52 41 / 74 05 - 41
Fax 0 52 41 / 74 05 - 48
Internet: http://www.guetersloher-vh.de
e-mail: info@guetersloher-vh.de

Gütersloher Verlagshaus

Visionen und Ausblicke

WISSENSCHAFT

Ethik

Theologische Rechtsethik

Wolfgang Huber

Gerechtigkeit und Recht

Grundlinien christlicher Rechtsethik

Chr. Kaiser
Gütersloher
Verlagshaus

Wolfgang Huber

Gerechtigkeit und Recht

Grundlinien christlicher Rechtsethik.
480 S. Geb.
[3-579-02025-0]

Wolfgang Huber macht die neuere rechtstheoretische Diskussion in Deutschland und im angloamerikanischen Raum für eine theologische Rechtsethik fruchtbar. Er bahnt den Weg zu einer kritischen Theologie des Rechts und entwirft am Leitfaden der Frage nach dem Recht eine Grundlegung der Sozialethik im Ganzen.

Tel. 0 52 41 / 74 05 – 41
Fax 0 52 41 / 74 05 – 48
Internet: http://www.guetersloher-vh.de
e-mail: info@guetersloher-vh.de

Chr. Kaiser
Gütersloher
Verlagshaus